理财商学院

大宗商品投资入门与实战精解

龙　飞　编著

人 民 邮 电 出 版 社
北　京

图书在版编目（C I P）数据

大宗商品投资入门与实战精解 / 龙飞编著. -- 北京：
人民邮电出版社，2018.9
（理财商学院）
ISBN 978-7-115-49024-7

Ⅰ. ①大… Ⅱ. ①龙… Ⅲ. ①商品期货－投资－基本
知识 Ⅳ. ①F830.9

中国版本图书馆CIP数据核字(2018)第175756号

内 容 提 要

本书包括十二个专题讲解，包括交易入门、基本分析、K线分析、形态分析、指标分析、均线分析、趋势分析、农产品交易、能源品交易、化工品交易、金属品交易、风险防范等内容，帮助投资新手了解大宗商品交易。

本书共12章，主要内容包括大宗商品现货交易入门与实战，基本面分析入门与实战，K线分析入门与实战，形态分析入门与实战，指标分析入门与实战，均线分析入门与实战，趋势分析入门与实战，农产品交易入门与实战，能源品交易入门与实战，化工品交易入门与实战，金属品交易入门与实战，风险防范入门与实战。

本书适合刚入门的大宗商品投资者阅读，也可以作为现货、投资等公司培训、指导和与客户沟通时的参考资料。

◆ 编　　著　龙　飞
责任编辑　李士振
责任印制　周昇亮
◆ 人民邮电出版社出版发行　　北京市丰台区成寿寺路 11 号
邮编　100164　　电子邮件　315@ptpress.com.cn
网址　http://www.ptpress.com.cn

◆ 开本：700×1000　1/16
印张：14.75　　　　2018 年 9 月第 1 版
字数：240 千字　　　2018 年 9 月河北第 1 次印刷

定价：49.80 元

读者服务热线：(010)81055296　印装质量热线：(010)81055316
反盗版热线：(010)81055315
广告经营许可证：京东工商广登字 20170147 号

PREFACE 前言

随着经济的飞速发展，我国的金融市场也逐渐建立和完善起来，人们也越来越愿意投资理财。但谈到投资理财，大多数人最多想到的还是股票和基金。其实，还有一种也非常不错的投资理财方式，那就是大宗商品投资。与其他投资理财方式一样，大宗商品投资也存在着一定的风险，投资者首先应该学习大宗商品投资的相关基础知识。

本书从入门知识和投资实战出发，利用简洁的语言，以清晰的结构全面地介绍大宗商品投资的相关内容。

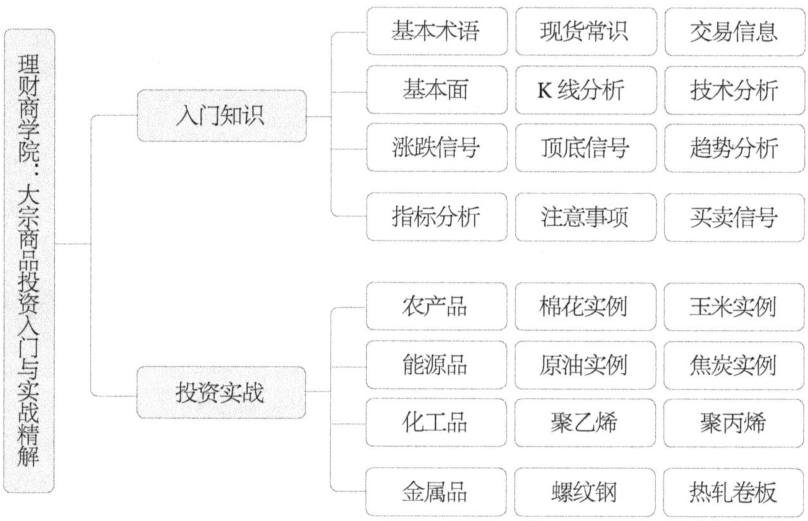

在掌握了大宗商品投资的入门知识的情况下，投资者还要学会怎么运用这些知识来进行投资获利。在这一整个过程中，投资者需要实现以下 3 点目标。

一是“烂熟于心”。投资者需要一点点弄懂投资大宗商品的相关知识，从点到面、由浅至深，全面掌握本书提及的各种大宗商品投资的术语和技巧，为之后的实战打下坚实的理论基础。完成这一点目标后，投资者会认识到，原来大宗商品投资并没有想象中的那么神秘莫测，在坚实的理论基础上，投资者又获得了精神上的自信。

二是“精意覃思”。投资者需要深入理解具体的理论在大宗商品市场中具体的特征是什么，应该怎么运用。这是一个在思考中深入学习理论、深入理解理论的过程。在这一点目标中，投资者会认识到大宗商品投资具体的操作入口，并认识到其中所包含的风险与收益的关系。

三是“融会贯通”。这是一个在实践中重新认识理论，并且用亲身经验去完善理论的过程。本书告诉投资者应该在大宗商品交易市场中怎样认识行情和买入卖出，并让投资者在具体的投资中体会一个投资人需要掌握的各种技巧，深刻地感受投资中所蕴藏的风险，以一个真正的投资者的视角来正确看待大宗商品投资。

本书对以上 3 点目标进行了糅合处理，从而清晰地展现大宗商品投资的入门知识，为投资新手提供实用的理财技巧，并指导他们具体运用。

本书还有一个值得读者注意的地方，那就是以多样化的形式来呈现内容。

- 在简明的文字和形象的图片之外还加入了富有逻辑关系的图解，清晰地呈现出了要说明的观点。
- 在理论描述之外还加入了作者的各种理解和总结，以【技巧解析】和【案例分析】相互补充的方式把要点直接而深入地摆出来。

本书由龙飞编著，参与编写的人员还有陈林、周玉姣、胡杨等人，在此表示感谢。由于作者知识水平有限，书中难免有错误和疏漏之处，恳请广大读者批评、指正，联系邮箱：157075539@qq.com。

作者

2018 年 7 月 1 日

CONTENTS

目录

第1章

大宗商品现货交易入门与实战

学前提示 >>>

大宗商品现货交易对时间和资金的要求相对较低，且在操作得当的情况下可以获得相当可观的收益。

那么什么是现货交易？怎么进行现货交易呢？本章主要就是为您详细解读这两个问题。

要点展示 >>>

大宗商品现货交易入门

掌握现货交易的影响因素

掌握大宗商品点位计算

1.1 大宗商品现货交易入门

现货交易属于大宗商品中的一大类别，因此在学习它之前，对现货交易、大宗商品和行情分析软件等方面的相关知识有一个大致的了解，是非常有必要的。

本节就从 4 个方面来介绍大宗商品现货交易的入门知识，如图 1–1 所示。

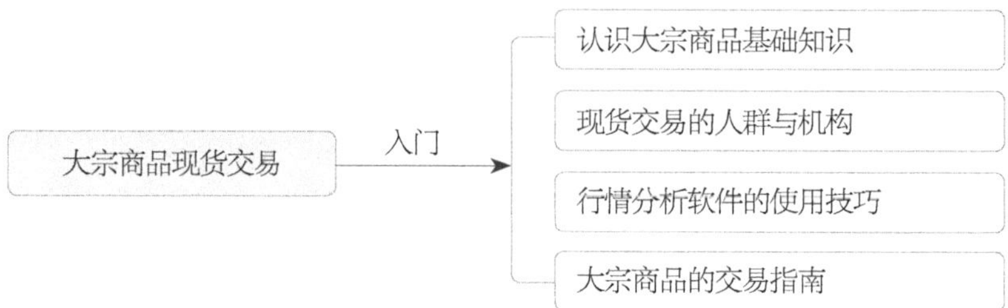

图 1–1 大宗商品现货交易入门

1.1.1 大宗商品的基础知识

下面就将从 5 个方面讲解大宗商品的基础知识。

【技巧解析】认识大宗商品与现货

大宗商品就是指在流通过程中，拥有商业价值并大批量运用于工、农业生产与消费的物质产品。对于大宗商品，我们只要抓住它数量大、可交易这两个主要特点，就很容易判断了。

现货也叫实物，是指可以制造、出货、存储和使用，并且买方在很短的时间内付款的，具有商业价值的商品的总称。

【技巧解析】认识期货的基础知识

期货（Futures）主要不是货，而是以某种大宗产品如棉花、大豆、石油等及金融资产如股票、债券等为标的的标准化可交易合约。期货交易的标的物可以是黄金、原油和棉花等大宗商品，也可以是外汇与债券等金融工具，还可以是股票指数之类的金融指标。期货合约是由交易所统一定制的，规定在未来某一特定的时间和地点交割一定数量和质量标的物的标准化合约。

【技巧解析】大宗商品的 4 种类型

关于大宗商品，除了了解它的含义之外，对它的分类信息也有必要进行一些掌握。具体来说，大宗商品可分为农副产品、能源产品、化工产品、金属产品四大种。

【技巧解析】现货交易的三大优点

现货交易久经考验，到现在仍能占有一席之地，主要还是因为其有着诸多的优点。但在这其中，又有 3 点尤为凸显，具体如图 1–2 所示。

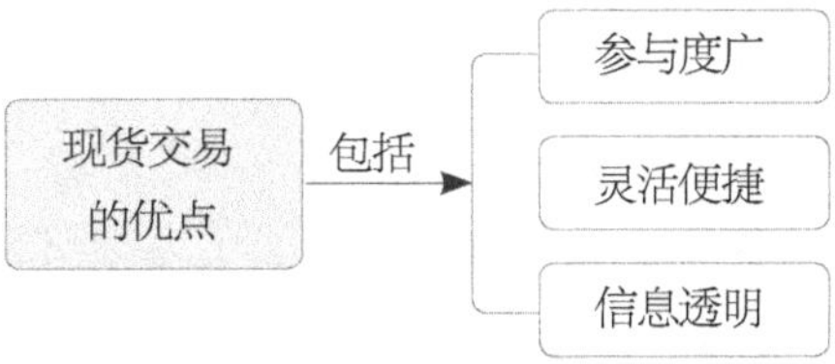

图 1–2 现货交易的优点

下面就具体对现货交易参与度广、灵活便捷以及信息透明这三大优点，分点进行说明。

（1）参与度广

对普通大众来说，比较可能的身份是套利投资商，通过现货价格的波动，从中获取盈利的机遇。除此之外，还有两大主力军参与大宗商品交易：一是现货的生产商，二是现货的使用商。

（2）灵活便捷

通常，在法律规定范围内，现货交易的交易时间、空间、对象都不受限，且钱货两清、快速交收，交易灵活便捷。这在网上现货大宗商品交易上同样也显现出来了。投资者既可以长线持有，也可以短线及时买卖，买进卖出可以随时进行。

（3）信息透明

信息的透明在网上现货商品交易中尤其突出。因为它利用的是互联网，所以实时情况立马就能获取。这不仅能够对信息充分掌握，更重要的是可以根据这些信息对趋势有所判断，为未来的投资方向提供依据。

【技巧解析】大宗商品的投资渠道

知道了什么是大宗商品，那要去哪里投资呢？下面就来说说这个问题。

大宗商品的投资主要有两类：内盘投资和外盘投资。那么什么又是内盘投资和外盘投资呢？具体介绍如下。

（1）内盘

内盘，内盘用人民币结算，资金交由第三方托管，受国内法律监管，虽本金风险较小，但是它的手续费相较于外盘要高一些。

相较于外盘，内盘的优势就在于，其毕竟是国内的平台，更容易把握一些，当交易出现问题需要维权时，处理过程也相对要简单一些。

（2）外盘

外盘以美元计算，由境外法律监管，虽然存在更高的利润和更大的机会，但是风险较大。

这里需要强调的是，参与境外代理商的交易是不受境内法律保护的，一旦出现问题，维权可能会有一定的难度，这一点投资者在投资时务必要多加注意。

1.1.2 现货交易的投资者

现货交易投资以其独特的优势吸引了大量的投资者参与其中，下面就将对现货交易的投资者做相关解析。

【技巧解析】现货投资者

因为现货交易市场公平、公正、公开，所以只要是有意愿的投资者都可以参与其中。它不需要人们有很多钱，因为可以进行小额投资；也不需要人们有很多时间或是经验，因为可以交付给投资经济人进行管理和操作。再加上资金由银行监管，直接与投资者账户对应，资金相对安全。

除了个人之外，公司和企业也可以参与其中。它不仅能够有效地进行资金分配，还让再融资成为可能，这就可以很好地解决公司和企业的资金周转难的问题。

【技巧解析】全面捕获现货交易机构

另外，我们还可以在网上查询现货交易服务机构的相关信息：先在进入权威的交易所网站，比如渤海商品交易所首页。而要查询交易机构，**1** 只需找到导航栏上的“服务机构”一栏并将鼠标停留，**2** 选择“授权服务机构营业部公示”，如图 1–3 所示。

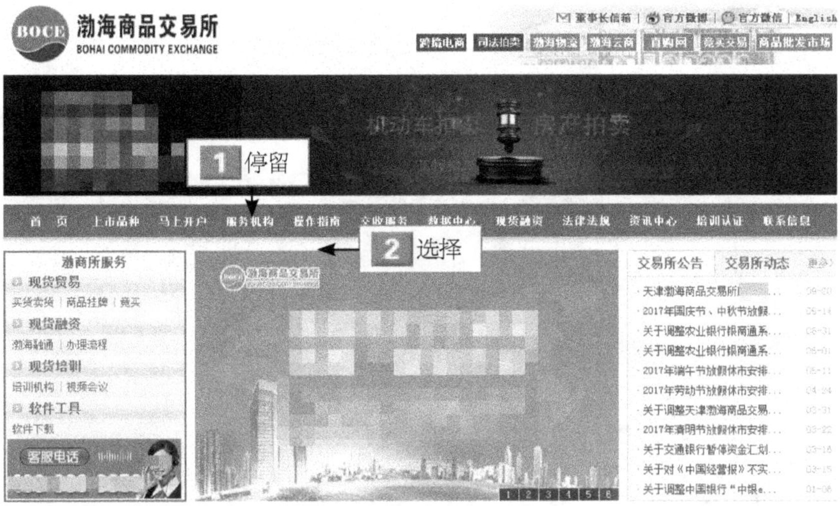

图 1-3 渤海商品交易所首页

1.1.3 行情分析软件的使用技巧

行情分析软件可以帮助大宗商品投资者观察市场、把控大局。

下面就将详细介绍行情分析软件的从下载到操作的步骤。

【案例分析】下载行情分析软件

行情分析软件可能在网上到处都是，但是为了安全起见，还是建议大家去权威交易平台上下载。

例如，我们之前在介绍交易机构的时候，就提到了渤海商品交易所。同样的，在这个交易平台上面，我们也可进行分析软件的下载。具体操作如下。

首先，进入渤海商品交易所网站的首页。在其首页的导航栏中，1 选择“操作指南”，2 单击子菜单中的第一项“软件下载”，如图 1-4 所示。

图 1-4 “操作指南”子菜单图

执行上述操作后，就会跳到如图 1-5 所示的交易软件下载页面。

图 1-5 交易软件下载页面

然后我们会发现它的第一栏就是“正式交易软件”，用户只需要根据具体交易需要，考虑计算机的兼容性，进行选择即可。单击超链接，就会出现一个“新建下载任务”的对话框，如果选择的是“博易大师版”，就会得到如图 1-6 所示的对话框。最后在对话框里，1 选择保存路径，2 单击“下载”按钮。

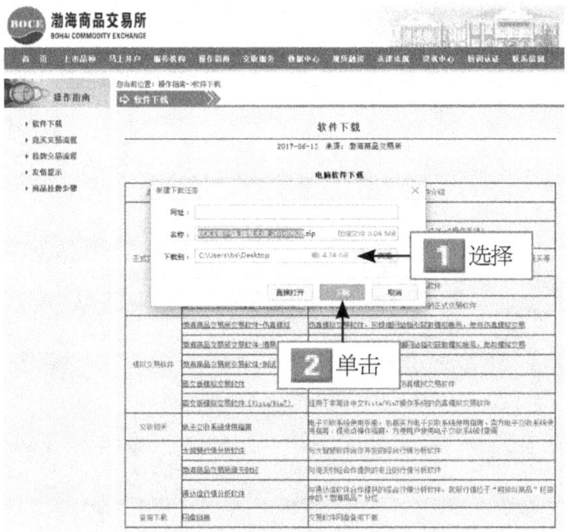

图 1-6 “新建下载任务”对话框

【案例分析】安装与登录行情分析软件

下载完成之后，要真正使用软件，还需要进行安装和登录。

（1）安装

在安装之前，首先要做的就是找到之前下载的安装包，打开安装包，就会看到如图 1-7 所示的对话框，单击对话框中的“下一步”按钮。

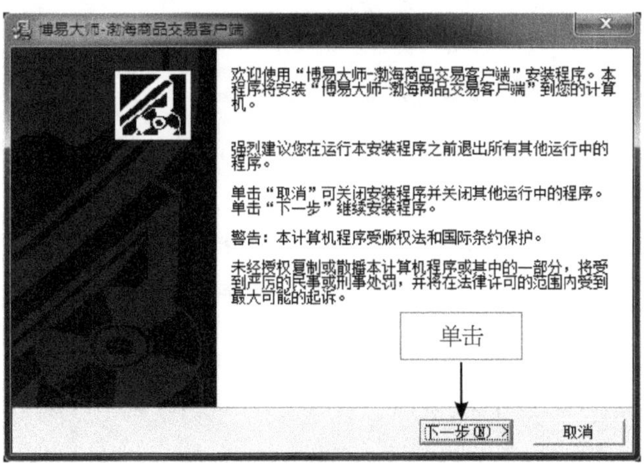

图 1-7 “博易大师 – 渤海商品交易客户端”对话框

执行上述操作后，就能看到如图 1–8 所示的“软件授权使用许可协议”的对话框，单击“同意”按钮。

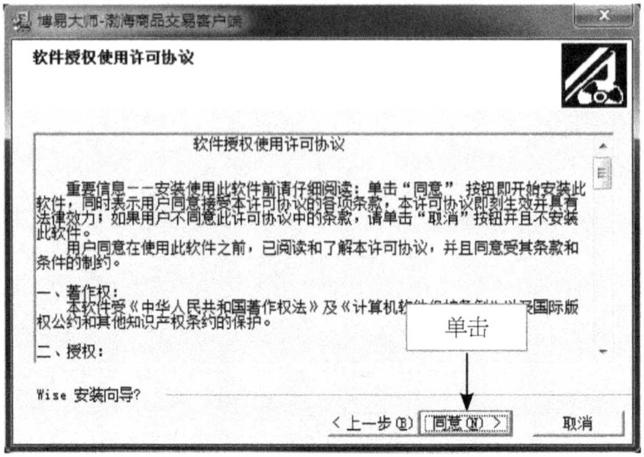

图 1–8 “软件授权使用许可协议”对话框

执行上述操作后，会接连出现“请选择目标目录”对话框和“正在安装”对话框，只需单击“下一步”即可。对话框消失之后，如果桌面上出现“博易大师 – 渤海商品交……”的快捷图标，就表示安装成功了。

（2）登录

在登录之前，我们先要在桌面上找到“博易大师 – 渤海商品交……”的快捷方式，双击该快捷方式，就会弹出登录界面。用户名和密码已经默认了，用户所需要做的就只是单击“登录”按钮。

【案例分析】巧用行情预警功能

行情往往说变就变，而人们却不可能不眠不休，时刻紧盯计算机屏幕。这时候就有必要用到行情预警功能，即让软件发出声音提醒操作。

行情预警功能的使用很简单，只要在菜单栏中执行“工具 | 行情预警 | 预警设置”命令，就会弹出一个“预警设置”的对话框，如图 1–9 所示。

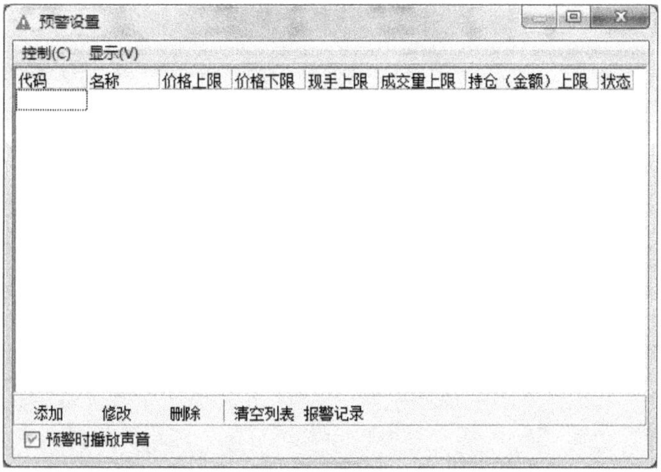

图 1-9 “预警设置”对话框

接着在对话框中，单击“添加”按钮，在里面选择相应的商品。商品选择完成之后，单击“确定”按钮，就会出现“修改预警条件”对话框，如图 1-10 所示。根据需要，1 勾选对应的项目，并在后面 2 填写相应的数值。如果对预警声音有要求的，3 单击对话框中的“浏览”按钮，进行音效的选择，选好想要的音效之后，4 单击“确定”按钮。

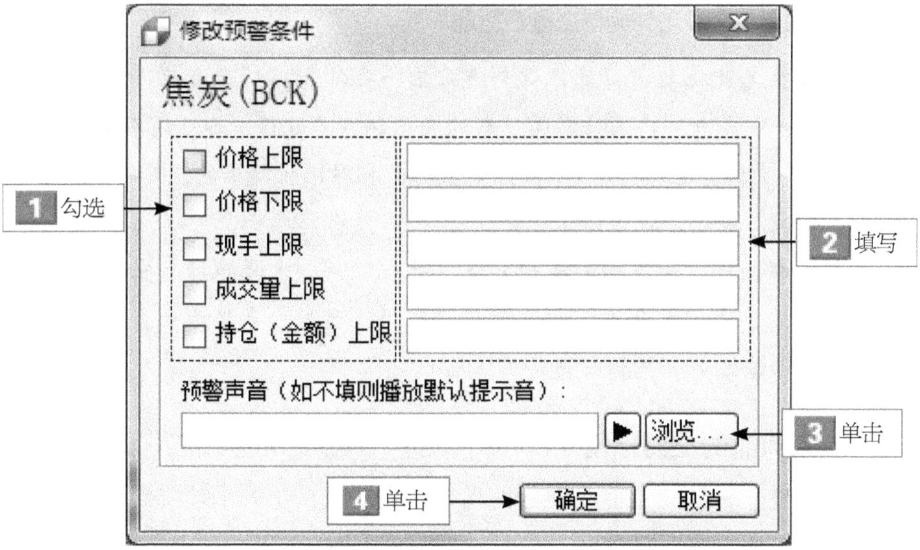

图 1-10 “修改预警条件”对话框

预警设置完成后会自动添加到“预警设置”对话框中，如图 1-11 所示。

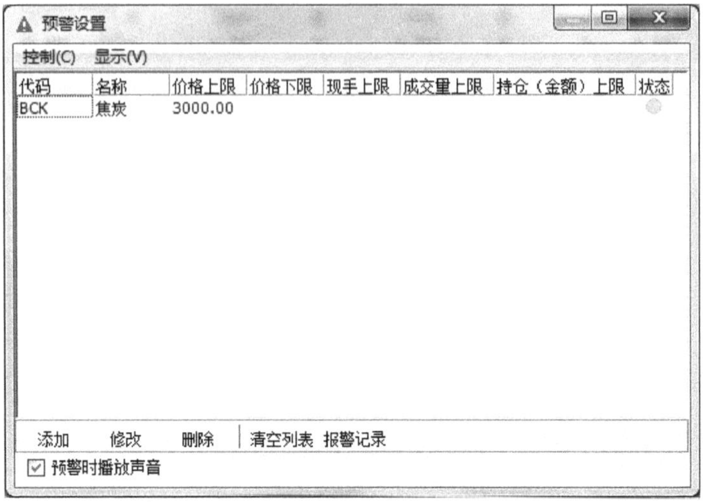

图 1-11 设置后的“预警设置”对话框

当然除了添加设置之外，预警也是可以对设置进行修改和删除的。只需在之前提到的“预警设置”对话框中直接单击“修改”或“删除”按钮，就可以完成相关指令了。

【案例分析】妙用新闻信息查看功能

价格发生大变化之前，往往都会透露出一些信息，投资者获得这些信息的可靠途径之一就是新闻，因此新闻信息的查询在做单过程中不可谓不重要。

在“博易大师”这款软件中，新闻的获取是相对比较简单的，只需要执行“新闻｜即时新闻”命令，就可以了。

“即时新闻”页面不同的类别分设有导航栏，如金属市场、农产品、能源化工等。所以，我们完全可以充分利用导航栏，通过分类显示让查询变得更有针对性，从而快速地查看相关的新闻信息。

1.1.4 大宗商品的交易指南

上面论述了一些大宗商品现货交易的相关知识，这一小节我们就从相关的流程、操作和注意事项等方面，具体地介绍如何进行交易。

【技巧解析】直观把握交易流程

想尽快进入交易当中，最好的办法就是熟悉它的相关流程，知道要做些什么、该如何做，现货交易的具体流程如图 1−12 所示。

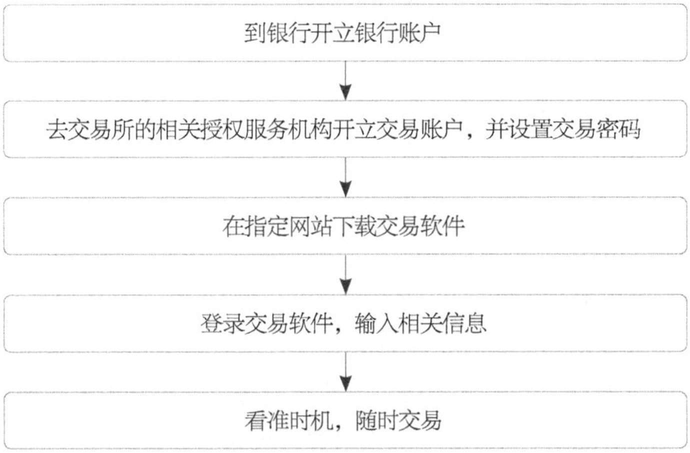

图 1−12 现货交易的具体流程

【技巧解析】大宗商品开户流程

现货交易开户的第一步是先要在结算银行开立一个账户。如果个人已经有了银行卡，则可直接使用，不需另行开户。而如果是企业或者公司开户，就要带好以下资料和物件。

（1）营业执照原件和复印件。

（2）法人机构代码证及复印件。

（3）税务登记证原件和复印件。

（4）法人和经办人有效身份证原件和复印件。

（5）公章、财务章、法人章。

在银行完成开户以后，就可以带好个人身份证和银行卡，到交易所授权的相关机构填写入市资料和相关的协议，之后开立交易账户。在此过程中，需要填写以下文件。

（1）《入市申请表》1 份。

（2）《入市协议》3 份。

（3）《三方汇划协议》3 份。

（4）《资金汇划业务申请表》1份。

而如果是企业或者公司开户，则还要带上以下资料。

（1）加盖公章的营业执照副本复印件。

（2）加盖公章的法人机构代码证复印件。

（3）加盖公章的税务登记证副本复印件。

（4）加盖公章的法人代表及授权代理人有效身份证复印件。

（5）法人签字并加盖公章的法人授权委托书。

（6）指定联系人身份证复印件。

填好相关文件之后就是交易所的授权服务机构对客户资料的核对与录入，以及交易代码的分配。

录入和分配完成以后，就是等待交易所对客户资料的审核以及交易账户的开通。交易账户开通之后，还不能马上进行交易，因为还差最关键的一步——银行账号绑定。在这个过程中，千万要记得将之前签署的协议尽可能带上。

在银行绑定账号之后，就可以向账户打入资金，随时进行交易了。

【技巧解析】下单的三大注意事项

为了更加精准地下单，投资者在下单之前，就需要对交易方向、交易指令和开仓平仓等内容进行一些了解，下面就详细讲解这些内容。

（1）交易方向

在下单之前，方向的选择是很重要的。到底是认为价格可能上涨，应该做多（预期价格上涨，先行买入等待获利）？还是认为价格可能下跌，应该做空（预期价格下降时，高价时卖出，低价时再买入）？这一点至关重要，只要选对了方向，投资者自然就处于相对主动的地位了。

（2）交易指令

在明确了方向之后，为了达到想要的效果，就需要在交易指令中做出选择。如果迫切地需要交易，则选择市价指令，按当时市场的最优报价快速完成交易；如果是有一定心理预期的，就选择限价指令，保障自己的利润空间。当然，这两种指令都有其优点和缺点，投资者需要根据自己的情况具体来把握。除了市价指令和限价指令之外，为方便投资者，交易所可能推出其他的一些指令。

（3）开仓、平仓

开仓就是指新建买入或者卖出。与之相对的，平仓就是与开仓交易方向相反，将所持有的现货进行了结。

明晰开仓和平仓的意义在于，有的交易系统默认的是上次的操作，如果不指明操作，可能会造成难以挽回的损失。特别是要平仓的时候，如果不指明，不但是没有平仓，反而又多下了一张单，这就有点得不偿失了。

1.2 掌握现货交易的影响因素

现货交易之所以具有投资价值是因为它的价格具有波动性，投资者可以通过其买入价和卖出价中间的差额获取收益。

那么到底是什么让它的价格有了不确定性呢？本节就从供需、美元走势、区域经济、会议政策、数据统计和投资心理等方面，探讨现货价格的变化原因。

1.2.1 供需关系的影响

但凡是商品，就必然会因为受到供需关系的影响，而直接呈现出其价格上的波动。这一点，现货也不能例外。那么供需是如何让价格产生变化的呢？下面我们就对这个问题进行一番探讨。

1. 直接因素：供需

在日常生活中，随着供求关系的变化，产品供应者往往会持有不同的态度，具体如图 1–13 所示。

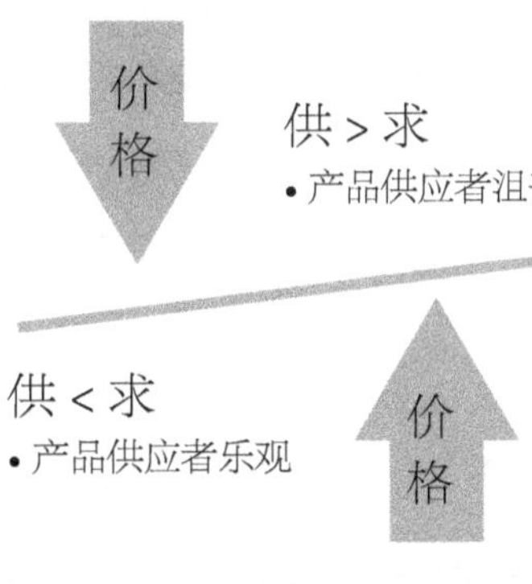

图 1–13 供求关系与产品供应者的态度

其实因为供求与价格直接挂钩，受影响的是参与到其中的所有人。在一般商品的交易过程中，供求关系与买卖双方以及价格的联系往往是供过于求时，就会出现对买家有利的买方市场，商品价格很可能就会在短期内呈现下跌态势；而如果供不应求，就会变成卖方市场，商品价格极可能在近期持续上涨。

比如，在 2016 年 10 月 25 日之前，虽然原油部分过剩，但是因为经过一段时间的调整，价格总体上还算比较平稳。但是随着美国石油活跃钻机数的大幅增加，使得全球原油供应进一步过剩，最终导致原油价格在 2016 年 10 月 25 日暴跌。

这一事件的诱因究其根本还是供需的变化，因为供应量的急剧增加，致使市场进入了明显的买方市场，造成价格的急剧下跌。

2. 技术带来的突破

上面说到供需影响价格，那么又是什么让供需产生变化的呢？这其中就有一个很重要的因素——技术。

新能源技术的出现总会给传统能源造成冲击。例如，2017 年 9 月就曾出现煤价暴跌的情况，因为那时干热岩的开采技术得到了重大突破。干热岩是国际社会公认的高效低碳清洁能源，前景十分被看好，如果其能实现商业化运作，必定会对煤炭价格造成冲击。

很多时候，价格的变化往往只需要一个契机，而技术的发展和突破无疑是强力催化剂之一。就像页岩油技术的突破带来的供应量的突增一样，很多技术的发展都可能带来供应量的大幅增加，致使供应者的优势地位丧失。技术的发展又是一种必然的趋势，为了保障自身利益，投资者能够做的只是顺势而为。

1.2.2 美元走势的影响

因为现货交易的价格来自于国际市场，而作为国际货币的美元，自然而然就充当起了结算货币的职能，与现货价格直接联系到了一起。

美元走势之所以能影响现货的价格，是因为一些因素让它有了走势。那又是什么引起它的变化呢？主要来说有两大因素，具体解析如下。

【技巧解析】美国的经济状况

一种货币值钱与否，与发行该种货币的主体（国家或地区）的经济状况是分不开的。如果美国经济发展态势良好，那么美元将更加受到国际市场的信赖，而逐步走强。但是这样一来，现货的价格就可能会面临下跌的趋势。相反的，如果美国的经济状况不佳，国际市场对美元的价值产生怀疑，美元弱化，现货的价格则可能会因此而上涨。

【技巧解析】美联储货币实际发行量

无论是哪种货币，都只是一种价值符号的体现。它的数量衡量的是综合经济实力。如果一个国家的经济总值只有 100 亿，却发行了 150 亿纸币用以流通，那这 150 亿实际代表的还是 100 亿的购买力，虽然数量上去了，但是购买力却并不会因此增加，相反的，人们手中的钱是越来越不值钱了，这实际上就是货币贬值了。

美元代表的价值又直接与美联储实际发行的纸币量联系在了一起。所以，如果美联储限制供应，把发行量控制在应发量之下，那么美元将变得更值钱，并由此走高；但是如果美联储超额发行，那么美元很可能会因为不值钱而走低。

1.2.3 区域经济的影响

除了供需和美元走势之外，区域经济对现货价格的影响也是较为直观和全面的。这一小节我们围绕区域经济对现货价格的影响，以及影响区域经济的因素这两个问题进行探讨。

【技巧解析】促使供需调整

区域经济对供需的调整，来自于区域经济实力的变化。区域经济实力的增强，使得区域内的购买力在一定程度上上升，从而导致整个需求量增加，也就让市场逐渐向卖方市场转变，价格因此而上升；相反的，区域经济形势的低迷，往往让购买力大幅下降，而使需求总量下降，将市场引向买方市场，造成价格下降。

【技巧解析】影响区域经济的因素

总的来说，影响区域经济的因素包括 6 个方面，具体如图 1–14 所示。

图 1–14 影响区域经济的因素

在资源方面，欧洲的许多国家凭借其独特的旅游资源，每年都给国家带来了不菲的收入；中东的不少国家，大半的国民经济收入都来自于其丰富的石油资源等。这样的例子多不胜数，由此也不难看出资源对一个地区经济的巨大影响。

在科技方面，美国之所以能够在当今的国际市场产生重大的影响力，一个很大的原因之一就是第二次工业革命以来，其科技迅速发展。由此可见，科技是第一生产力，并非是过分地夸大。

1.2.4 会议和政策的影响

这里所说的会议和政策更多的是美联储的会议和政策。因为国际市场以美元计价，而美元的发行又来自于美联储。因此，美联储的一举一动牵动着整个现货市场。本节内容就重点探讨美联储的会议与政策对现货价格的影响。

1. 美联储

在了解美联储的会议与政策之前，有必要对美联储的相关信息进行一些普及。

美联储是美国联邦储备局的简称，它是美国最高货币政策的首脑机关，负责履行美国央行的职责。它的主要职能如图 1-15 所示。

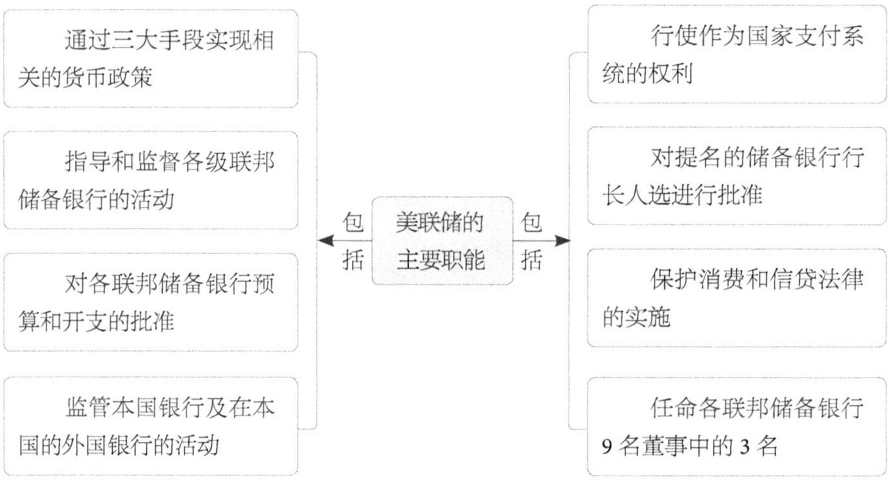

图 1-15 美联储的主要职能

图 1-15 所示的虽然只是美联储的部分职能，但是从这八大职能就不难看出美联储和美国银行以及美元的关系。上面已经探讨了美元走势与现货价格的关系，而美联储的相关举措又直接与美元联系在了一起，所以，美联储通过美元这个中介，间接地对现货价格产生了重大的影响。

这里需要说明的一点是，虽然美联储也是履行央行的职能，但它与我国的央行有一个根本性的区别：它并非国家所有，而是一家由私人开办的银行。也正因为这个原因，它往往会成为他人牟利的工具，从而给国际金融带来更多的不稳定性因素。

关于美联储还有一个机构必须要提到，那就是美联储联邦公开市场委员会（The Federal Open Market Committee，FOMC）。美联储虽是最高货币政策的首脑机关，但是它的政策，最终还是由 FOMC 有投票权的成员决定的。

2. 利率

利率，即一定时期内可获得的利息与本金的比值。一个国家的利率，是对本国储蓄与投资的宏观调控，对本国资金的流向有着极大的导向作用。

而美元因为它的国际货币地位，一举一动都足以影响国际金融市场，所以美元利率的调整一直以来都备受关注。而关于美元的利率问题，就又绕不过 FOMC。

作为对美联储的政策拥有最终决定权的机构，FOMC 对美联储的利率决议同样也有着决定权。FOMC 对利率的调整又主要体现在对基准利率的调整上。

基准利率是指金融市场中具有普遍参照意义的利率。但是即便是对美元有着“生杀大权”的美联储，也不能随意对美国的基准利率进行调整。这主要是因为基准利率有着以下三大特性。

（1）市场性

虽然美国的基准利率是由美联储制定的，但是美联储也必须尊重市场对基础利率的决定作用，考虑市场的实际现状和未来趋势，不能脱离市场而独自存在。因此，美国的基准利率也是有一定的范围限制的，并非想象中可以任由美联储进行摆布的工具。这也让基础利率更多了一分参照性和可靠性。

（2）参照性

基准利率与金融市场在诸多方面密切联系，再加上它是对市场状况的一种反映，因此它在金融市场也就具有了一定的参照性。

（3）传导性

虽说基准利率被限定在一定范围内，但毕竟是央行传出的信号，人们可以通过它判断国家货币政策的倾向。

3. 降息加息

降息，顾名思义，就是银行降低存款利息。与之相反的，加息就是银行增加存款的利息。降息和加息是央行进行宏观调控的常用手段，它是央行通过调整利率，从而改变资金流向的结果。

降息和加息对资金流向的导向表现为：降息通过减少投资者的存款收益，让投资者改变投资方式，造成大量资金流向市场，从而使资金流动性增加；而加息则使投资者的存款收益增加、借贷成本提高，以便银行集中资金，减少市场上的资金流动。具体如图 1–16 所示。

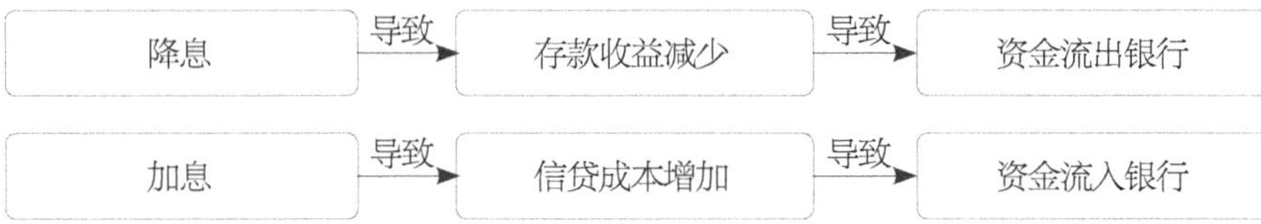

图 1–16 降息和加息对资金流向的导向

值得一提的是，美元的降息可能造成美元持续贬值，让现货价格上涨；反之，美元加息导致美元升值，这反映在现货上就是现货价格下跌。可以说，贸然地对美元进行降息和加息，不仅仅是影响了美国这个国家的经济形势，更是增添了整个金融市场的不稳定性。

4. QE

QE 是量化宽松政策（Quantitative Easing）的简称。它是指央行通过公开市场操作增加货币的供应，“无中生有”式地变相“印钞”，以达到增加银行资金流动性的目的，其比较常用的方式是央行通过公开市场购入证券、政府债券等，增加央行结算户口内的资金。

银行通过一定的手段来增加市场的流动性，从而提振本国的经济复苏、缓解本国经济压力，这本无可厚非。但是美元的国际货币属性，让它的债券和国债在国际市场大量流通，这种变相“印钞”造成的美元贬值，就变成了美国的各债权国手中的美国国债大为缩水。因此，美联储实行大规模的 QE，对国际金融市场来说，是极不负责任的表现。用现在较为流行的话来说，美联储的大规模 QE，实质上就是“强制甩锅”的行为。

5. OT

OT 即扭转操作（Operation Twist）的简称。它最初的目的是通过平滑收益的曲线，达到增加资金的流入和美元地位的强化。但一路发展下来，OT 却变成了美国扭转利率曲线的重要方式。

美联储通过市场操作，在卖出短期国债的同时，买入长期国债，以此降低长期债券的收益率，从而避免了资产负债表（资产负债表是指将一个国家的经济部门的资产和负债分别加总后得到的报表）的进一步扩大。

通过 OT，美联储在增加短期国债的同时，也将长期国债的收益率推低，其实质就是采取迂回的策略，防止国家资产负债表的再扩大。也正因为能够达到相似的目的，OT 在很多情况下成了 QE 的替代品。

6. QE 和 OT 的区别

虽然 QE 和 OT 在通过购买国债、减缓负债压力的作用上异曲同工，但是两者之间还是有着明显区别的。

两者的区别主要在于货币供应量的增加与否，以及人们对它的态度上。QE 毕竟是直接通过货币供应量的增加，将“祸水”引出去，太过“招摇”，难免会因此招人口实，执行受阻；而 OT 并没有直接增加货币的供应量，而是采取相对迂回的手段“拆东墙补西墙”，因此一般也不会遭到强烈抵制。

1.2.5 投资心理的影响

这一小节就来探讨一下投资心理对现货价格的影响。

【技巧解析】投机心理的影响

投机是指交易过程中通过买进卖出的差价获得利益的行为。而投机心理则是部分投资者在投机过程中的心理反映。这些投资者因为对获得的信息和自己的判断能力过分地自信，经常频繁地进行交易。但是在发现自己的判断并不那么准确后，他们往往会习惯性地寻找“替罪羊”，把过错推到其他事物上。

投机心理不仅影响投资者的资金运行，对整个现货市场也有一定影响。这种频繁的交易，助推了现货价格的进一步上涨或下跌。

表现在：如果看到某一现货价格上涨，坚信势头还会保持，于是跟着买进，造成价格的持续上涨。

相反的，如果看到自己买进的现货价格下跌，认为它还将下跌，于是全部卖出，使现货价格短期内出现暴跌。其实市场并不一定就保持这种趋势，只是因为有了太多抱有投机心理的投资者的涌入，使得“可能”逐渐向“必然”转化。

【技巧解析】心理预期的影响

现货毕竟还是一种投资方式，既然是投资，那么闪现在投资者心中的第一个念头很可能就是赚钱。那么到底要赚多少才收手呢？不同的投资者心中有不同的尺度。而投资者心中的这个尺度就是投资的最初心理预期。但是随着现货价格的变化逐渐接近最初的心理预期，很多投资者往往会想赚取更多，于是把心理预期无限加大。最终出现日益膨胀的心理预期。

和投机心理一样，心理预期最终也很可能导致对现货价格的助推。具体体现在价格向相反方向持续了一小段时间之后，所谓的理智最终战胜预期，于是快速将该现货全部抛出或大量买入，进而造成价格的暴跌或暴涨。

1.3 掌握大宗商品点位计算

前面两节主要是对现货的基础知识和影响现货价格的因素进行了一些介绍。那么具体到交易的时候，投资者应该怎么选择买入时间？又应该怎样把握买入的时机呢？这一节，主要探讨的就是这两个问题。

1.3.1 出入止损计算

在做单之前，投资者需要对入场点和出场点有一些了解。

简单来说，入场点就是投资者的进场下单点，即决定在什么时候做单。与之对应的，出场点就是决定什么时候撤离市场。

在入场点和出场点的选择上，有两个需要把握的关键，即压力位和支撑位。压力位是指在现货价格价上涨时可能受到某些压力，因而反转向下的价位。而支撑位则是指在现货价格下跌的过程中因为受到某些支撑，从而由跌向稳的价位。正因为压力位和支撑位的特性，出入止损的计算变得有规律可循。

止损点是指现货交易仓位允许承受的最大损失界限，一旦达到或突破这个临界点，就应该通过平仓或减仓防止亏损的进一步扩大。

通常来说止损有 3 种方式，分别是定额止损、技术止损和无条件止损。接下来就对这 3 种止损方式进行一一解析。

【技巧解析】定额止损

定额止损就是投资者根据可承受的亏损额度，设置一个相对具体的数额，一旦亏损超出该数额就立即平仓止损。

这种方式的最大优点就在于将风险控制在相对可接受的范围内。也正因为这个优点，定额止损主要适用于两大群体：其一是刚入市，对行情不太熟的投资者；其二是因为投资风险大的投资方式或投资金额比较大，容易造成较大损失的投资者。

【技巧解析】技术止损

技术止损，顾名思义，就是将通过技术分析来设置止损点。这种方式要求投资者对技术分析能力和自制力有所把握，因此一般适用于对投资有丰富经验的“老手”。

【技巧解析】无条件止损

这是一种见势头不妙，不计较成本的立即进行平仓的止损方式。很多投资者之所以走到这一步，往往是对自己过于自信，没有预先设置止损点。当然在市场发生根本转变的时候，为了避免产生更大的损失，无条件止损，是很有必要的。到底应不应该进行无条件止损，这中间就有一个度的问题，还需要投资者根据实际情况进行把握。

1.3.2 整数位计算

对于上面说到的压力位和支撑位，有些投资者可能会有疑问，到底什么时候可能会出现压力位和支撑位呢？那是因为投资者对整数位的了解还不够。那么，接下来就帮助大家更好地了解整数位。

1. 初识整数位

这里的整数，和数学上所说的整数还是有一些区别的，它更多地是指的整十、整百、整千这种看上去更“整”的数，例如 10、100、1 000 等。当然可能有的商品自身的点数比较小，那就另当别论了。

2. 神奇的整数位

之所以说整数位是神奇的，是因为投资者从心理上认为整数点不容易跌破或者突破，所以当价格达到整数点附近时，大量投资者进行减仓和平仓，进而在整数位形成了压力位和支撑位，使整数位受到压力和支撑的神奇作用。

这实际上是一种心理的错觉。现货的价格是市场决定的结果，不会以人的意志为转移。但是因为抱有这种心理的投资者数量比较庞大，于是整数位就真的变得不那么容易突破了。

虽然这只是一种心理定式，但是投资者在做单的时候如果运用得当，往往会取得不错的效果。例如，投资者以250点做多纽约铜，现在已经突破了295点。因为300点有可能会成为一个压力点，那么就在这时进行适当减仓或者直接平仓，这样就能使收益得到一定的保障。

3. 破掉的整数位

就像上面说到的，整数位虽然不易被突破，但也不代表就不会被突破，因为它终究是由市场情况决定的。

1.3.3 时间框架分析

投资者在选择入场点的时候，可能会对现货的价格趋势有完全不同的看法。这很可能就是因为他们参照的时间框架不同而产生的结果。那么，什么是时间框架？又怎么更好地利用时间框架进行趋势判断呢？这一小节就着重探讨一下这两个问题。

【技巧解析】时间框架的种类

时间框架是指将一定的独立时间段作为一个交易窗口，如常见的小时线、日线、月线等就是将一个小时、一天、一个月等时间段作为交易窗口。

不同的时间框架有不同的优势，具体如图1–17所示。

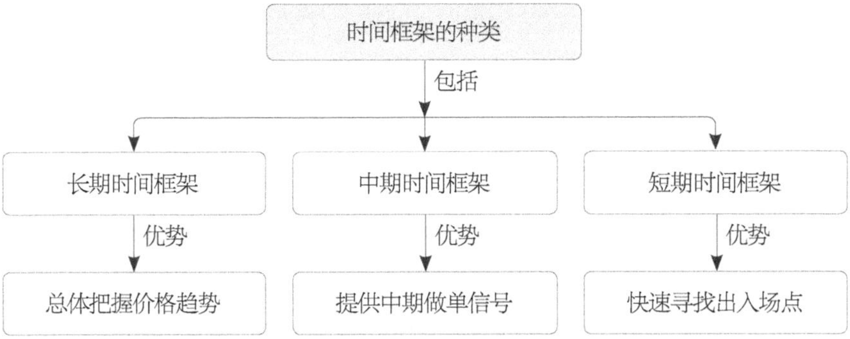

图 1-17 时间框架的种类

新手参照时间框架，难以取得比较好的效果，除了一时之间难以适应数据的快速变化之外，另外一个原因就是参照的时间框架不能很好地适应投资需求。那么，投资者如何选择自己参照的时间框架呢？

答案是选择适合自己的。投资者应该慢慢适应自己参照的时间框架，培养出自己的意识。当然对新手来说，比较好的时间框架是分时走势图。因为新手刚入市，一时之间能够掌握的信息量是比较有限的，但是又要对价格的走向有个整体的把握。于是分时走势图这种信息适中的时间框架，就比较好地适应了投资者的需求。

【技巧解析】时间框架选择要点

在这里有必要再强调一下，在时间框架的选择和运用上，有几点是需要投资者特别注意的，具体如下。

（1）选择最佳

投资者一定要找到最适合自身的时间框架，为了确定最佳时间框架，投资者可以尝试运用不同的时间框架进行效果评估，最后根据效果做出最终的选择。

（2）多多练习

投资者选定时间框架后，应该在平时多多练习，切不可因为操作不熟练而在交易时造成不必要的损失。

（3）过犹不及

投资者能把握的信息量是有限的，同时参照的时间框架不宜过多，以免让自己产生手足无措的感觉。

1.3.4 入场点的分析

入场点对投资者来说至关重要。那么，选入场点又有哪些方法呢？这一小节就来探讨一下这个问题。

1. 认识方向性交易

方向性交易即投资者确信某一信息公布后，价格会朝着某一特定方向运动，从而在此方向上做出交易的行为。

方向性交易对投资者的分析能力要求比较高。如果投资者不能准确地作出判断，就很可能因为选择错误，输在起跑线上。

2. 了解非方向性交易

非方向性交易就是指投资者已经有了入场计划，虽然知道某一重要消息可以带来市场的波动，但并不用知道市场的具体倾向，并在适合时机进行的交易行为。

投资者非方向性交易时并非就是蒙上眼睛，凭感觉做出选择，而是静待选择的时机。例如，上文中说到的整数位的突破之后，根据保持的趋势及时选择入场点，就是非方向性交易选择入场点方式之一。但是，非方向性交易所谓的时机具有一定的随机性，要求投资者有较强的把控能力。

第2章

基本面分析入门与实战

学前提示 >>>

投资者要想在现货市场生存并获得成功，单单是学习一些入门的知识是远远不够的，还必须要掌握一定的分析技术。

在现货市场中有两大分析技术——基本面分析和技术分析。这一章就重点对这两大分析技术进行解读。

要点展示 >>>

基本面分析与技术分析

大宗商品的基本面分析

大宗商品的技术分析

2.1 基本面分析与技术分析

现货市场的分析技术，简单来说就是通过对现货的价格变化趋势进行分析，预测现货价格的未来趋势，从而为投资者提供投资的参考意见。它包含两个方面——基本面分析和技术分析。

2.1.1 认识基本面分析

基本面分析（也称为基本分析）即通过现货的市场供需和影响市场需求因素的分析，对现货价格的变化趋势进行解释和预测的方法。

现货的价格是由市场买卖的对比力量决定的，而市场的这种对比力量又来自于供需状况和影响供需的因素。

所以，投资者通过对市场需求和影响市场需求的因素的分析，对现货价格的基本趋势有一个清晰的认识。

2.1.2 认识技术分析

技术分析即根据市场行为，判断市场的趋势并通过趋势的周期性变化而制定交易决策的方法。现货市场通常用 K 线图和技术指标分析过去和现在的市场行为，从而预测现货价格的未来变化趋势。

现货市场的分析技术主要包括 K 线、K 线形态和技术指标。需要注意的是，因为投资者关注点的不同，可能在同一 K 线图看到不同的结果，到底哪一种是最有可能的情况，也只能由投资者具体把握。

【技巧解析】两大分析的异同

基本面分析和技术分析的相同点在于两者都认为现货的价格是由供需关系决定的，不同点主要在于它们预测价格的未来趋势的依据上。基本面分析主要依据影响供需的因素的分析对价格的未来趋势进行预测，而技术分析则更多地参照价格自身的变化情况对未来的趋势进行预测。

2.2 大宗商品的基本面分析

通过上一小节，读者已经对基本面分析的概念有了一定的了解。那么，基本面分析具体是对哪些内容进行分析，又是如何进行分析的呢？这一小节就来重点探讨一下这两个问题。

2.2.1 掌握供给和需求分析

基本面分析认为现货的价格由市场的供需状况决定，所以在进行大宗商品基本面分析时，供给和需求方面的分析是必不可少的一环。

下面就将对供给和需求两方面进行深度解析。

【技巧解析】供给分析

现货的价格最终必然是由市场买卖的力量对比决定的，基本面分析的主要分析对象就是供需关系。而在供需关系中，供给又是很重要的一节，所以先对供给进行分析是很有必要的。

可以说现货的供给变化与价格的变动是相互影响并相互制约的。现货的价格与供给是反相关的，随着供给的增加，价格最终必然因为供过于求而下跌；相反，伴随着供给的减少，价格极有可能因为“物以稀为贵”而上涨。现货价格和需求呈现正相关，需求增加，现货价格最终可能因为供不应求而上涨；反之，需求减少，现货最后可能会因为供过于求而变得不值钱，从而价格下跌。

价格受供需的影响，反过来价格也会对供需产生影响。随着价格的上涨，供应者有利可图而增加供应，而需求方因为购买成本增加会缩减需求；反之，价格下跌，供应者会因为无利可图而减少供应，而需求方则可能因为购买成本降低而及时购入并储存，导致需求的大幅增加。

正是因为供需与价格的相互影响、相互制约，所以现货价格的分析较为复杂。为了让投资者更清晰地看到供需对价格的影响，接下来将分别探讨供给和需求对价格的影响。

首先分析的是供给对价格的影响。供给量即商品生产者和经营者在一定时间内，在某一价格上计划出售的某种商品的数量。现货市场供给的来源主要有 3 个方面，具体如图 2-1 所示。

接下来就对供给量来源的3个方面进行分析，让投资者对供给的来源有一个较为直观的了解。

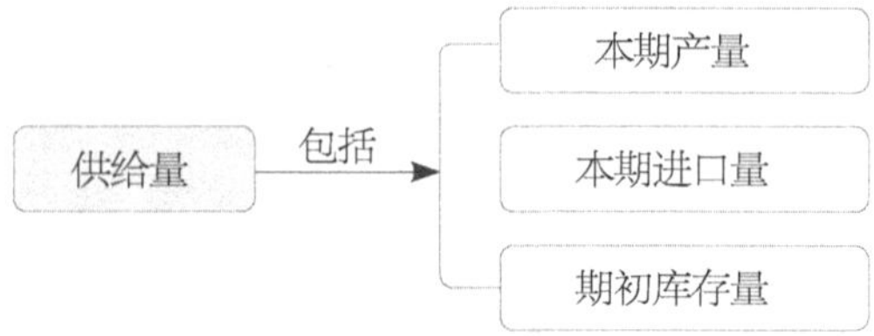

图 2-1 供给量的来源

（1）本期产量

本期产量即一定时期内（通常是本年或本季）商品的生产数量。它是市场商品供给量的主要来源，同时影响它的因素也较为复杂。如果从短时期来看，影响本期产量的因素主要有生产能力、生产成本、政策等。

不同商品的生产量的影响因素不尽相同，投资者要想比较准确地把握某商品的生产量就必须对该商品的具体情况进行具体分析，而不能用同样的指标一概而论之。

（2）本期进口量

本期进口量，顾名思义，即一定时期内（通常是本年或本季）商品的进口数量。它是国内生产量的一种补充，通常会受到国内市场供求平衡状况的影响，并随之进行调整。除此以外，影响本期进口量的因素还有国家进出口政策、国内国际市场价格差、国际政策因素等。

（3）期初库存量

期初库存量即为保证按计划进行生产，而根据计划计算出来的物资库存量。一般来讲，初期库存分为3类：生产供应者的存货、经营者的存货以及政府的储备。

其中生产供应者的存货和经营者的存货是市场商品供应量的一部分，往往会随价格的变化而调整供给。而政府储备则是为全社会的利益做出的储备，因此一般情况下不会投入市场，只有当市场供给严重不足、商品价格过高时，它才有可能被政府拿出来平抑物价。

【技巧解析】需求分析

需求量即一定条件下消费者希望并能够购买的商品的数量。它主要由3部分组成，具体如图2-2所示。

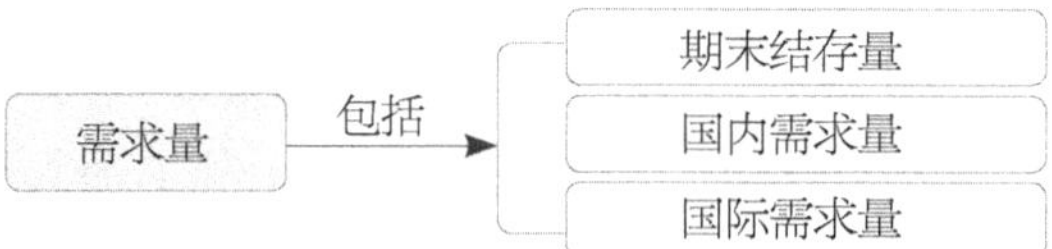

图 2-2 需求量的组成部分

下面就对需求量的 3 个组成部分进行一一解读。

（1）期末结存量

期末结存量是指计划期末商品的结存数量，包括两个部分——库存量和发出量（已发出却未获得货款的数量）。

它有两方面的作用。其一，它是需求的一部分，是社会再生产的参照条件；其二，它可以在短期内在一定程度上让供需得到平衡。如果本期商品出现供不应求的情况，期末结存量必定会有所减少；反之，如果本期商品供过于求，期末结存量必然会相应增加。

（2）国内需求量

国内需求量即本国内对某种商品的需求数量。它受多种因素的影响，主要包括：消费者的购买能力、消费结构、消费人数和替代品价格等。

（3）国际需求量

现货的价格最终是由国际市场决定的，而国际市场对某个现货品种的需求也就成了该现货的总需求。国际市场的需求又反映在单个国家或地区的需求变化上。

如果一个国家或地区出现商品的供不应求的现象，那么该国或该地区就可能通过进口来满足本国或本地区的需求；反之，如果一个国家或地区出现商品的供过于求的现象，该国或该地区就很可能通过出口来消化本国或本地区供应的相对过剩。

如果一个国家或地区保持稳定的进口，即便进口的数量很大，也很难对现货的价格产生较大的影响，因为此时国际的需求总量是趋于稳定的；反之，如果一个国家或地区的进口变得不稳定了，即便它进口的数量不是太大，也可能因为国际需求总量的不稳定而造成现货价格的巨大变化。

2.2.2 基本面分析的内容

除了供给和需求的分析，基本面分析还有其他需要分析的内容，如图 2-3 所示。

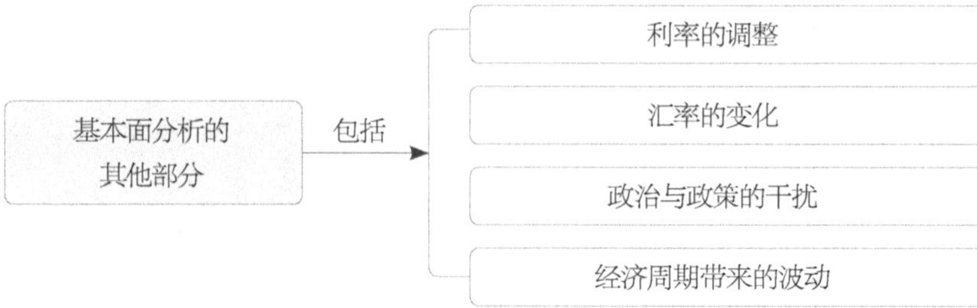

图 2-3 基本面分析的内容

下面就将对图 2-3 中基本面分析的其他部分内容进行一一解析。

【技巧解析】利率的调整

现货的价格与金融和货币市场有着一定的关系，而要探讨金融和货币对现货价格的影响，利率一定是其中绕不过的一环。

利率对现货价格的影响主要表现在美元的利率对现货价格的影响上。利率的调整是政府常用的宏观调控手段之一，但是和美国的利率调整不同，其他国家的货币因为没有美元那么独特的地位，所以即便对利率进行调整，也不会对现货的价格产生太大的影响。

【技巧解析】汇率的变化

汇率即一个国家的货币和外国货币之间的兑换比率。如果一个国家或地区的货币贬值，那么该国或地区的货币能够兑换的外国货币的数量减少，从而使得在国际市场价格不变的情况下，购买同样的现货所花费的该国或地区的货币多于未贬值前。

现货市场是一种开放性的市场，是一种全球性的市场。这就使得在其他因素不变的情况下，一个国家的汇率变化也能表现出现货价格的变化。

【技巧解析】政治与政策的干扰

政治因素对现货价格的影响，即受国内和国际政治局势、国际关系格局的变化和政府对经济进行干预等因素的影响，现货出现价格上的波动。

政策对现货价格的影响即某种现货因为某些国家或国际组织的相关政策的实施，而出现价格上的波动。影响现货价格的政策主要有：国家的贸易政策、储备政策、农业政策和国际经贸组织协定等。

现货的价格对政治与政策因素是极其敏感的，因为政治与政策往往是一个国家或者地区的态度表达，基于这一点，现货市场通常会呈现供需的变化，进而最终影响到现货的价格。

【技巧解析】经济周期带来的波动

经济周期由 4 个阶段构成，具体如图 2–4 所示。通常情况下，现货的价格和需求与经济的周期性波动是紧密相连的。

下面就对图 2–4 中的经济周期的复苏阶段、繁荣阶段、衰退阶段和萧条阶段进行解读。

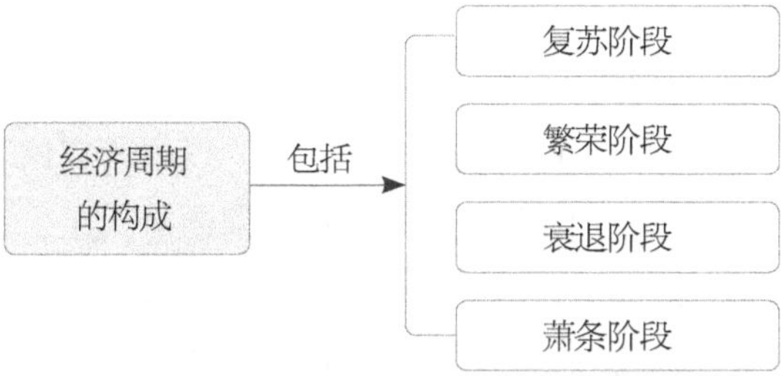

图 2–4 经济波动周期的组成部分

（1）复苏阶段

复苏阶段刚开始时表现为前一周期的最低点，因此产出与价格往往都处于本阶段的最低水平。但是伴随经济的逐渐复苏，价格必然会因为生产的恢复以及需求的增加而呈现稳步上升的趋势。

（2）繁荣阶段

经济经过复苏阶段的恢复之后，会在空前发展的基础上迎来经济的高峰，也就是经济的繁荣阶段。在此阶段往往会因为购买力的大幅增加，让需求得到较大增长的同时，刺激价格快速上涨，并最终达到一个相对较高的水平。

（3）衰退阶段

经济经过一段时间的繁荣之后有可能走向衰退阶段。伴随着经济的下行，消费者的购买能力出现一定程度的下降，进而让整个市场因为需求的萎缩，出现供过于求的买方市场，而导致价格的快速下降。

（4）萧条阶段

经济的一再衰退最终跌到谷底，市场呈现出一片萧条的景象。在这个阶段，供给与需求都被压到相对较低的水平，而价格也随之稳定在低价位上。

一般来说，经济的波动必然导致价格的变化，并且价格的变化通常要滞后于经济的波动。因此，投资者通过仔细观察和分析经济波动周期各阶段的特点，往往可以对价格的走势有一个相对准确的判断。

2.3 大宗商品的技术分析

上面的内容集中探讨了基本面分析的相关内容，相信大家已经对它有了一定的认识。技术分析虽也是分析方法的一种，却与基本面分析有着很大的不同，它更多地可以说是一种“经验之谈”。

2.3.1 初识技术分析

技术分析侧重于通过现货价格历史走势的分析，对价格的未来趋向做出预测，从而让投资者在市场中寻找可以长期稳定获利的机遇。

因此，在进行技术分析时，投资者应该坚持由远及近、由大到小的原则。也就是说，投资者应该先从长期趋势入手，研究较长一段时间的价格走势，接着再深入细致地对近期较短时间内的价格走势进行分析。

只有做到这样从大处着手，从细处着眼，才有可能比较准确地判断未来的价格走向趋势。

2.3.2 技术分析的类型

技术分析在不断发展的过程中，形成了许多更为具体而独立的分析方法，其中主要包括 6 种分析方法，具体如图 2-5 所示。

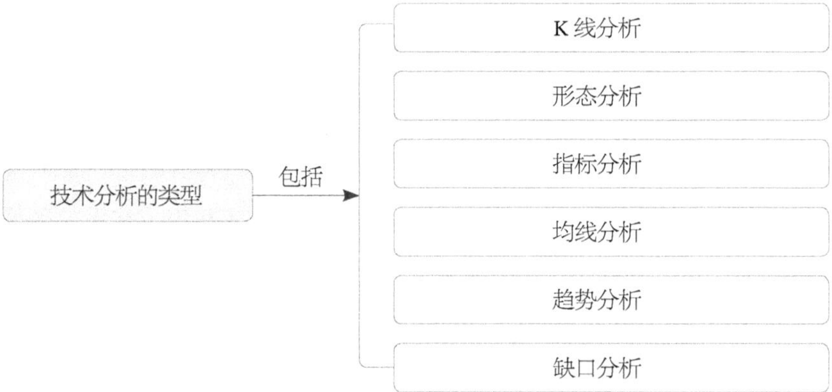

图 2-5 技术分析的类型

下面就对技术分析的 6 种方法逐一进行解读。

【技巧解析】K 线分析

K 线分析即通过对 K 线图的分析，对价格的未来趋势进行预测（书中第 3 章将对该内容进行详细讲解）。而价格又是其他相关因素的参照对象，一旦价格发生变化，其他相关的各因素也必然会随之变化，因此对价格进行分析是很有必要的。

而许多重要的价格，如最高价、最低价、开盘价等，又直观地呈现在了 K 线图上，所以 K 线图不仅可以通过数据的分析，预测价格的未来趋势，而且还经常因为其独特的优势而成为其他技术分析方法的参照对象。

K 线分析技术主要有两种，如图 2–6 所示。

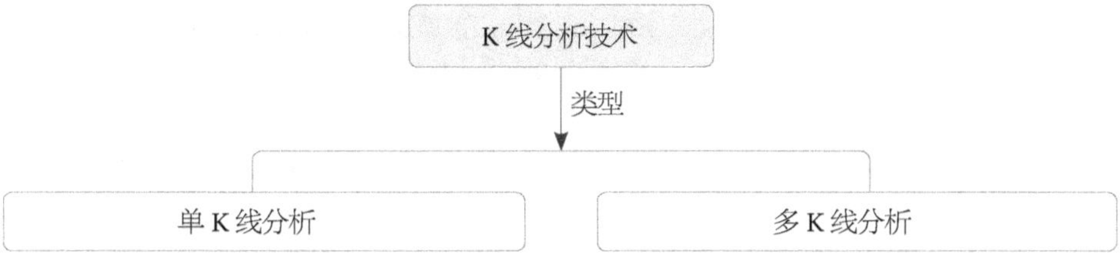

图 2–6 K 线分析技术的类型

但无论是哪一种都可以通过对 K 线图的分析，对市场的买卖对比力量一目了然，并且还能对这种力量的持续时间做出进一步判断。

当前市场的空和多的对比情况如何？是哪一方占据相对的优势？这种优势是短期的，还是长期的？这些问题都能通过 K 线图的分析得出答案。而投资者根据分析结果进行交易，无形之中就增添了几分胜算。

【技巧解析】形态分析

形态分析是通过 K 线图的历史价格形态的分析，来对价格的未来趋势做出预测的一种分析方法（书中第 4 章将对该内容进行详细讲解）。

当价格出现大变化时，投资者往往可以在 K 线图中看到一些征兆，进而根据这些征兆对交易行为进行一些调整。因此，形态分析更多的是一种经验性的总结，而非来自数据的直接呈现。

【技巧解析】指标分析

指标分析即经过对一些原始数据（最高价、最低价、开盘价等）进行处理，来呈现市场更深层次的内涵（书中第 5 章将对该内容进行详细讲解）。

不同的技术指标是不同的原始数据处理方法的体现，也正是因为处理方法的不同，产生了许多技术指标，目前投资市场上有数百种之多。这些技术指标主要可以分为以下 4 类，具体如图 2-7 所示。

趋向指标	一类对趋势进行识别并追踪，而无需对顶部和底部进行猜测的图形指标。
震荡指标	一类对趋势的重要转折点进行识别并追踪，并对趋势中的转折点相对敏感的图形指标，也称之为反趋向指标。
通道指标	一类试图根据顶部和底部轨道线判断行情的顶部及底部的图形指标，也称之为压力支撑指标。
量价指标	一类根据成交量的变化情况的分析，对价格的未来趋势进行预测的图形指标。

图 2-7 技术指标的主要类型

【技巧解析】均线分析

均线是一种在现货交易中广泛应用的线性图形，它是对趋势的反映，通过均线，特别是大周期均线的走向，可以看到市场的真实方向（书中第 6 章将对该内容进行详细讲解）。

均线主要有 4 个特点，具体表现如下。

（1）维稳均价

这主要是因为均线是对价格周期性的平均，所以它在形态上表现为一条较为平滑的曲线，而不会像价格一样出现剧烈的震荡。

（2）反映趋势

均线通过价格的周期性平均，可以有效地降低主力对市场的影响，较为客观地呈现出价格运行的趋势。

（3）滞后慢热

因为均线是价格的平均呈现，所以当价格转势时，它可能不会立即表现出来。而且周期越长的均线，这种滞后的效果通常会越强。这一点也是投资者，特别是短期投资者在实际操作时需要特别注意的，在观察均线的同时，一定要参照价格的走势，切不可因为过分关注均线而错失了交易的良机。

（4）助益强势

正是因为均线的滞后性，让它对市场中强势的一方有所助益。具体来说，在多方占有优势的市场中，即便价格已经呈现出下跌的趋势，但是均线的滞后性会制造一种价格仍在上涨的假象，进而有可能延长涨势；同样的，在空方强势的市场，即便价格已经小幅回升，它也可以通过制造价格下跌的假象，延长跌势。

【技巧解析】趋势分析

趋势分析技术不是对数据的直接分析，而是要根据相应的方法及原则，先在价格走势图中画出一些直线，然后通过这些直线与 K 线的关系来对未来的价格趋势进行预测的一种分析方法（书中第 7 章将对该内容进行详细讲解）。

趋势分析技术常用的参照线主要包括如图 2-8 所示的几种。

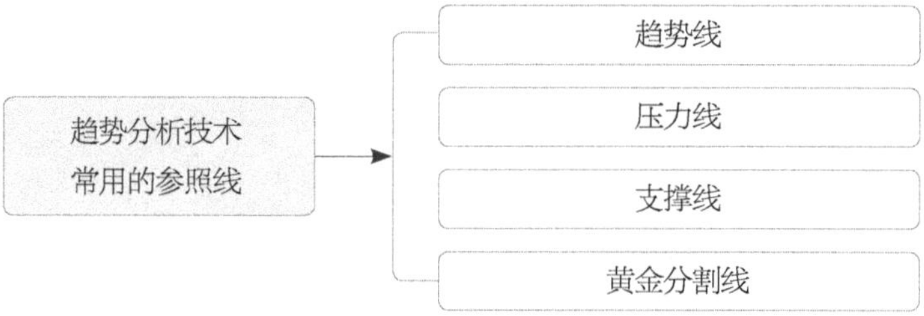

图 2-8 趋势分析技术常用的参照线

【技巧解析】缺口分析

缺口是指盘面在连续的波动中有一段价格没有任何成交，在盘面的走势图中留下的空白区域，又称为跳空，如图 2-9 所示。

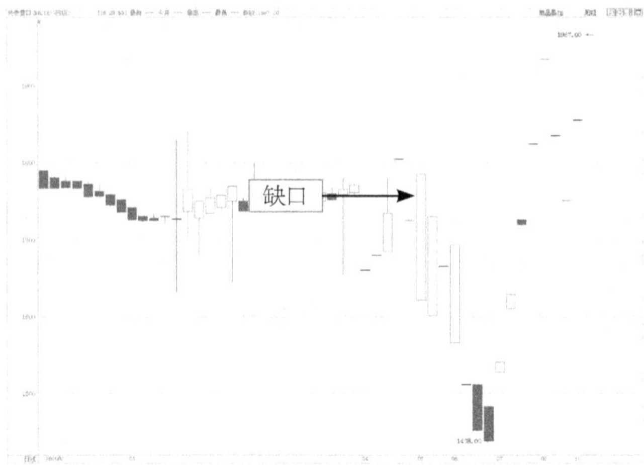

图 2-9 缺口

缺口分析在日常现货交易当中主要有两个作用，如图 2-10 所示。

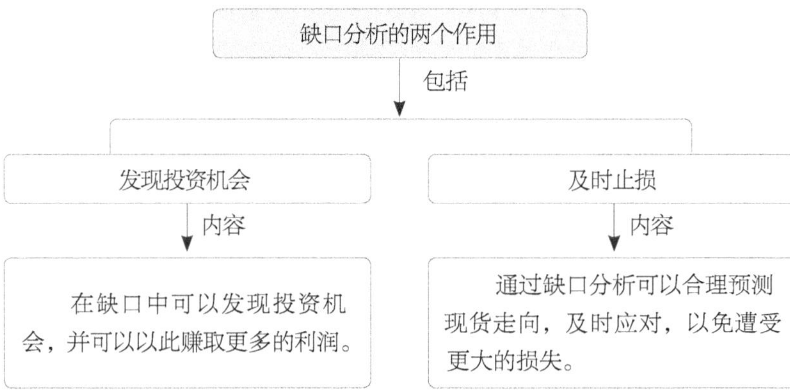

图 2-10 缺口分析的两个作用

2.3.3 技术分析的技巧

通过上面两小节认识了技术分析的基础知识后，本小节就将介绍技术分析的技巧，如图 2-11 所示。

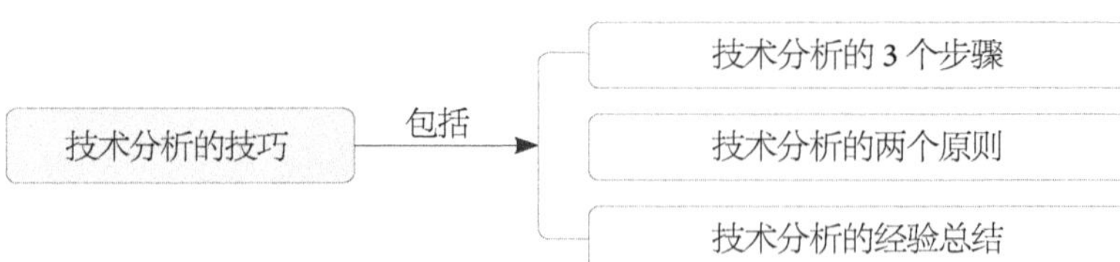

图 2-11 技术分析的技巧

下面就将对图 2-11 中的内容一一进行解析。

【技巧解析】技术分析的 3 个步骤

技术分析没有想象中的难，只需做好 3 步即可快速入门，具体如图 2-12 所示。

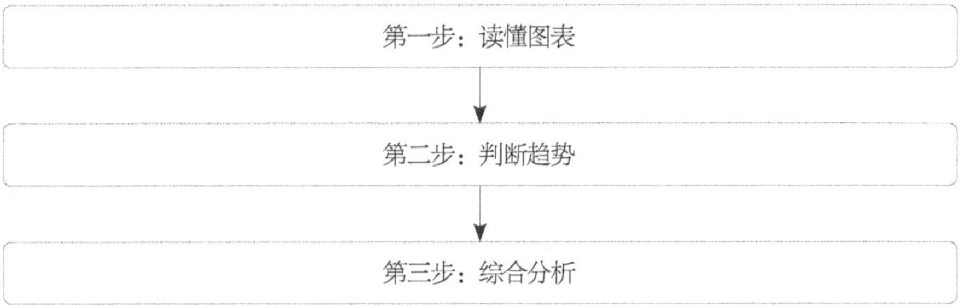

图 2-12 技术分析的 3 个步骤

下面就具体来说说技术分析入门的这 3 个步骤。

（1）读懂图表

读懂图表是进行技术分析基础的基础，投资者只有懂得图表中的信息，才能对投资对象的相关数据有一个大致的把握。例如在蜡烛 K 线图中，投资者应该要了解每一根柱子代表的意思。

（2）判断趋势

在了解了图表的基本信息之后，投资者还必须要通过图表看懂历史趋势，乃至直接判断未来趋势，这是技术分析的第二步，也是关键的一步。当然，可能有些图上只有一些单纯的点，难以对其趋势进行判断。这时候就需要投资者动手连接图中的点，画出趋势线。有时根据需要甚至还要多画出一些线作为参照，如压力线、支撑线等。总之，最低要求是能够根据一幅图判断出该图的趋势。

（3）综合分析

虽然从上面两步投资者已经能够对趋势有所判断，但是要使判断结果更为准确，就应该利用图表之外的信息进行综合的分析，例如结合技术指标进行分析等方式，全面地对趋势进行分析。

【技巧解析】技术分析的两个原则

技术分析在实际运用中需要把握好以下两点。

（1）从大处着手

在进行技术分析时应该先从大时段、大趋势入手，先对对象的整体情况有一个把握，接着再层层细化，深入地对短期内的具体情况进行分析。

因为对象的短期变化情况不仅不能代表其总体趋势，有时甚至会出现与大趋势完全相反的情况，而且短期变化是很迅速的。因此，投资者如果将短期变化作为参照，很容易造成对趋势的误判。而大趋势相对是不易改变的，投资者把握了大趋势，就能够以长远的眼光看待对象，也就不至于因为一时的行情而对趋势进行误判了。

（2）概率最大化

技术分析只是一种概率性的分析，而并非是肯定和绝对的。因此投资者不能奢求绝对化情况的出现，而应该以概率来看待分析结果。只要能够通过技术分析获得最大概率的情况，那便是技术分析的胜利了。

【技巧解析】技术分析的经验总结

技术分析虽被冠以分析之名，但其实质只是经验的总结，没有太多的科学性，这主要表现为以下 3 点，如图 2–13 所示。

经验成分多	技术分析的理论，都只是一种经验的总结，没有太多科学性，有的理论甚至都经不起推敲。
无法组成体系	虽然技术分析的理论很多，但是各种理论之间却没有太大的联系，无法将所有理论串联成一个体系。
不够全面	技术分析只是在相对稳定的情况下对市场进行单向的分析，有的内容甚至不能适用于即时的操作。

图 2–13 技术分析的缺点

虽然技术分析只是经验的总结，甚至还带有主观色彩，但其中的经验性在投资者的投资过程中，仍旧是大有裨益和不可缺失的。

第3章

K线分析入门与实战

学前提示 >>>

K 线分析不仅是每一位投资者在入市初期就必须有所掌握的技能，更是投资者进行短期投资获益的利器，因此，对它进行学习是十分有必要的。

K 线分析是非常重要的，但是投资者只有在把握了 K 线形态，并获取到正确的信号之后，才能保证自己分析的正确性。

要点展示 >>>

掌握 K 线分析基础知识

利用 K 线分析涨跌信号

利用 K 线分析顶底信号

3.1 掌握 K 线分析的基础知识

K 线图是一种记录价格变化的常用手段，因为它的形状和蜡烛相似，所以也常被人称为蜡烛图。它是对商品最高价、最低价、开盘价和收盘价的直观呈现，如图 3-1 所示。

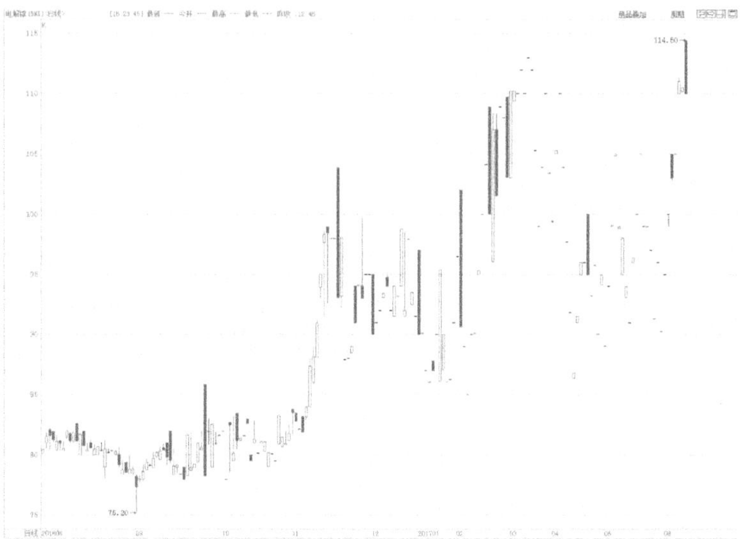

图 3-1　电解镍的日 K 线图

虽然 K 线图看上去只是一些长短不一的“蜡烛”，但是投资者要想准确并完整地获取“蜡烛”中包含的信息，还得下一番功夫。

3.1.1 掌握 K 线的类型

一般投资者或许会将 K 线分为阳线和阴线这两类。其实，严格来说，根据 K 线的形态可将其分为 4 类，具体如图 3-2 所示。

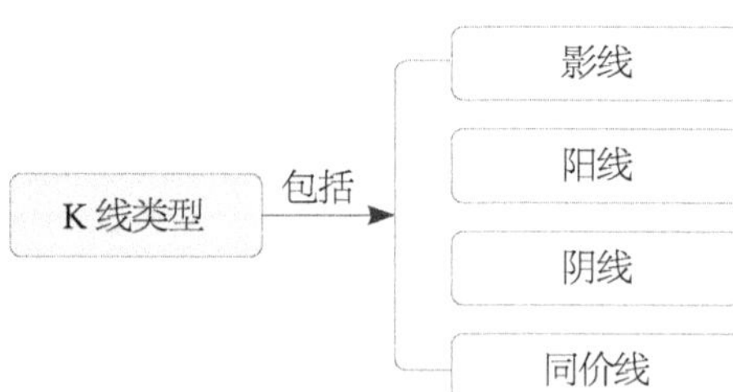

图 3-2　K 线的分类

【技巧解析】影线

K 线就是一条形如两端带芯的蜡烛的柱状线条。它和蜡烛一样，由两部分构成，其中“蜡”的部分称为实体，而“烛芯”部分称为影线。

影线可细分为上影线和下影线。这个分类的主要依据是影线与实体的相对关系。具体来说，如果影线出现在实体上方则该影线为上影线；相对的，下影线则是出现在实体下方的影线，如图 3–3 所示。

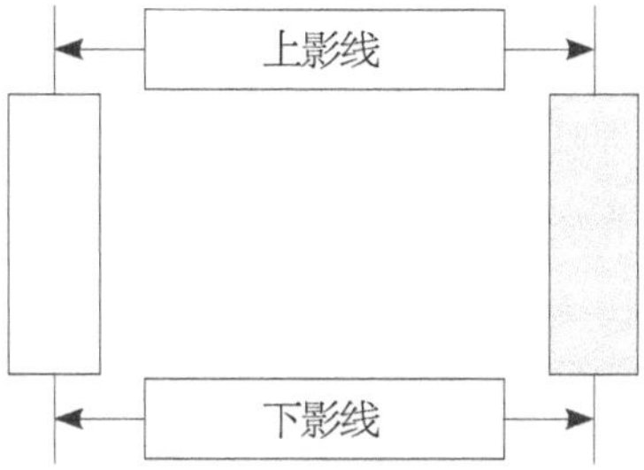

图 3–3 影线示意图

【技巧解析】阳线

阳线就是收盘价比开盘价高的一种K线，在K线图中阳线的实体通常显示为白色或深色。

阳线的上影线为最高价与收盘价的差值，下影线则为开盘价与最低价的差值。而阳线实体的高度为收盘价与开盘价的差值，根据差值的大小，也就是阳线的高度，又可将阳线分为大阳线、中阳线及小阳线，如图 3–4 所示。

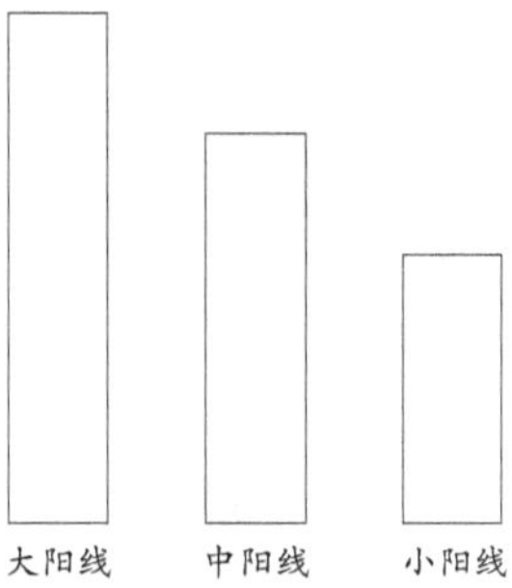

图 3–4 大阳线、中阳线和小阳线

【技巧解析】阴线

与阳线相对的，阴线则是收盘价比开盘价低的一种 K 线，在 K 线图中阴线的实体一般表现为黑色或绿色（我国）。

阴线的上影线为最高价与开盘价的差值，下影线则为收盘价与最低价的差值。而阴线实体的高度为开盘价与收盘价的差值。同样，根据阴线的高度，阴线也可分为大阴线、中阴线及小阴线，如图 3–5 所示。

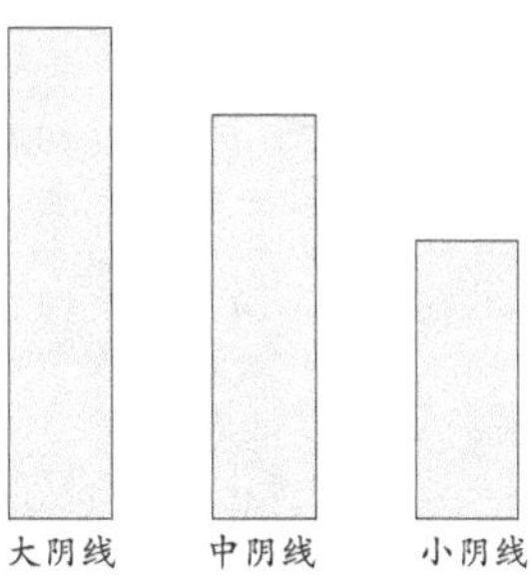

图 3–5 大阴线、中阴线和小阴线

【技巧解析】同价线

同价线也称之为“十字线”“T 字线”，它指的是收盘价与开盘价相等的一类特殊 K 线。

因为同价线表示的是收盘价和开盘价在同一价位的一种情况，所以同价线是有可能有影线而绝无实体的一种 K 线形态。而根据同价线中上下影线的有无和长度，又可将其分为一字线、T 字线、倒 T 字线、长十字线、十字线等类型，如图 3-6 所示。

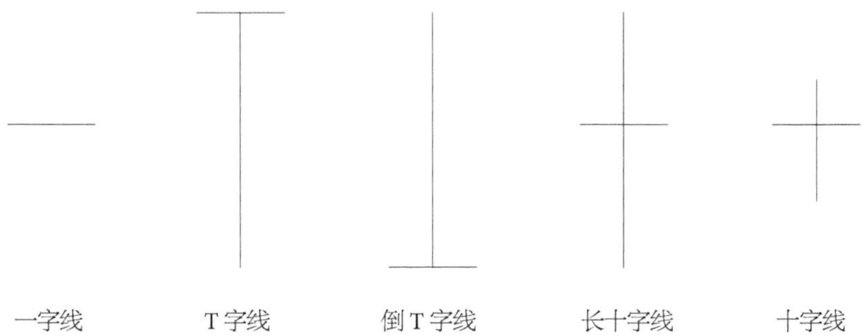

图 3-6 一字线、T 字线、倒 T 字线、长十字线和十字线

3.1.2 K 线分析的优势

K 线图有许多优点，其中最主要包括两点，如图 3-7 所示。

直观易懂	K 线图的直观易懂体现在：投资者可以根据实体的颜色和长度以及影线的位置和长度，一眼看懂价格变化的具体情况。
信息量大	虽然 K 线图的形态看上去并不复杂，但它包含的信息量却非常多。它不只是对开盘价、收盘价、最高价、最低价 4 个基本数据的直观表现，还将价格的变化方向与涨跌幅度反映了出来。

图 3-7 K 线图的两大优点

3.1.3 K 线分析的意义

投资者进行 K 线分析的意义就在于，通过对 K 线经验线规律的总结，可以一定程度上为未来的价格走势提供依据。具体来说，当某些特定形态的K线或K线组合在某价位出现时，价格很可能以某种趋势变化，当该K线或K线组合再次出现在同价位附近时，它又以同样的趋势运行。

所以，投资者据此可以总结出经验，只要这个K线和K线组合在某价位附近出现，那么，价格接下来以某一固定趋势运行的概率极大。

3.1.4 简化K线的方法

在绘制K线之前，投资者必须先收集4个基本数据，即开盘价、收盘价、最高价、最低价，然后将单位时间内（如果是日K线图，就是单日的数值）的4个数值，按从大到小上下排序，并根据数值计算出实体和影线的高度，具体如图3–8所示。

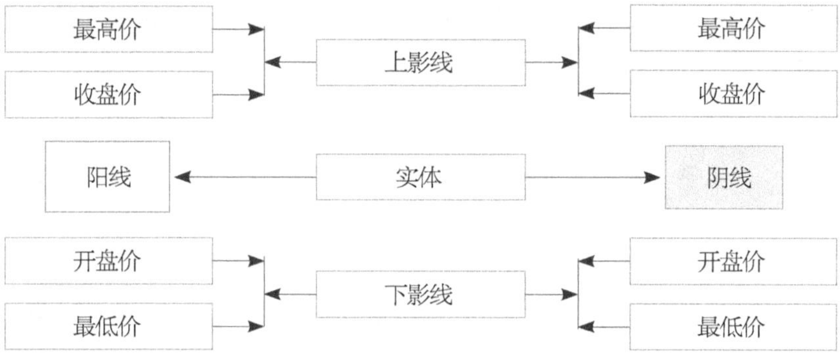

图3–8 简化K线示意图

3.2 利用K线分析涨跌信号

投资者获益的关键在于通过涨跌信号进行正确的操作。这其中，涨跌信号获取的重要性是不言而喻的。K线之所以能够获得投资者的青睐，很关键的一点就是投资者可以通过它的形态，较为准确地预测价格的未来走势。

3.2.1 红三兵

红三兵即在价格上涨的趋势中，连续出现3根走高的小阳线，其具体形态如图3–9所示。

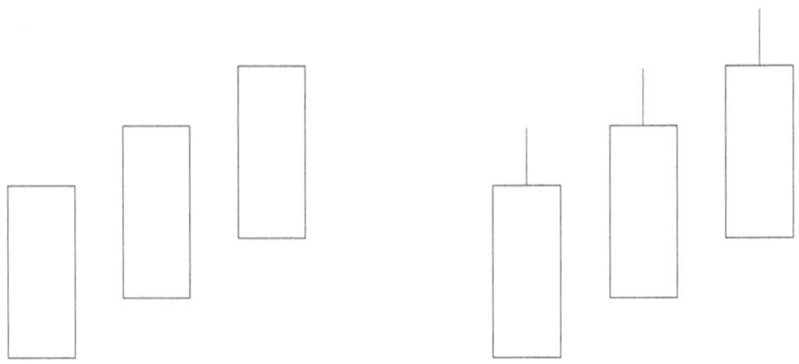

图 3-9 红三兵

【案例解析】苹果烟台的日 K 线图呈现上涨信号

红三兵通常在价格见底或盘整后出现，是一种价格上涨的信号。在图 3-10 中，苹果烟台价格在见底盘整之后，出现了框选区域中的红三兵。根据这种情况，投资者应该意识到苹果烟台的价格很可能上涨，所以可以选择在此时入场，适度做多。

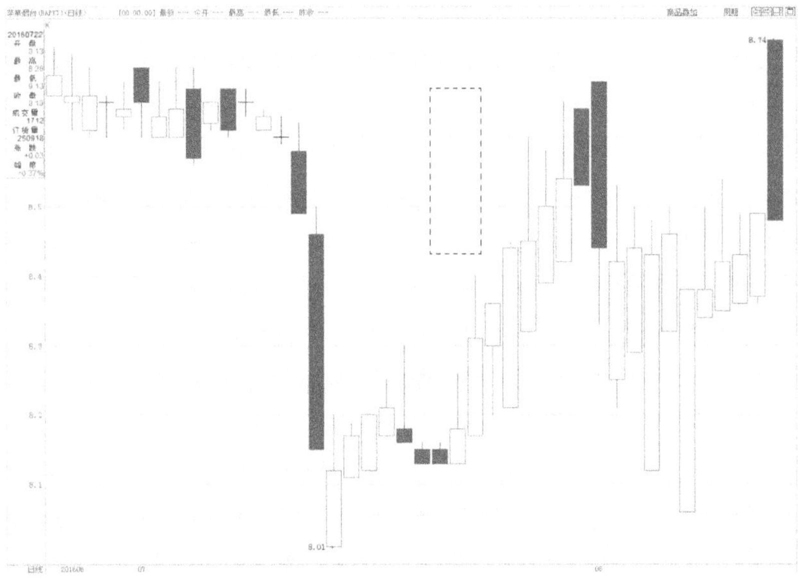

图 3-10 苹果烟台的日 K 线图

3.2.2 两红夹一黑

两红夹一黑即 2 根阳线中间夹着 1 根短阴线，而且一般情况下，这 3 根线的实体的中心处于一条水平线上，其具体形态如图 3-11 所示。

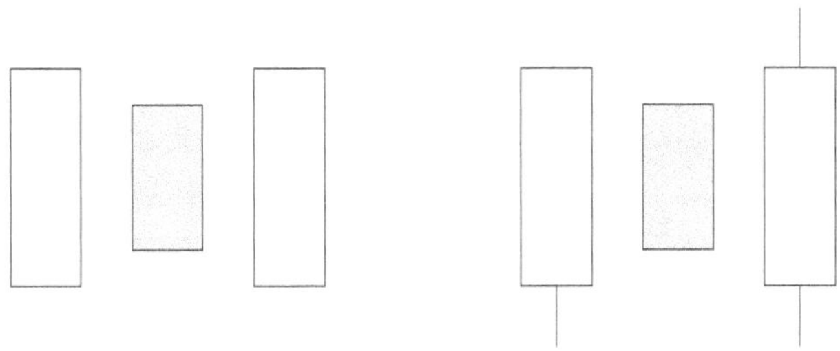

图 3-11 两红夹一黑

【案例解析】鸭绒的价格在缓速上涨

两红夹一黑 K 线组合如果出现在上升趋势中，可能是一个价格暂时盘整的信号，在这之后极可能会恢复涨势；而如果该 K 线组合出现在下跌趋势中，则表示价格将止跌，甚至是由跌转涨。

在图 3-12 中，鸭绒的价格在缓速上涨中出现两红夹一黑的 K 线组合。这暗示着鸭绒的价格有较大的概率再次上涨，投资者此时可适度做多，持筹待涨。

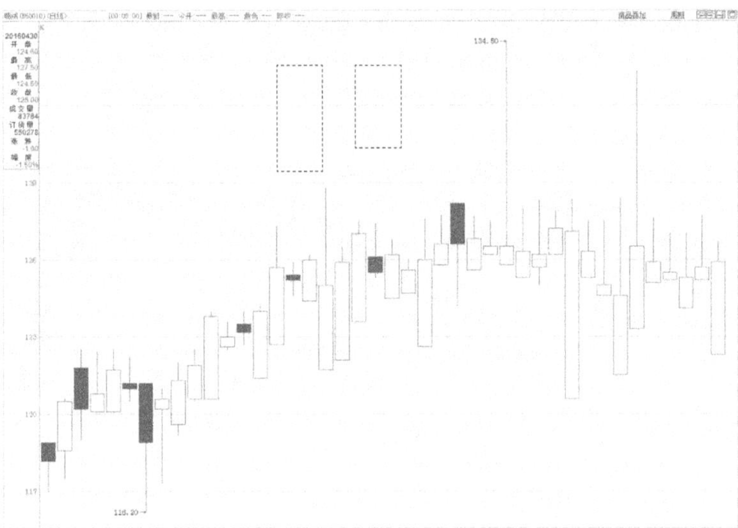

图 3-12 鸭绒的日 K 线图

3.2.3 稳步上涨

稳步上涨即在大量阳线中间夹杂着少数的小阴线，价格呈现一路上涨的趋势，其具体形态如图 3-13 所示。

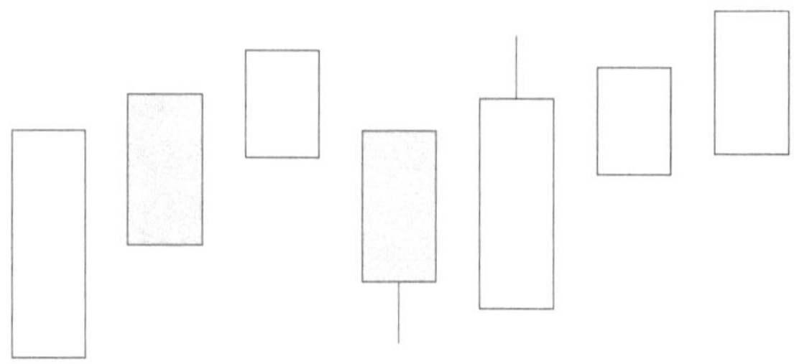

图 3-13 稳步上涨

【案例解析】葵花籽的价格在缓速上涨

稳步上涨的 K 线组合常见于价格上涨的趋势中，它表示价格仍将保持上涨的趋势，当它出现时，投资者可以逢低入场做多。

在图 3-14 中，葵花籽的价格缓速上升并于框选区域中出现稳步上涨形 K 线组合，这说明上涨的动力并没有消失，接下来还会保持上涨的趋势，投资者可以选择在此时入场，适度进行做多。

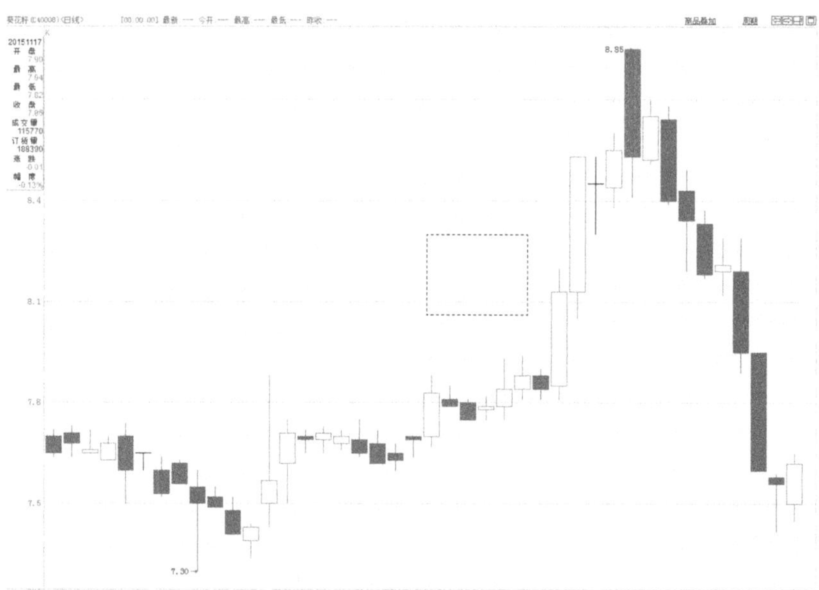

图 3-14 葵花籽的日 K 线图

3.2.4 蛟龙出海

蛟龙出海即市场中出现 1 根将短期、中期和长期均线全部盖过的大阳线，呈现出一种气势，其具体形态如图 3-15 所示。（注意：图中“————”“------------”“-..-..-..-..-..-”分别表示的是短期、中期、长期移动平均线。）

图 3-15 蛟龙出海

【案例解析】电解镍的价格保持上涨趋势

当蛟龙出海出现在低点位置并伴随有成交量的剧增时，往往预示着价格或将快速回升。在这种情况下，投资者需验证蛟龙出海形态的真实性，应在大阳线出现之后，观察接下来几个交易日的价格变化情况。

如果大阳线出现后的几个交易日呈现价格总体上涨的趋势，那么，就基本可以肯定此时的上涨信号是真实有效的，且接下来价格可能继续出现一定幅度的上涨，投资者可以把握机会，入场进行做多。

在图 3-16 中，电解镍的价格在上升趋势中于相对低点出现一条大阳线，将各时期的均线全部盖过，并且通过观察接下来几个交易日的价格，可以发现价格是保持上涨趋势的。所以，在该大阳线之后，电解镍的价格很可能出现一定幅度的上涨，投资者应该抓住这个机会，及时进场进行做多。

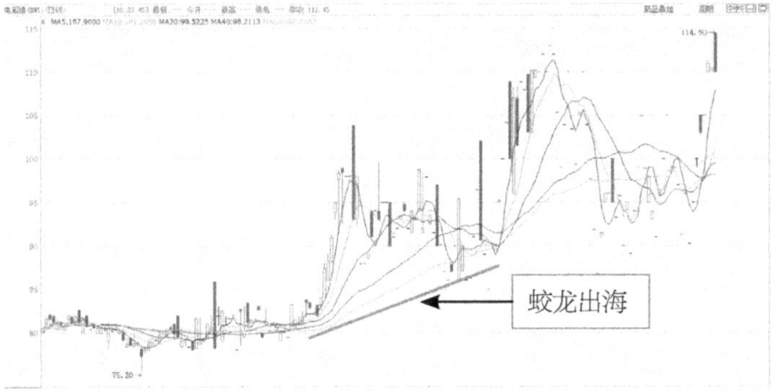

图 3-16 电解镍的日 K 线图

3.2.5 黑三兵

黑三兵即连续出现 3 根走低的小阴线，因为它看上去像是 3 个穿着黑色衣服的士兵在列队，所以称之为“黑三兵”，其具体形态如图 3–17 所示。

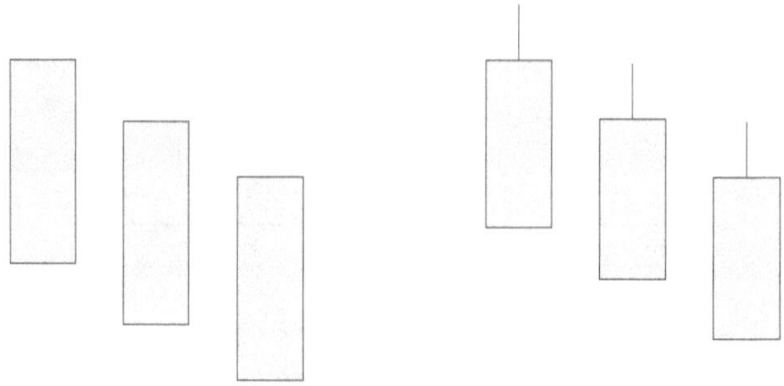

图 3–17 黑三兵

【案例解析】金属镁锭的价格出现快速回落

黑三兵通常出现在价格已经上涨到较高的价位，甚至是价格刚刚见顶的行情中，预示价格很可能在短期内快速回落，此时投资者可以适度地进行做空。当然，黑三兵也可能出现在价格下跌到相对低点的行情中，这往往是一个转势的信号，价格可能回升。所以当黑三兵出现时，投资者应根据实际情况，决定做单的方向。

在图 3–18 中，金属镁锭在相对高点之后，出现了框选区域中的黑三兵 K 线组合。特别是在第一个框选区域中，在此之前价格已经见顶，投资者应该意识到价格极有可能在短期内出现快速回落，抓住时机，及时进行做空。

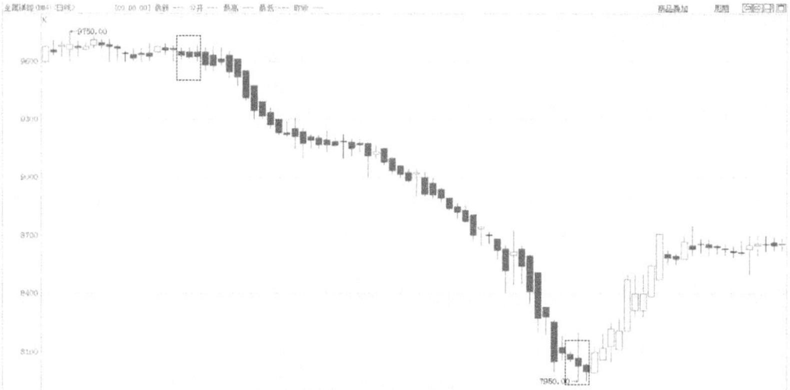

图 3–18 金属镁锭的日 K 线图

3.2.6 高开出逃

高开出逃即价格处于总体下跌趋势中，却在某天突然高开，但是价格并没有因此上涨，反而是以 1 根大阴线收场，其具体形态如图 3-19 所示。

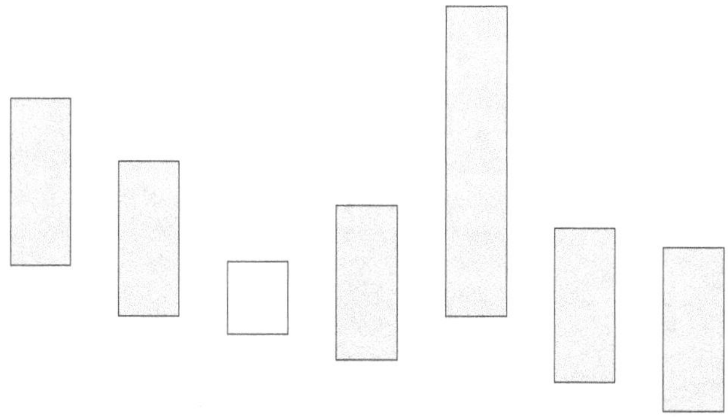

图 3-19 高开出逃

【案例解析】硫磺的价格出现回落

高开出逃的 K 线组合通常出现于价格下跌或盘整的趋势中。当高开出逃中的大阴线出现之后，往往会迎来价格的较大回落，投资者可以于此时进行做空。

在图 3-20 中，硫磺的价格在高位盘整时出现了预示价格见顶的高开出逃形态，所以此时正确的策略应该是多单快速平仓出场；空单及时入场，逢高加仓。

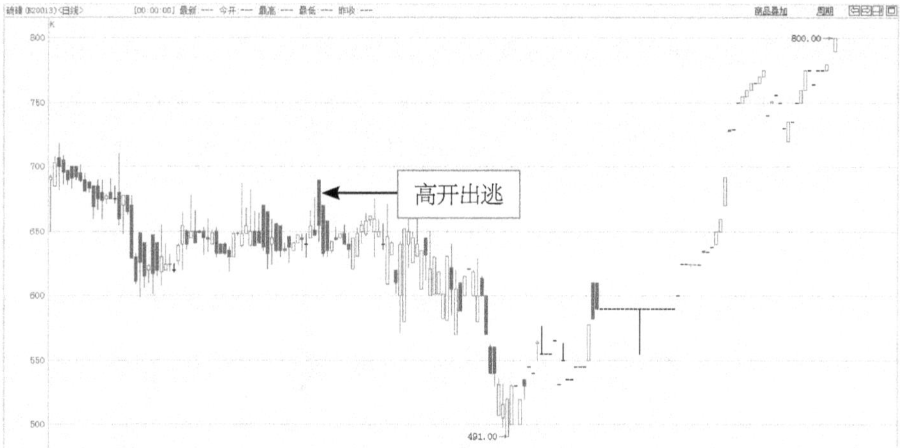

图 3-20 硫磺的日 K 线图

3.3 利用 K 线识别顶底信号

K 线和 K 线组合除了发出涨跌信号之外，还可出现明显的见顶和见底信号。如果投资者正确把握了这些特殊的 K 线形态，就有可能在短期内获得可观的利润。

3.3.1 早晨之星

早晨之星，也称之为启明星，即在价格下跌的趋势中，3 根连续的 K 线呈现为左边的 1 根大阴线与右边的 1 根阳线中间夹着 1 根小阴线或小阳线，其具体形态如图 3-21 所示。

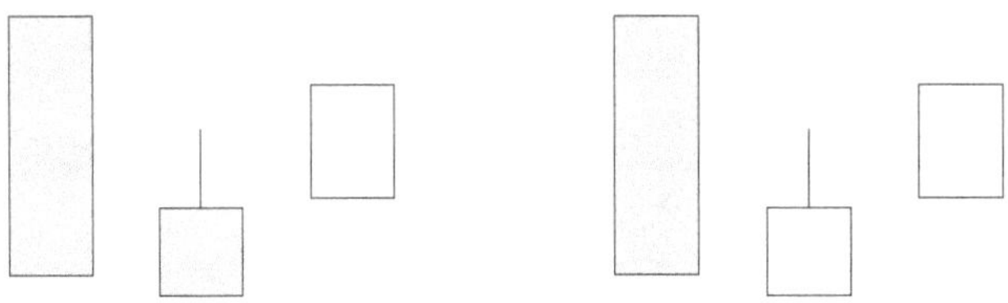

图 3-21 早晨之星

【案例解析】电解镍的价格出现早晨之星 K 线组合

早晨之星 K 线组合通常出现在价格下跌的趋势中，且价格经常在第二个交易日见底。它是一个明显的见底信号。因此，当 K 线呈现这种形态时，投资者可以采取逢低做空的策略。

在图 3-22 中，电解镍的价格回落了一段时间之后，在下跌过程中出现了早晨之星 K 线组合。投资者应该意识到，此时电解镍的价格即将见底，或者已经见底了，所以，此时正确的策略应该是抓住机会，在低位及时进行做多。

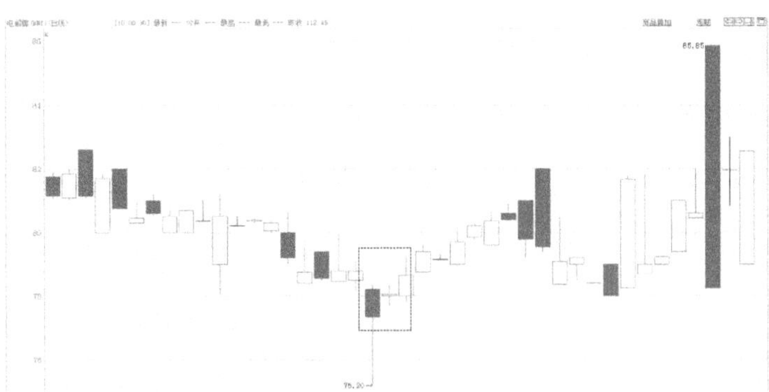

图 3-22 电解镍的日 K 线图

3.3.2 曙光初现

曙光初现即在价格下跌过程中连续的 2 根 K 线，前面 1 根是大阴线，后面 1 根是中阳线或大阳线，且阳线实体从下方穿至阴线实体的 1/2 以上的位置，其具体形态如图 3-23 所示。

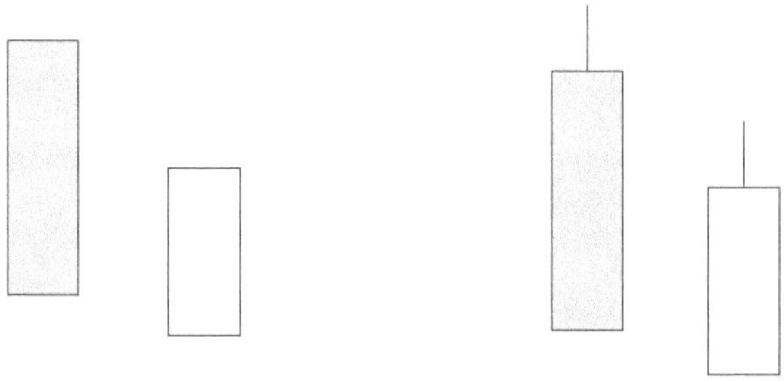

图 3-23 曙光初现

【案例解析】葵花籽的价格下跌之后出现回升

曙光初现通常出现在价格下跌的趋势中，并且经常成为一种价格由跌转涨的信号。当 K 线组合呈现这种形态时，很可能成为一个绝佳的做多入场点。

在图 3-24 中，葵花籽的价格下跌一段时间之后，在较低价位中出现了曙光初现的形态。这就意味着葵花籽的价格在接下来的一段时间里，极可能出现回升。所以，想要做多的投资就要敢于在此时入场做多。

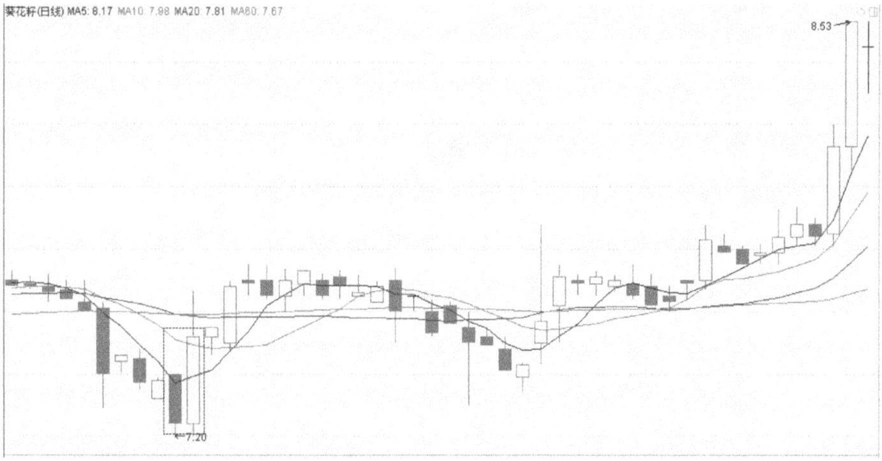

图 3-24 葵花籽的日 K 线图

3.3.3 旭日东升

旭日东升即在价格下跌过程中出现这样的两根 K 线：前面 1 根为大阴线，后面 1 根是中阳线或大阳线，且阳线的收盘价已高于阴线的开盘价。具体形态如图 3–25 所示。

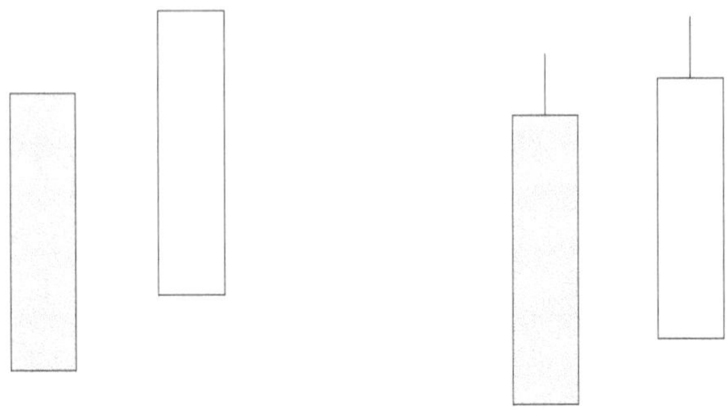

图 3–25 旭日东升

【案例解析】热卷营口的价格下跌至低位时迎来新一轮上涨

旭日东升通常出现在价格下跌的趋势中，经常作为一种价格的转势信号存在。当 K 线组合呈现这种形态时，投资者可考虑入场做多。

在图 3–26 中，热卷营口的价格下跌至低位时，出现旭日东升的 K 线组合。这就预示着热卷营口的价格或将迎来新一轮的上涨，因此，做多的投资者需把握好这个入场的良机，及时进行做单。

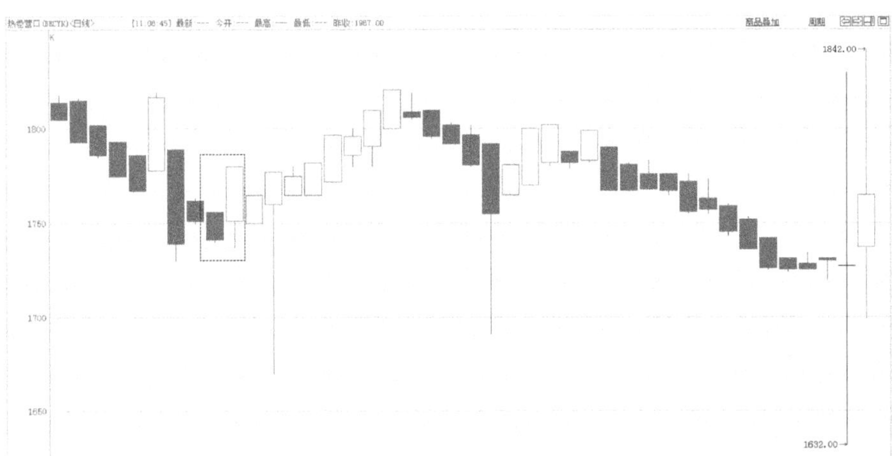

图 3–26 热卷营口的日 K 线图

3.3.4 黄昏之星

黄昏之星，即在价格上涨的趋势中，3 根连续的 K 线呈现为左侧的 1 根大阳线与右侧的 1 根阴线之间夹着 1 根小阴线或小阳线，其具体形态如图 3-27 所示。

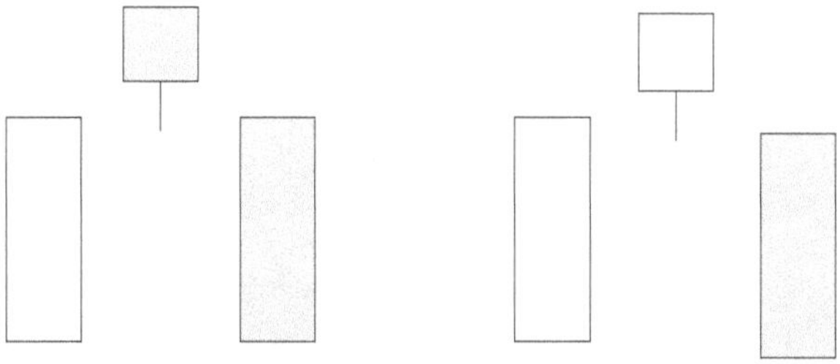

图 3-27 黄昏之星

【案例解析】沪铝 1805 连续的价格上涨至高位时出现回落信号

黄昏之星通常出现于价格上涨趋势中，特别是当价格涨至相对高位时。它是一种准确率极高的见顶信号，其作为见顶信号的正确率甚至能达到 80% 以上，也正是因为这个原因，一旦 K 线形态呈现为黄昏之星，投资者应选择多单出场，空单进场。

在图 3-28 中，沪铝 1806 的价格上涨至相对高位时，出现了黄昏之星。这就意味着它的价格回落的可能性极大。因此，做多单的投资者应该迅速抛盘，将手中的多单尽可能地卖出；而做空单的投资者则可选择在此时入场，顺势接过多方的卖盘，坐等价格的下跌。

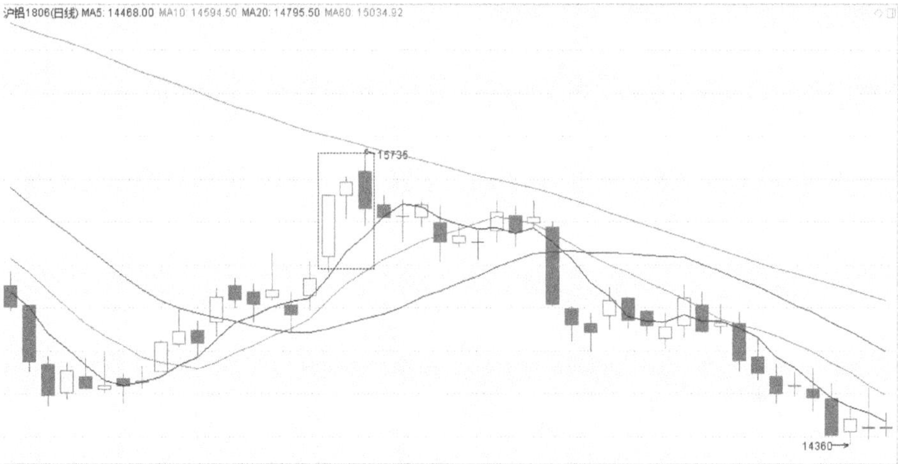

图 3-28 沪铝 1806 连续的日 K 线图

3.3.5 乌云盖顶

乌云盖顶即在价格上涨过程中出现两根这样的 K 线：前面 1 根是中阳线或大阳线，后面 1 根是中阴线或大阴线，且阴线实体从上穿至阳线实体的 1/2 以下的位置。具体形态如图 3–29 所示。

图 3–29 乌云盖顶

【案例解析】动力煤的价格上涨之后即将见底

乌云盖顶的 K 线组合形态常见于价格上升趋势中，特别是当价格较高时。它是一种表示价格涨势将尽的见顶信号。当在高价位看到这种 K 线组合形态时，投资者宜为价格的转势做好准备。

在图 3–30 中，动力煤的价格在上涨了一段时间之后，于较高价位中出现了乌云盖顶的 K 线组合。这就表明动力煤的价格短时间内很可能已经见顶或即将见底，所以，投资者应根据自己的情况于此时进行多单抛盘出场或空单买盘入场。

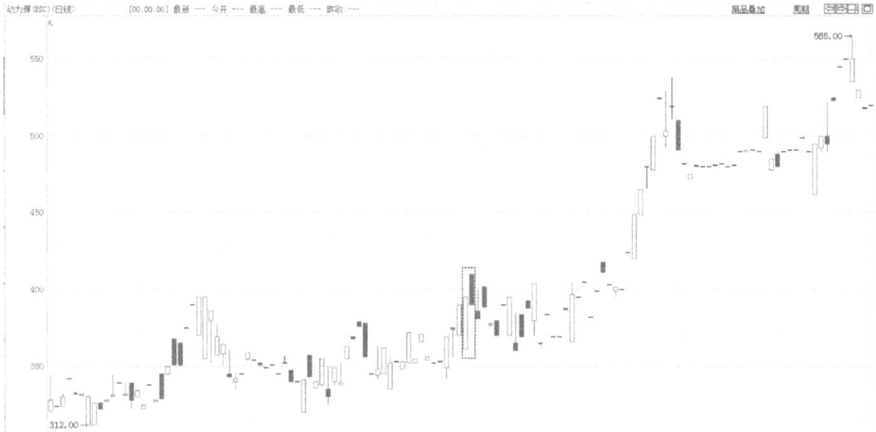

图 3–30 动力煤的日 K 线图

3. 3. 6 倾盆大雨

倾盆大雨即在价格上涨过程中出现这样的两根 K 线：前面 1 根为大阳线或中阳线，后面 1 根是低开低收的中阴线或大阴线，且阴线的收盘价低于阳线的开盘价。具体形态如图 3–31 所示。

图 3–31 倾盆大雨

【案例解析】沪铜连三的价格上涨之后即将见底

倾盆大雨通常出现于价格持续上涨至较高价位时，是一种极易提示价格下跌的信号。因此，当该形态出现在相对高位中时，做多的投资者宜迅速抛盘，撤出市场。

在图 3–32 中，沪铜连三的价格长时间持续上涨之后，在高位中出现了倾盆大雨的 K 线组合。这对于做多的投资者来说，是一个很危险的信号，此时不宜再持仓观望，还是迅速抛盘为妙。

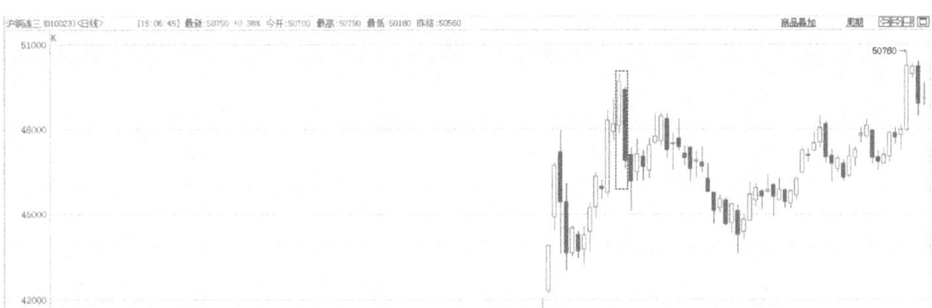

图 3–32 沪铜连三的日 K 线图

3.4 K线分析时的注意事项

投资者在学习K线的过程中，除了了解一些特殊的K线或K线组合形态之外，还需要掌握一定的经验，让“他山之石”为我所用。

3.4.1 周期越大越准

某些大资金投资者可以通过一定的方式让局部K线走势偏向有利于自己的方向，也就是说，某些大资金投资者可一定程度上主导小周期的K线。但是这些投资者的资金毕竟也是有限的，不可能长时间对K线造成实质的影响，所以，主力是无法对大周期实行主导的。

因此，投资者在依据K线做单时，宜参照大周期的K线走势，这样可以一定程度上减少因主力主导而造成不必要的损失。

3.4.2 数量越多越准

通常来说，K线的数量越多越可靠。这其实与周期是同一个道理。主力只能在短期内影响K线形态，却无法让K线长期偏向于对自己有利的方向。

所以，为了更全面地把握价格走势，投资者在查看K线形态时，不妨多看几条K线，明晰了多个K线的走势之后，再进行做单；切不可被个别的K线形态蒙蔽了，激进地进行做单。

3.4.3 可参考成交量

对于新手来说，除了个别特殊的K线形态之外，在大多数情况下无需过多地参考成交量的变化。

但如果是有一定经验的投资者，则可在运用K线分析时适度参考成交量的变化，因为成交量虽只是单个平台的数据统计结果，但多少可以说明一些问题，投资者结合成交量往往可以看得更加全面。

所以，在参考成交量的问题上是因人而异的，投资者应根据实际情况做出适合自己的选择。

3.4.4 趋势难以改变

趋势是对价格变化情况的总体呈现，代表着市场供需力量的强弱关系，其长期运行方向不会因单一（少数）投资者改变。

第4章

形态分析入门与实战

学前提示 >>>

若投资者想要在现货市场获得成功，则在中期的投资中，形态分析就是其一项必不可少的技能。

形态分析是有一定方法的，这一章的重点就是讲述形态分析方法。

要点展示 >>>

掌握形态分析基础知识
利用形态分析解读 K 线图
形态分析时的注意事项

4.1 掌握形态分析的基础知识

形态分析，顾名思义，就是对商品走势的形态所进行的分析。形态分析通常是在参照大趋势的情况之下，对中期趋势做出的分析。

虽然商品的走势各不相同，但根据它们呈现出来的形态，大致可以总结为两大类，即反转形态和持续形态。

4.1.1 初识反转形态

反转形态，即表示现货的原有走势将要发生逆转的一种走势形态。反转形态可分为两大类，具体如图 4-1 所示。

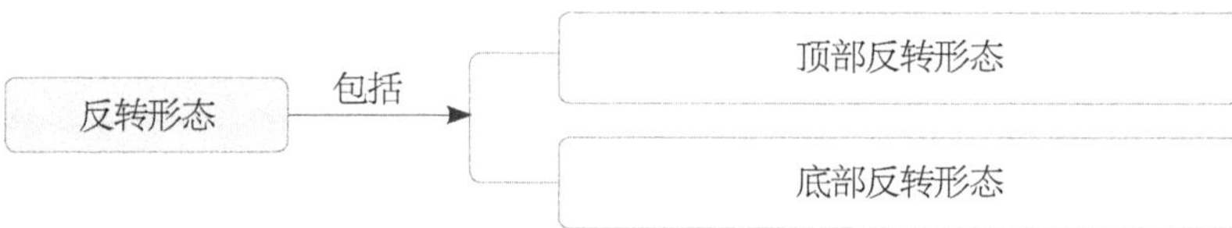

图 4-1 反转形态的分类

4.1.2 反转形态的基本特征

虽然反转形态多种多样，但都具有一些共同的特征，具体如图 4-2 所示。

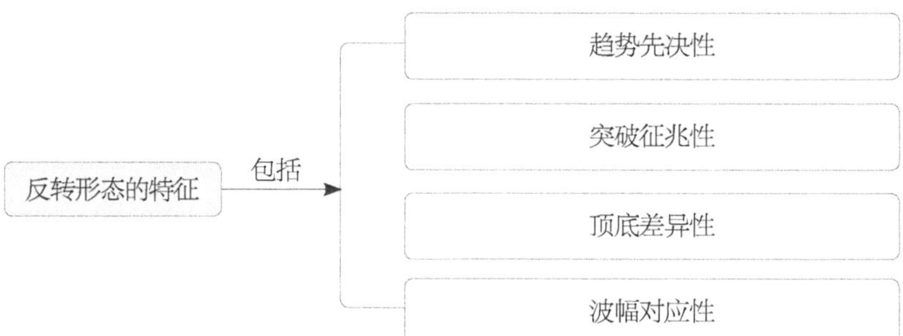

图 4-2 反转形态的特征

下面就对反转形态的共有特征进行一一解读。

【技巧解析】趋势先决性

反转形态和原有形态之间本就是相对的，只有有了形态之后，才会出现形态的反转。这反映到市场中，就是只有在市场中的趋势确实存在的情况下，才有可能出现趋势的反转。

【技巧解析】突破征兆性

趋势真正发生转变之前，往往先出现价格突破主要趋势线的情况。这是因为趋势线的突破通常表示市场中的力量出现了一定的转变，某一方的力量明显增强，所以接下来的趋势会向利于强势力量的一方发展，从而打破原有的趋势。

【技巧解析】顶底差异性

顶部反转与底部反转有所不同，具体来说，相较之下，顶部反转通常波动更加剧烈，而持续时间相对较短。

【技巧解析】波幅对应性

反转形态的变化幅度与原有形态的波幅具有相关性。一般来说，原有形态的波幅越大，形态反转时的变化幅度也就越大。

4.1.3 认识持续形态

持续形态，即市场走势呈现为水平方向的上下小幅运动，难以判断未来趋势的一种市场走势形态。

持续状态出现，往往是因为一段趋势出现了明显的高点和低点之后，一方将筹码套现之后，又有一批新的投资者开始进入市场，使得市场中的力量趋于平衡。

持续形态更像是篮球比赛中的中场休息，虽然上半场的结果有一定的参照性，但是下半场的局势究竟如何变化，谁都说不准。因此，在未来趋势不明朗时，投资者最好不要进场。

4.2 利用形态分析解读 K 线图

利用形态分析解读 K 线图是形态分析的主要应用方式，其应用主要表现在以下 3 点。

（1）顶部反转形态分析。

（2）底部反转形态分析。

（3）持续形态分析。

本节就将结合实例，为大家讲解利用形态分析解读K线图的具体方法。

4.2.1 顶部反转形态分析

顶部反转形态，即价格在见顶后，从原先的上升趋势转为下降趋势。常见的顶部反转形态有3种，具体如图4-3所示。

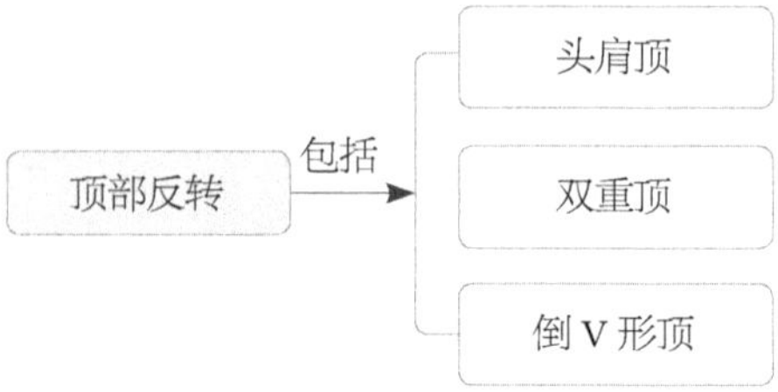

图4-3 顶部反转形态的分类

下面就将用实例来讲解图4-3中的3种形态。

【案例分析】铝的头肩顶形态是卖出信号

头肩顶是价格上涨至较高位时，发生价格的震荡之后形成的一种反转形态。头肩顶的形态如图4-4所示。

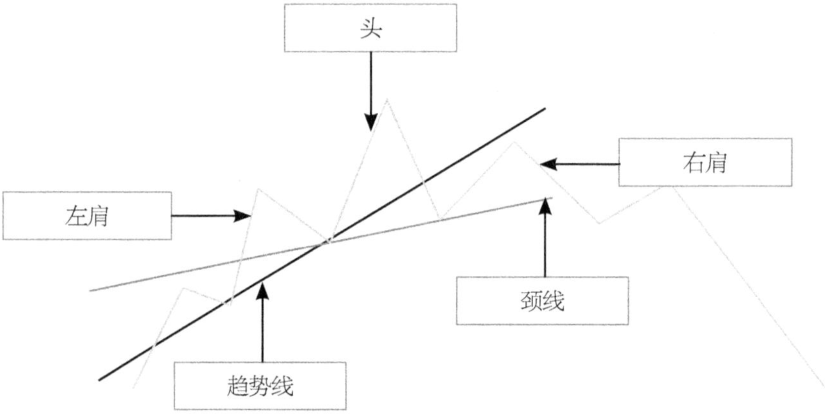

图4-4 头肩顶反转形态

在市场走势呈现为头肩顶的反转形态时，投资者的做单原则为：多单及时做空，空单适度加仓。

这是因为头肩顶出现时，价格已经完成了大幅上涨，接下来很可能出现价格的大幅回落。也就是说，它是一种明显的卖出信号，如果投资者不及时逢高做空，很可能会造成较大的经济损失。

如图4-5所示，铝的价格从“头部”就开始了一定的回落，而到了“右肩”之后，更是一跌不起，如果投资者不在“头部”附近抓住时机，及时做空，那么自己投入的资金必将大幅缩水。

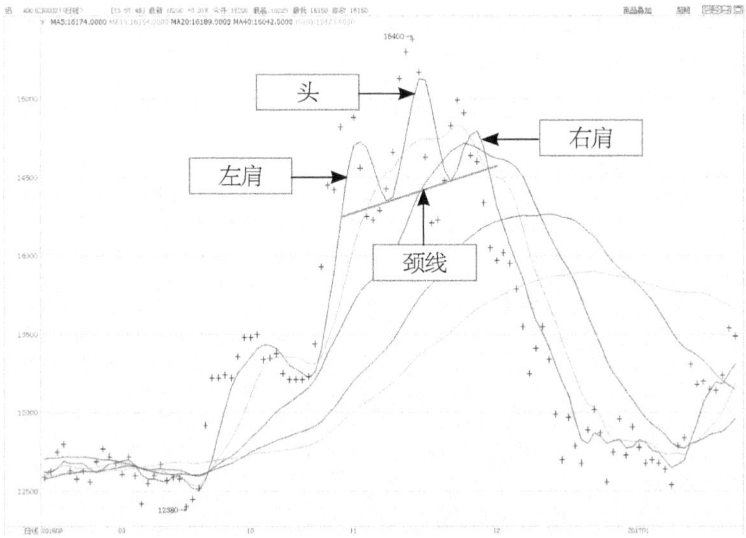

图 4-5 铝的日线图

【案例分析】铜的双重顶形态是卖出信号

双重顶，也称之为称“双顶”或“M”头，是价格走势中较为常见的顶部反转形态之一。它由两个距离相近的顶组成，因为与英语字母“M”相似而得名，具体如图 4-6 所示。

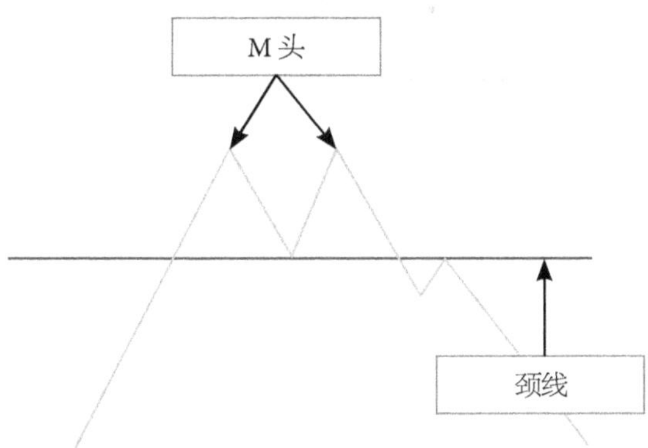

图 4-6 双重顶反转形态

双重顶出现时，往往意味着价格已经经过了一段较长时间的上涨，达到了较高的价格，所以等价格到了右顶时，必然会迎来价格的大幅回落。因此，如果价格走势出现双重顶形态，投资者应该抓住时机，及时做空。

如果现货是在前期大幅上涨之后，形成的双重顶，投资者一定要把握好卖出做空点，及时进行操作。

如图 4-7 所示，铜的价格在右顶部位见顶时，就要抓住时机，及时卖出做空，因为接下来铜的价格必然会迎来一轮大幅的回落。

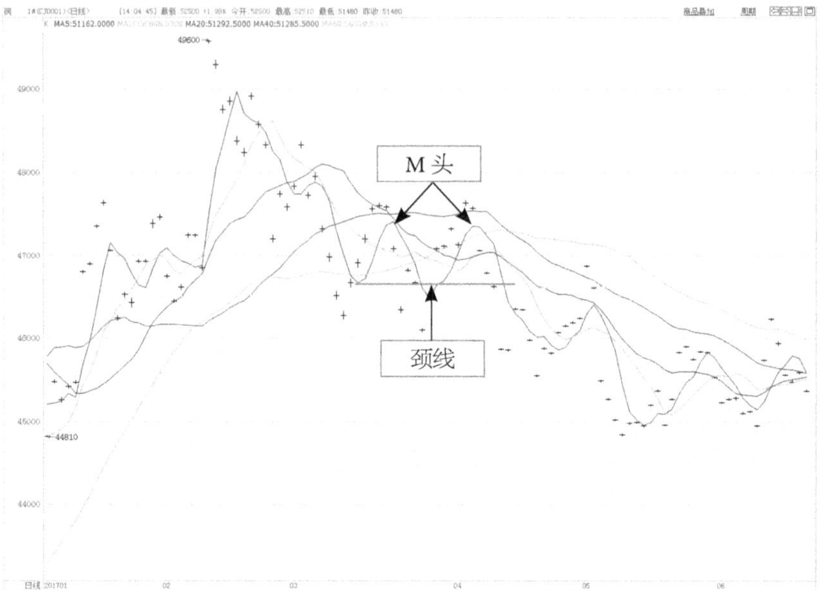

图 4-7 铜的日线图

【案例分析】锌的倒 V 形顶形态是卖出信号

倒 V 形顶，也称之为尖顶，即价格快速上升至某价位时，由于某个因素的影响，出现了快速的回落，因为它的形状像一个倒写的“V”，所以称之为倒 V 形顶，具体如图 4-8 所示。

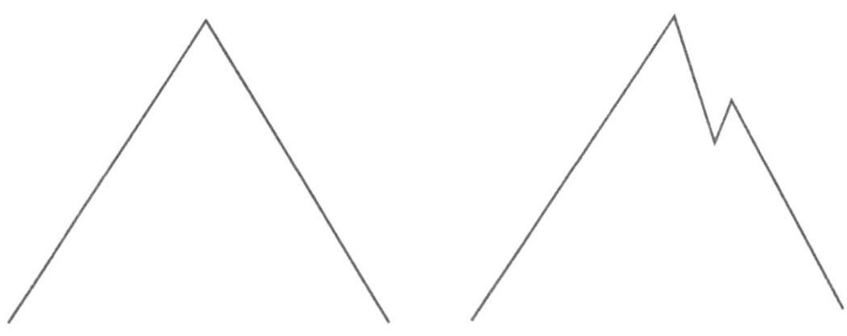

图 4-8 倒 V 形顶形态

如果现货的价格已经出现了较长时间的涨幅，而上涨速度越来越快，投资者就需要警惕倒 V 形顶的出现。一旦确认了是倒 V 形顶，投资者就要尽快将手中所持有的现货卖出或做空。

如图 4–9 所示，锌的价格经过一段时间的持续上涨之后，已经形成了一个明显的倒 V 形顶。这时候投资者就要讲求一个“快”字。具体来说，做多的投资者要快速卖出，而做空的投资者应快速进场。

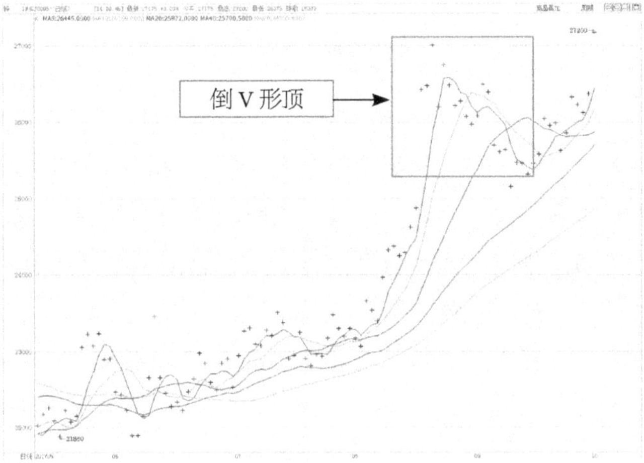

图 4–9 锌的日线图

4. 2. 2 底部反转形态分析

底部反转形态，即价格在见底后，从原先的下降趋势转为上升趋势。常见的底部反转形态有 3 种，具体如图 4–10 所示。

下面就将用实例来讲解图 4–10 中的 3 种形态。

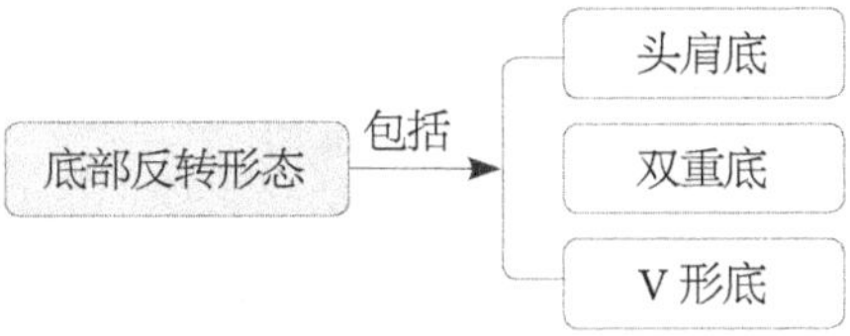

图 4–10 底部反转形态的分类

【案例分析】铝的头肩底形态是买入信号

头肩底，也称之为倒转头肩式，即价格下跌至较底位时，发生价格震荡之后形成的一种反转形态。头肩底形态如图 4–11 所示。

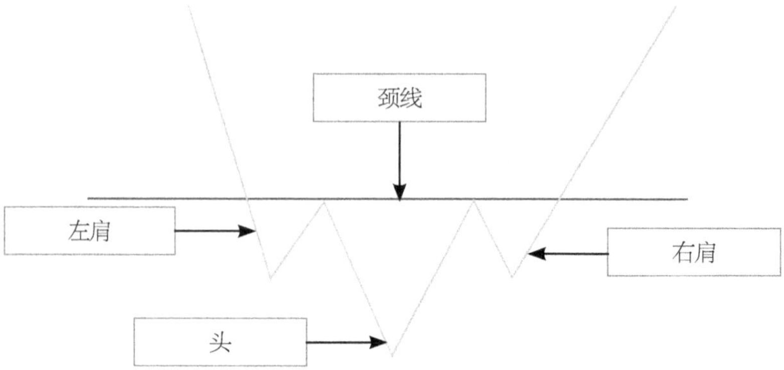

图 4-11 头肩底反转形态

从形态上来看，头肩底只是将头肩顶整个倒过来之后的呈现，但是它与头肩顶在效果上的呈现却完全不同。头肩顶意味的是价格的大幅回落，而头肩底则恰好相反。它的出现预示着价格的大幅回升。所以对于做空的投资者来说，对头肩底的把握显得尤为重要。

价格走势出现头肩底形态时，通常是一个做多的良机，特别是当价格突破颈线时，很可能是一个明显的价格上涨信号，投资者应把握好机会，及时进行做多。

从图 4-12 中可以看出，铝的价格走势呈现出明显的头肩底形态，并在右肩附近突破颈线，是一个明显的做多信号，投资者可以选择积极买入，进行做多。

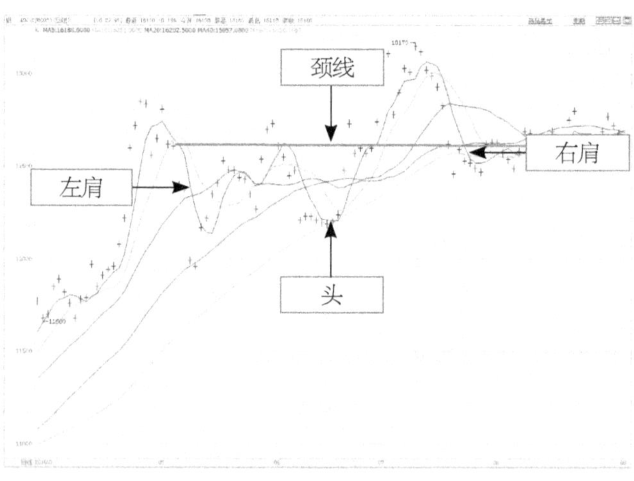

图 4-12 铝的日线图

【案例分析】铜的双重底形态是买入信号

双重底，也称之为“双底”或“W 底”，它由两个距离相近的底组成，因为形状与英语字母“W”相似而得名，具体如图 4–13 所示。

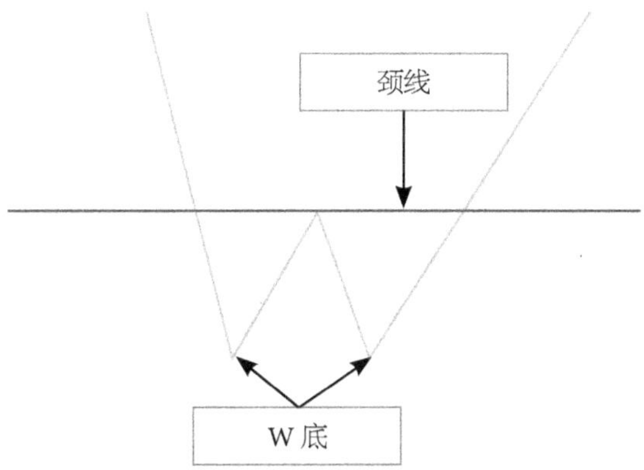

图 4–13 双重底反转形态

价格走势呈现双重底形态时，投资者最关键的是要把握好颈线是否被突破，如果颈线被突破，那么，很有可能迎来价格的大幅上涨。

如图 4–14 所示，铜的价格呈现出明显的双重底形态，并在第二次探底之后，在回升过程中有效地突破了颈线。所以，接下来出现价格大幅上涨情况的概率较大，投资者应该及时进场，进行做多，并持筹待涨。

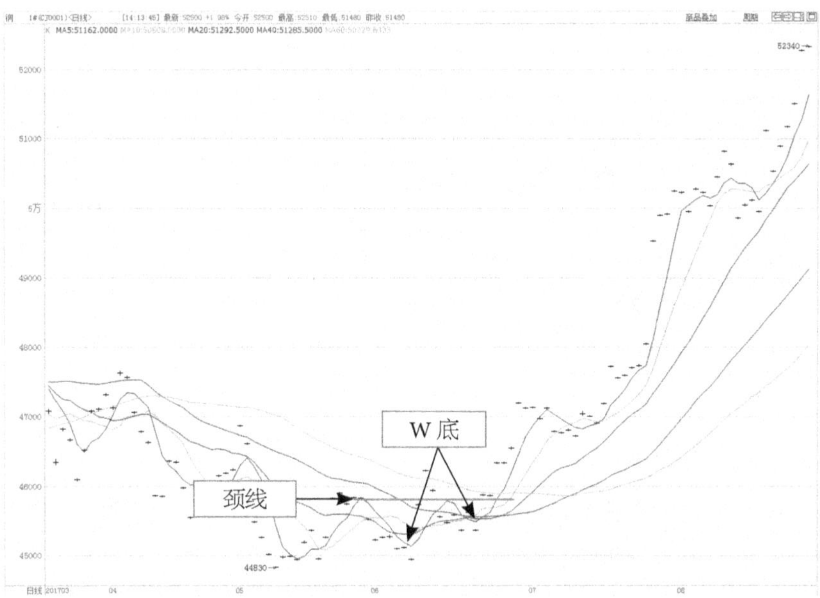

图 4–14 铜的日线图

【案例分析】锌的 V 形底形态是买入信号

在价格长时间的大幅下跌之后，下跌速度突然加快，并伴随着成交量的突然剧增时，经历了价格走势可能即将转势，触底快速回升。此时很可能是一个做多的好机会，投资者应该要敢于入场做多。

如图 4–15 所示，锌的价格在前期已经经过了大幅的下跌，之后突然快速下跌，触底之后又迅速回升，形成了一个明显的 V 形底。在这种情况下，锌的价格可能还会有较大的回升，所以投资者此时正确的策略应该是积极入场做多，持筹待涨。

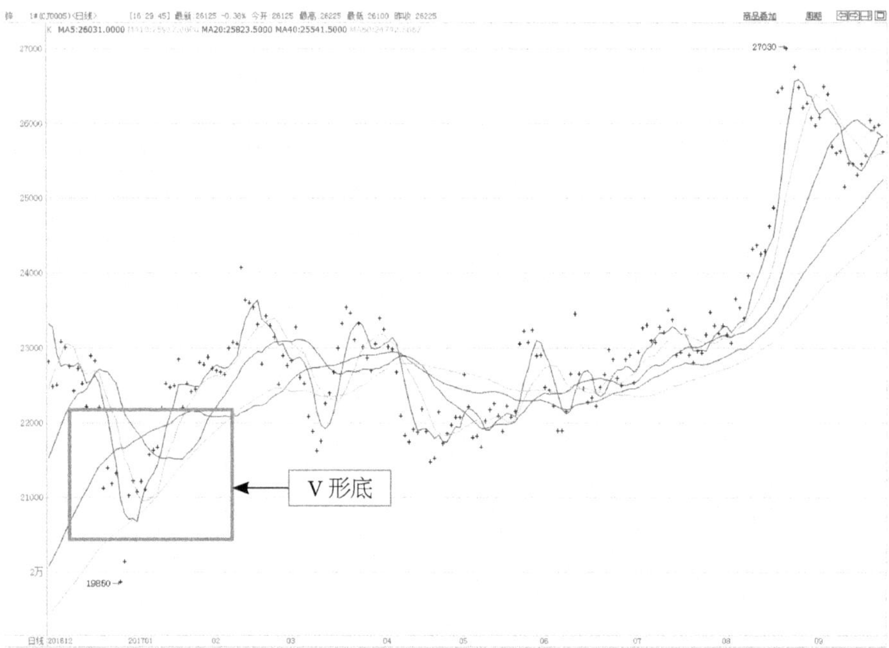

图 4–15 锌的日线图

4. 2. 3 持续形态分析

持续形态，即价格在一个明显的上升或下降趋势之后，改变原有的趋势，持续出现小幅上下波动的形态。

持续形态主要包括六大类，具体如图 4–16 所示。

当持续形态出现时，虽然出现多次短期交易的机会，但是利润空间比较有限，而且持续形态通常会在 3 个月之内完成，因此，对利润预期较高的投资者可等到局势明朗之后，再进入市场。

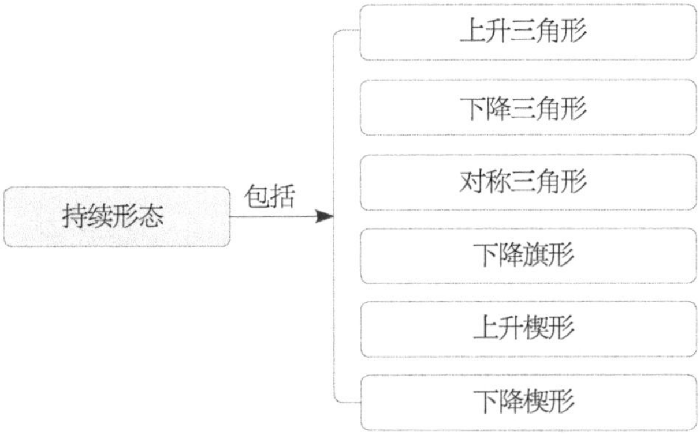

图 4-16 持续形态的分类

【案例分析】锌的价格走势突破了下边线

上升三角形，即价格上升至某价位附近时，因为受到压力，没有完成突破就回落了，但是回落的低点却在此过程中越来越高。如果将高点和低点分别连接起来，那么这两条线与价格走势的一部分就形成了一个三角形，并且低点的连线呈现为一条上升的直线，所以就将这种形态称为“上升三角形持续形态”，具体如图 4-17 所示。

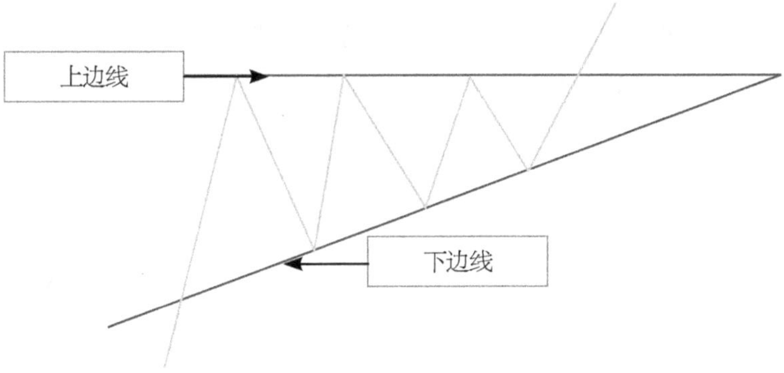

图 4-17 上升三角形持续形态

当价格走势出现上升三角形的持续形态时，投资者需要特别把握的是价格走势对上升三角形的上下边线的突破情况。如果价格走势有效地突破了上边线，那这很可能是一个做多的信号。

如图 4-18 所示，锌的价格在反弹时形成了上升三角形，并在不久后突破了上升三角形的下边线。这很可能是一个价格回落的信号，投资者可选择在此时入场，及时进行做空。

图 4-18 锌的日线图

【案例分析】阴极铜的价格走势突破了下边线

下降三角形，即价格下降至某价位附近时，因为受到支撑，没有完成突破就回升了，但是回升的高点却在此过程中越来越低。如果将高点和低点分别连接起来，那么这两条线与价格走势的一部分就形成了一个三角形，并且高点的连线呈现为一条下降的直线，所以就将这种形态称为“下降三角形持续形态”，具体如图 4-19 所示。

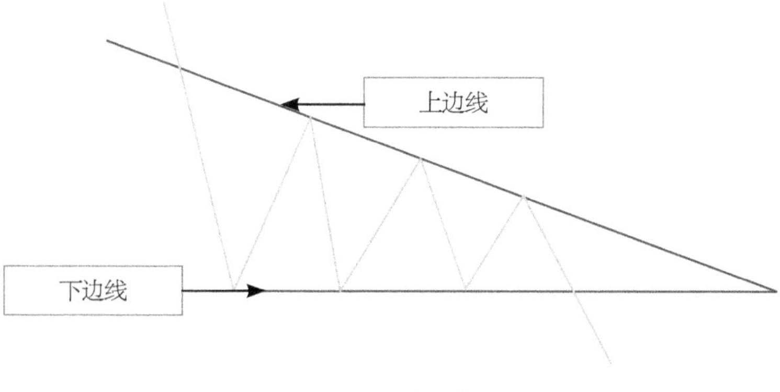

图 4-19 下降三角形持续形态

如果说上升三角形突破上边线的概率相对较大，那么，下降三角形则更有可能出现下边线被突破的情况。所以，当价格走势呈现为下降趋势时，投资者应该将关注的重点放在价格走势与下边线的关系上。

如图 4-20 所示，阴极铜的价格在下降三角形形态内运行了较长的时间之后，突破了下降三角形的下边线。这就说明多方的力量正在变弱，阴极铜的价格可能进一步下跌，所以投资者应该选择在此时进场，适度进行做空。

图 4-20　阴极铜的日线图

【案例分析】铝锭的价格走势出现对称三角形

对称三角形，即价格上升和下跌的幅度越来越小，也就是高点越来越低，而低点则越来越高。此时如果将高点和低点分别相连，就会发现这两条线与价格走势的一部分形成了一个对称三角形，具体如图 4-21 所示。

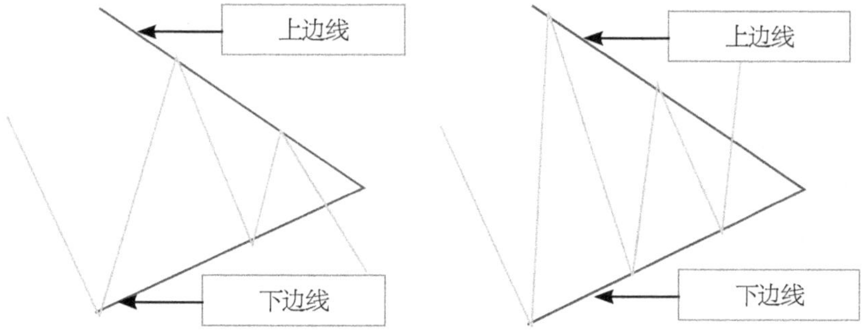

图 4-21　对称三角形持续形态

对称三角形形态的把握重点依然在价格走势对上下边线的突破上。一般情况下，当价格呈现上升趋势时，价格突破上边线的概率较大；相反，如果价格为下降趋势，则比较容易出现价格突破下边线的情况。

如图 4–22 所示，铝锭价格在下跌途中出现了对称三角形，所以，接下来铝锭的价格很可能出现突破对称三角形的下边线的情况，将下跌，投资者可以选择适度入场做空。

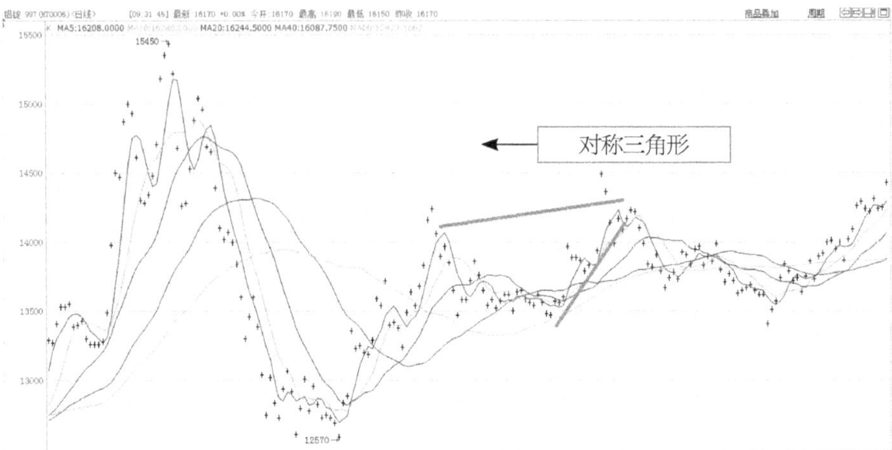

图 4–22 铝锭的日线图

【案例分析】阴极铜在反弹过程中出现了下降旗形

下降旗形的形成与上升旗形正好相反，价格经过快速下跌后，形成了一个向上倾斜的密集区域，此时如果将区域内的高点与低点分别连接，那么这两条线与价格走势一起就组成了一个向上倾斜的长方形，因为这个长方形像一面倒置的旗帜，所以将其称为下降旗形，具体如图 4–23 所示。

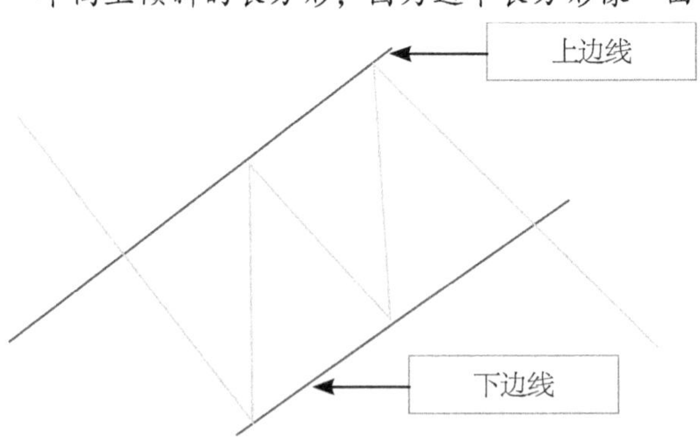

图 4–23 下降旗形持续形态

价格走势呈现为下降旗形形态时，向下突破下降旗形的下边线的可能性较大。因此，投资者此时应把重点放在价格走势与下降旗形下边线的关系上，一旦价格突破了下降旗形的下边线，就要抓住机会，顺势做空。

如图 4–24 所示，阴极铜的价格经过价格的回落之后，在反弹过程中出现了下降旗形。所以投资者此时应该关注价格走势与下降旗形下边线的关系，如果价格向下突破了下降旗形的下边线，就要迅速入市进行做空。

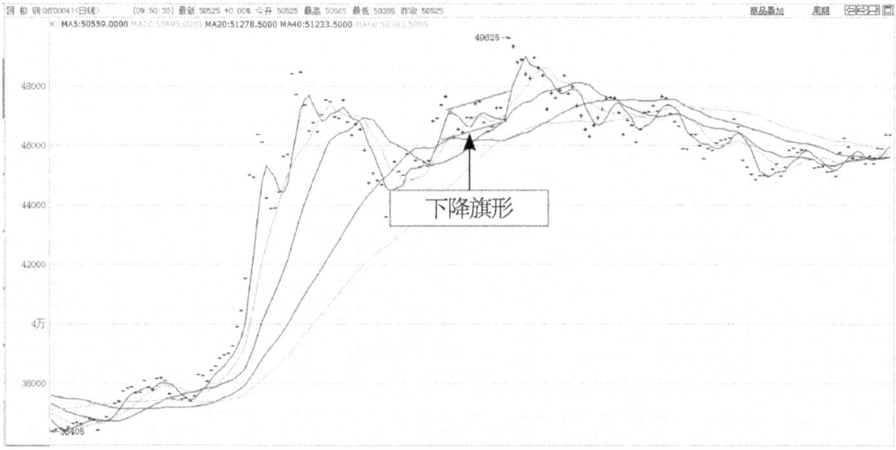

图 4–24 阴极铜的日线图

【案例分析】锌的价格高位震荡时出现上升楔形

上升楔形通常出现于前期价格下跌的趋势中，价格止跌后开始小幅回升，且回升幅度越来越小。此时，如果将高点和低点分别相连，那么这两条线就会在右上方相交，因为其形似一个向上倾斜的楔形，所以称之为上升楔形，具体如图 4–25 所示。

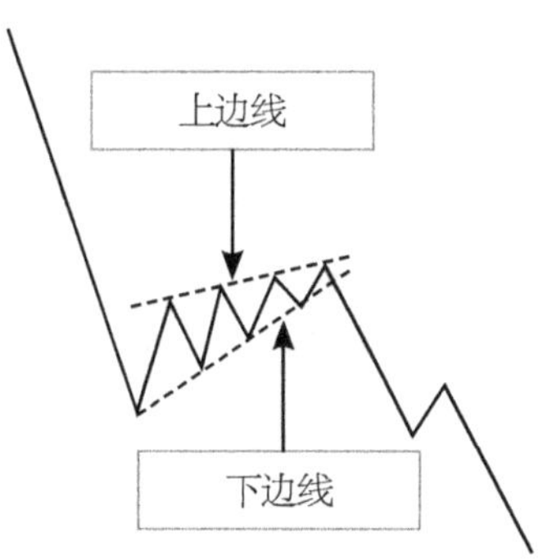

图 4–25 上升楔形持续形态

当价格走势出现上升楔形时，价格接下来很可能会突破上升楔形的下边线，所以投资者此时应该多多关注上升楔形的下边线与价格走势的关系。一旦价格完成对下边线的突破，则很可能成为一个做空的信号。

如图 4–26 中，锌的价格高位震荡时，出现了上升楔形。因此，投资者需要时刻关注锌的价格走势与上升楔形下边线的关系，如果价格走势突破了上升楔形的下边线，就要及时入场进行做空。

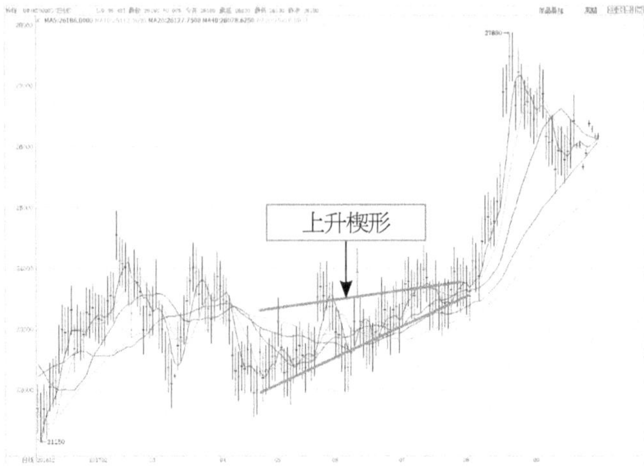

图 4–26 锌的日线图

【案例分析】铝的价格经过前期回落形成下降楔形形态

下降楔形通常出现于前期价格上涨的趋势中，价格止涨后开始小幅回落，且回落的幅度越来越小。此时，如果将高点和低点分别相连，那么这两条线就会在右下方相交，并与价格走势形成一个向下倾斜的楔形，所以称之为下降楔形，具体如图 4–27 所示。

当价格走势出现下降楔形时，价格有较大的概率以突破下降楔形的上边线的方式，结束下降楔形形态，迎来价格的新一轮上涨。因此，投资者此时的重点应该放在下降楔形的上边线与价格走势的关系上，一旦价格突破了上边线，就很可能成为一个入场做多的良机。

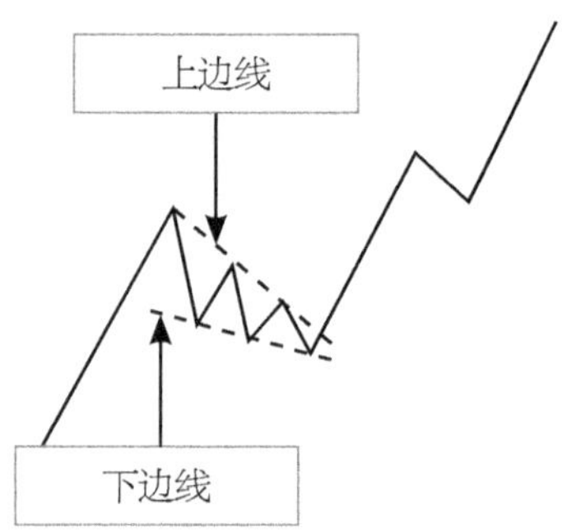

图 4–27 下降楔形持续形态

如图 4–28 所示，铝的价格经过前期的大幅回落之后，在调整过程中形成了下降楔形形态。但因为下降楔形下边线的支撑，其通常会突破上边线，迎来一段时间的上涨。

图 4-28 铝的日线图

所以，当价格突破下降楔形的上边线时，往往是短期做多的信号，投资者可以选择在此时入场，然后逢高进行做空。

4.3 形态分析时的注意事项

进行形态分析时不光要注重技巧的应用，还需了解一些注意事项。

上面两节具体讲解了形态分析的相关知识，本节就将为大家介绍一些进行形态分析时需要注意的事项，如图 4-29 所示。

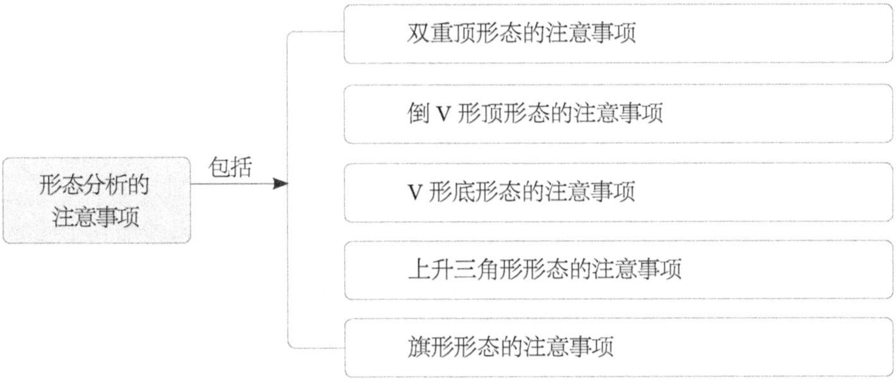

图 4-29 形态分析注意事项

4.3.1 双重顶形态的注意事项

当价格走势呈现双重顶形态时，投资者有以下几点需要特别注意。

（1）及时卖出做空。一旦双重顶形态出现，顶后紧接着的必然是价格的大幅回落，所以做多的投资者要及时卖出，而做空的投资者要及时进场。

具体来说，双重顶中有两个较为常见的多单卖出点和空单进场点。首先，最优的是右顶处，无论是多单卖出，还是空单进场，都是最佳的选择，但是这个点并不好把握。还有一个点，就是走势与颈线的相交处，特别是有顶后颈线与价格走势的交点，这可能会是卖出和做空的最后时间，投资者需要把握好。

（2）谨防假突破。有些时候，双重顶出现后，可能不会马上出现下跌，而是在右顶突破，随后迅速出现价格的大幅回落。因此，投资者应对双重顶有一个清醒的认识，具体进行分析，把握好做单的时机。

4.3.2 倒 V 形顶形态的注意事项

倒 V 形顶在操作时，有以下两点需要注意。

（1）倒 V 形顶来得快，去得也快，所以时机的把握对投资者来说至关重要。一旦发现了这种状态，投资者就要把“快”字放在首位，因为价格涨跌的转变可能只是一瞬间的事，速度越快，能够获取的利润可能就越多。

（2）虽然价格处于倒 V 形顶之时，趋势转变很突然，但它也不是瞬间就能完成的。在这个转变过程中通常会出现价格下跌的征兆，具体来说，在转折时往往出现大量的成交。因此，如果价格已经上涨到了一定的高度，并出现了成交量的明显放大，那么，投资者需要警惕，这很可能是价格下跌的一个征兆。

4.3.3 V 形底形态的注意事项

当价格走势呈现 V 形底形态时，投资者需要特别注意以下几点。

（1）V 形底形态出现时，涨势非常迅速，一般的投资者很难把握它见底的具体时机，因此，投资者不应过分追求炒底而错失了投资的良机。

（2）虽然 V 形底形态下会产生惊人的涨势，但投资者在投资前一定要通过成交量变化和特殊 K 线形态的出现等方式，确定 V 形底是成立的，不能在毫无征兆的情况下，一厢情愿地认为价格的走势可能会呈现 V 形底形态。

（3）虽然 V 形底的量度升幅并不明确，但通常情况下，V 形的起点和终点高度相近，因此，投资者对它的涨幅也要有一些把握，当价格已经到达 V 形起点的价位附近时，做多的投资者宜保守地做一些减仓。

4.3.4 上升三角形形态的注意事项

当价格走势呈现上升三角形形态时，投资者需要注意如图 4-30 所示的几点。

突破越早越好 → 当上升三角形形态出现时，突破上边线越早，未来价格的上涨越具有可靠性；反之，如果是到了上下边线附近才出现价格的突破，那么，未来的走势可能还不明确。

价格可跌可涨 → 在上升三角形形态之后，出现价格向上突破的概率较大，但也不排除出现价格跌破低点的情况。投资者需要特别注意的是，如果收市时价格跌幅超过 3%，那么应该及时卖出筹码。

需要及时修正 → 如果价格短暂突破上升三角形上边线之后，又变回上升三角形形态，那投资者需要根据后期变化及时地修正形态。

成交量支持问题 → 价格想要有效地突破上升三角形的上边线，必须要有扩大的成交量的配合。

图 4-30 上升三角形形态的注意事项

4.3.5 旗形形态的注意事项

当价格走势出现旗形形态时，投资者需要特别注意如图 4-31 所示的两点。

旗形形态的注意事项

包括

- 确认 → 特点：旗形形态出现时，除了形态本身之外，通常还有 3 点判断依据：一是在此过程中，成交量呈现涨增、跌减的变化；二是旗形形态的完成时间较短；三是涨跌幅度不会太大。
- 确认 → 途径：如果突破后的涨跌高度没有达到旗杆高度，则投资者应该回过头来看自己绘制的图是否准确，并根据实际情况进行修正。

图 4-31 旗形形态的注意事项

第5章

指标分析入门与实战

学前提示 >>>

很多时候没有参照就不好判断，而在现货市场中充当参照物的就是技术指标。而指标分析就是通过这些参照所进行的分析，但是有的投资者将其等同于技术指标，这其实是不准确的。

那么指标分析分析的是哪些内容，又是如何分析的呢？这一章将为您一一解答。

要点展示 >>>

掌握指标分析的基础知识

利用技术指标分析 K 线图

利用技术指标进行分析时的注意事项

5.1 掌握技术指标分析的基础知识

在本章的学前提示中已经提到技术指标不等同于技术分析，那什么是技术指标？技术指标分析的又是哪些内容呢？这一小节就是对这两个问题的回答。

5.1.1 技术指标的分类

技术指标即根据相应的数理统计方法，通过一些数学公式的计算或者是数量模型的运用，而生成的指标值或者曲线。可以说技术指标只是一种将市场数据直观化的工具，而并非一种分析方法。

技术指标是一种工具，而技术分析是一种分析方法。但是二者还是有一些联系的，用技术指标预测未来趋势的分析方法——指标分析法，就是技术分析中的一种类型。

技术指标的产生方式有两种，一种是运用明确的数学公式产生的数值，例如随机指标等；另一种是没有明确的数学公式，其产生更多的是以文字形式进行的说明，例如宝塔线等。

技术指标的数据来源是最高价、最低价、开盘价等原始的数据。这些数据通过一些处理之后，就产生了不同的技术指标。因为每一个指标都是对市场某一方面的统计，因此它的诞生原理以及解释方法都有一定的合理性。

技术指标是经过数据处理之后生成的分析工具，因为处理方法又不尽相同，所以就产生了许多技术指标。这些技术指标又可以分为 4 类，具体如图 5-1 所示。

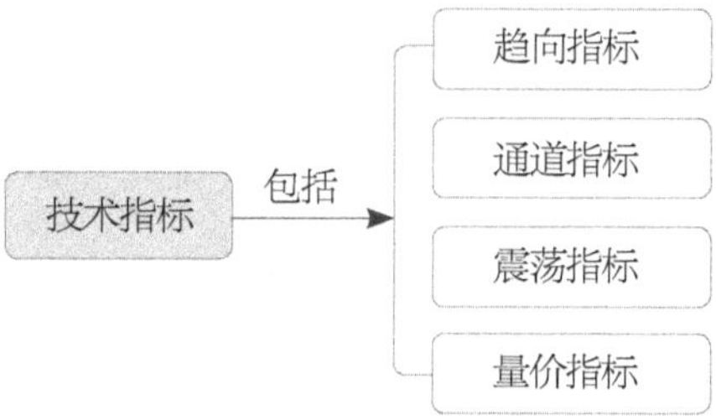

图 5-1 技术指标的分类

【技巧解析】趋向指标

趋向指标是一种凭借市场交易过程中的买卖双方力量的变化情况对趋势变化提供依据的技术指标，具体分析如图 5-2 所示。

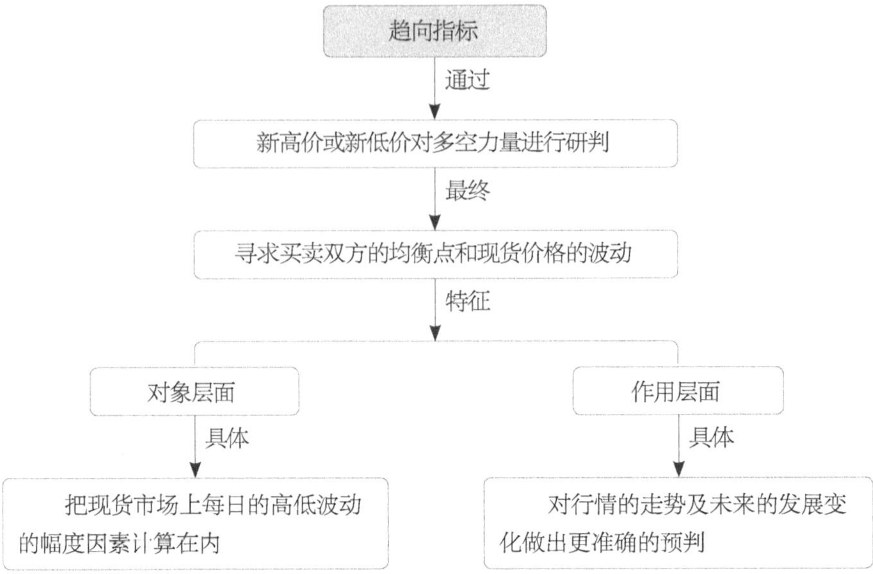

图 5-2 趋向指标的具体分析

【技巧解析】通道指标

通道指标，也称为压力支撑指标，它是技术指标中的一个重要类别，其含义和特点如图 5-3、图 5-4 所示。

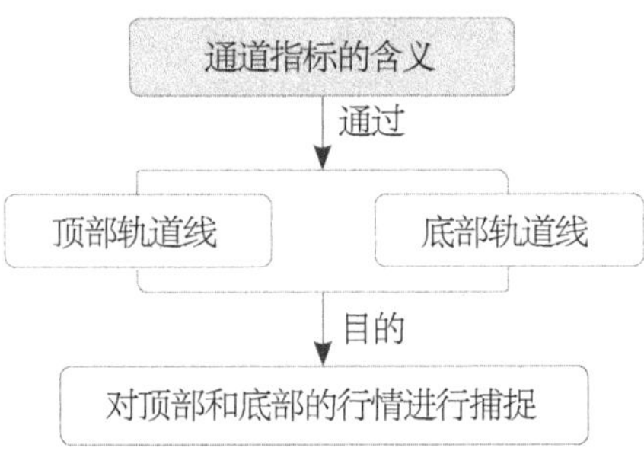

图 5-3 通道指标的含义

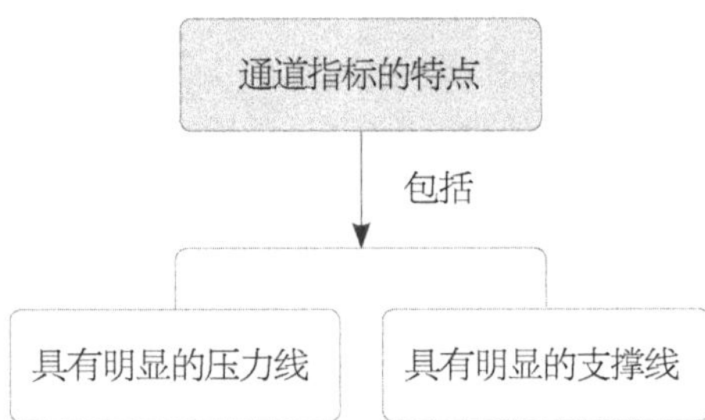

图 5-4 通道指标的特点

【技巧解析】震荡指标

震荡指标，也称为反趋向指标。与趋向指标不同，它更侧重于对趋势中转折点的捕捉，其特点和表现形式如图 5-5 所示。

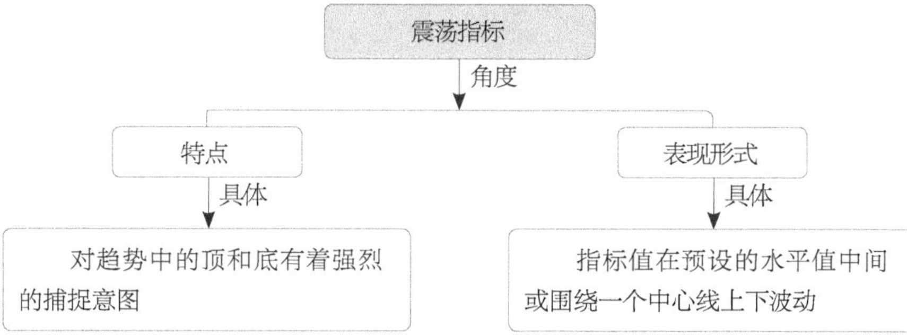

图 5-5 震荡指标的特点和表现形式

【技巧解析】量价指标

量价指标是一种以商品成交量的变动来探讨商品价格变化趋势的技术指标，具体分析如图 5-6 所示。

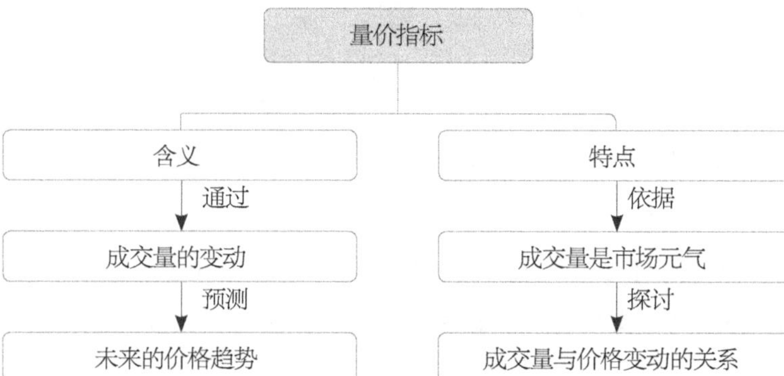

图 5-6 量价指标的具体分析

5.1.2 技术指标的形态分析

除了种类之别外，技术指标还具有多种形态。对技术指标的形态分析也是指标分析中重要的一环。下面将列举 4 种常见的技术指标为大家做相关介绍，如图 5-7 所示。

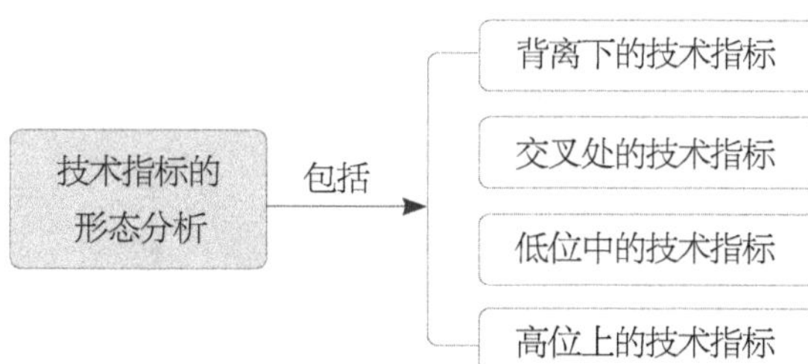

图 5-7 技术指标的形态分析

下面就将对上述内容进行一一解析。

【技巧解析】背离下的技术指标

技术指标的背离即技术指标的变化和价格的实际波动，在趋势上呈现出方向的不一致，也就是说指标和价格是相离的。指标背离有两种情况，一种是顶背离，另一种是底背离，具体分析如图 5-8 所示。

顶背离通常出现在价格上涨后期 → 如果此时价格的实际高点较前一次高点高，而指标的高点却低于前一次的高点，就表示价格上涨的趋势不会持续很久了，价格将见顶下跌，投资者应该要把握时机，及时卖出

底背离往往出现于价格大幅下降之后 → 如果此时价格的实际低点较前一次低，而指标的低点却高于前一次的低点，就表示价格可能止跌转涨，投资者应该在见底之前迅速买进

图 5-8 背离下的技术指标

【技巧解析】交叉处的技术指标

技术指标的交叉即指标图形中的两条曲线发生相交，这个交叉的出现表示市场中买卖力量的对比出现了转变。技术指标的交叉有 3 种，即死亡交叉、黄金交叉以及与 0 轴的交叉，具体如图 5-9 所示。

技术指标的交叉

- 死亡交叉
  - 含义：下降的短期指标曲线从上向下穿过下降的长期指标曲线
  - 信号：表示商品的价格可能将要保持下降，行情看跌
- 黄金交叉
  - 含义：上升的短期指标曲线从下向上穿过上升的长期指标曲线
  - 信号：表示商品的价格可能将要持续上涨，行情看好
- 与 0 轴的交叉
  - 含义：技术指标曲线向上穿过 0 轴或向下穿过 0 轴
  - 信号：向上穿过 0 轴，行情看多；向下穿过 0 轴，行情看空

图 5-9 技术指标交叉的具体分析

【技巧解析】低位中的技术指标

技术指标的低位，顾名思义，指的就是技术指标处在相对较低的点位。投资者需要注意的是，技术指标的低位很可能是一个市场进入超卖区的信号，商品的价格极有可能出现上涨。

【技巧解析】高位上的技术指标

与技术指标的低位相对，技术指标的高位即技术指标处在相对较高的点位。技术指标的高位也预示着市场或将进入超买区，商品的价格出现下跌的可能性较大，做多的投资者应该及时减仓。

投资者应该注意的是，当指标处于高位，而价格大幅上涨时，指标的上升幅度很可能逐渐变小，进而出现高位钝化的现象；同样的，当市场极度弱势时，很可能出现低位钝化的现象。投资者应该据此及时对自己的交易进行操作。

5.2 利用技术指标

对 K 线图的分析是多数投资交易过程中的重要一环，大宗商品投资自然也不例外。下面就将介绍利用技术指标分析 K 线图的具体方法。

5.2.1 随机指标

有的投资者可能看到“随机”两个字，就对随机指标的可靠性产生怀疑，认为随机的就是难以准确把握的，因而它是不具有参照性的。其实并非如此，在特定的情况下，随机指标不但是可靠的，而且相当实用。

【案例解析】铜的日线及 KDJ 指标分析

随机指标也称为 KDJ 指标，是技术指标中较为新颖和实用的一种，也是最常用的技术指标之一。它最早应用于期货市场，后来被广泛运用于现货市场的中短期分析。如图 5-10 就是一幅随机指标图。

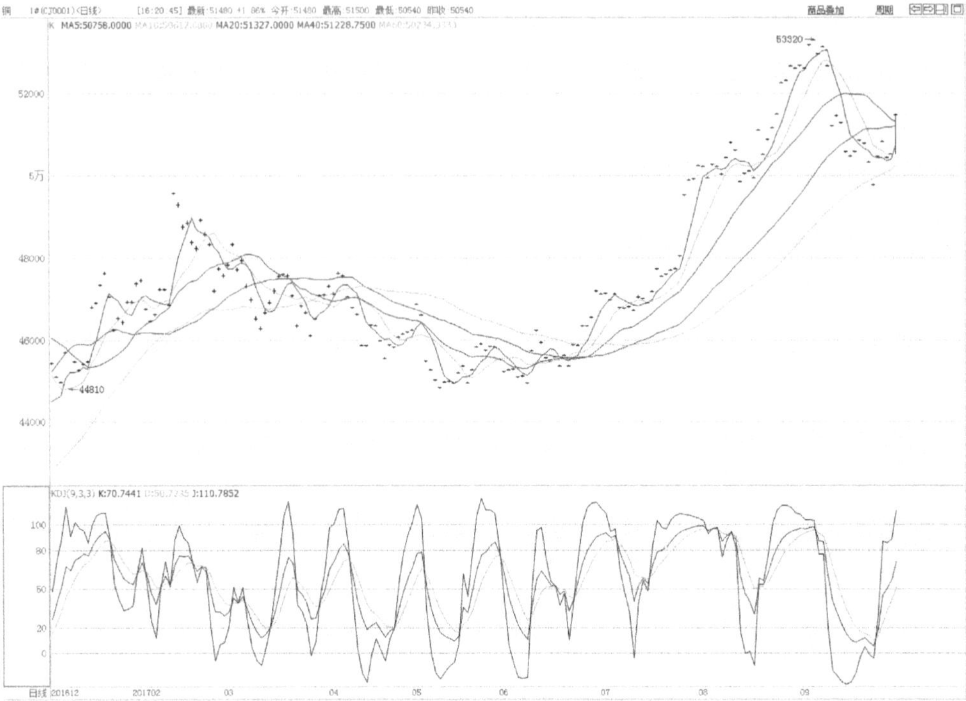

图 5-10 铜的日线及 KDJ 指标

下面就将从原理、技巧、缺点和应用 4 个方面出发，来详细介绍随机指标的相关知识。

1. 原理

随机指标是对最高价、最低价和收盘价这些原始数据计算之后，在指标坐标上得出每一个 K 值、D 值和 J 值的点，然后将这些分散的点分别连接起来，形成完整的、用以反映价格变化趋势的指标。

它主要是通过价格波动的真实幅度对价格走势的强弱和超买超卖现象进行分析的一种技术工具。因为随机指标是在探究最高价、最低价和收盘价这些基础数据之间的关系的同时，结合了动量观念、强弱指标和移动平均线的一些优点，所以它在迅速、直观地判断行情方面具有较大的优势。这也是它能够对中短期行情趋势判断得比较准确的原因。

专家提醒

因为随机指标是对行情的直观反映，而行情变化是极为快速的，所以相应的，随机指标的变化也是比较迅捷的。这也是它能成为较好的分析中短期趋势的技术指标的原因之一。但是对不同的人群，应用的随机指标又应该要有所不同。

具体来说，月 KDJ 值比较适用于做大资金大波段的投资者，因为它呈现的是一个大趋势，所以投资者只需在该月 KDJ 值处于低位时看好时机，逐步进场吸纳，就可取得很好的投资效果。

而周 KDJ 值一般会受到主力的青睐。主力通过对中线波段中的循环高低点进行分析之后作出判断，并决定交易方向。

越短期的 KDJ 值往往看起来越清晰，所以日 KDJ 值或更短期的 KDJ 值往往更受短期投资者的欢迎。这种短期的 KDJ 值对现货行情的变化更为敏感，能更好地适应投资者即时交易的要求。对于需要即刻下单的投资者来说，甚至可以参照 5 分钟 KDJ 值这种极短期的 KDJ 值。

2. 技巧

随机指标的使用是有一些要领的，投资者如果把握好了如下几点，随机指标用起来将得心应手。

（1）当 D 值逼近或大于 50 时，市场上买盘力量相对较强，行情表现为超买现象，现货价格可能面临下跌；而当 D 值逼近或小于 20 时，市场上卖盘力量相对较强，行情表现为超卖现象，现货价格可能迎来上涨。

（2）当 J 值大于 100 时，可能出现超买行情；而当 J 值小于 10 时，市场可能处于超卖的行情。

（3）当 K 线由下方穿过 D 线时，很可能会迎来行情的上涨，投资者可以适时买进；而当 K 线由上方穿过 D 线时，行情下跌的可能性较大，投资者应该把握时机及时卖出。

（4）如果 K 线和 D 线反复在 80 附近出现交叉，就很有可能是行情尚处于调整中。如果投资者此时要进行投资，就一定要参照 J 值对 K 线和 D 线的偏离情况进行分析和判断，然后再下决定。

对于随机指标的使用，投资者不仅要掌握要领，更要学会技巧，具体来说，它的使用技巧有以下几点。

（1）KDJ 指标不仅能对市场的超买超卖程度进行反映，还能通过 K 线和 D

线的交叉和突破，向投资者发出买卖信号。投资者要根据发出的信号，把握好时机，及时地调整交易行为。

（2）KDJ 指标比较适用于大盘，而对于一些发行量比较小或者交易不活跃的现货，可能准确性不是很高。所以投资者在使用时要根据具体对象进行选择，而不宜把它当作所有对象的参照。

（3）随机指标不可能时时刻刻与行情保持趋势的一致，它们也可能出现背离的情况。两者的背离通常是一种转势的信号，对此投资者应该要有所把握。

（4）如果 K 值和 D 值上升或者下跌的速度变缓，K 线和 D 线变得平缓时，很可能是短期转势的征兆，投资者对未来趋势的变化要有预见性。

3. 缺点

随机指标虽是中短期较好的分析指标之一，但是它还是不可避免地存在一些缺陷，所以在运用时，投资者还需注意以下几点。

（1）因为随机指标只是对行情的反映，所以当现货价格短期波动剧烈或者行情变化幅度太大时，随机指标可能会发出误判信号。此时投资者不宜过分依赖随机指标，而应该根据具体情况，结合其他指标综合分析。

（2）随机指标，尤其是短期随机指标，发出的买卖信号往往比较频繁，投资者不宜单单依据 K 线和 D 线的交叉和突破做单，而应该更多地结合价格的走势进行具体的分析。

（3）J 值有可能出现大于 100 或小于 0 的情况，只是为了绘图的方便，将 J 值控制在了 0 ~ 100 之间。如果 J 线在 0 和 100 处出现的是一条直线，那么投资者需要知道，这时 J 值很可能不在 0 ~ 100 的范围之内。

4. 应用

对于随机指标的应用，将通过下面的实例进行相关讲解。

【案例解析】白银一号的日线及 KDJ 指标分析

如果现货的价格持续较长时间下降，并在触底之后开始上涨，与此同时 KDJ 指标又在中低位出现了金叉，那么这很可能是一次做多的好机会；反之，如果现货价格在一段时间的上涨之后，在 KDJ 指标的高位中出现死叉，那么可能面临价格的回落，具体如图 5-11 所示。

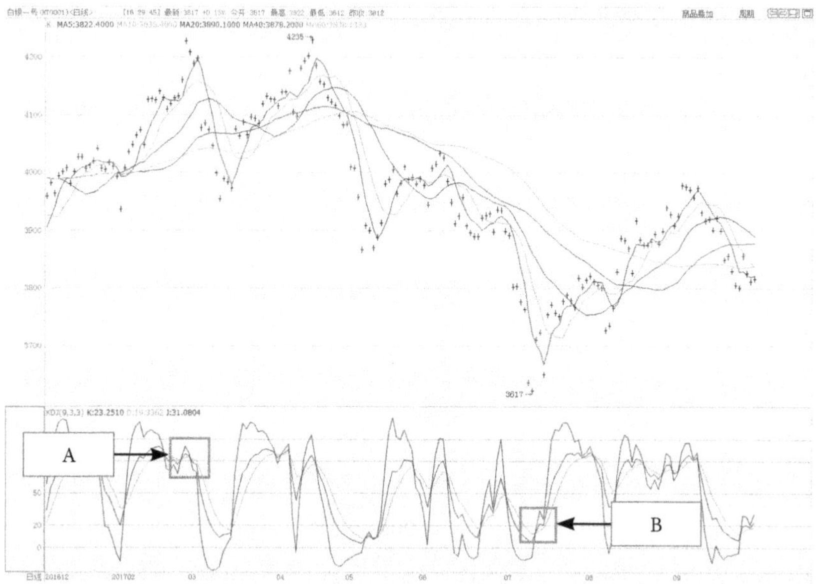

图 5-11 白银一号的日线及 KDJ 指标

从图 5-11 中可以看出，白银一号的价格经过一段时间的上涨之后逐渐见底，与此同时 KDJ 指标也在 A 处出现了死叉。投资者应该不难看出，这极有可能是一个卖出的信号，投资者应该考虑适度减仓。

又过了几天，白银一号的价格在经过较长时间的下跌之后逐渐见底，而 KDJ 指标此时又在 B 处出现了金叉。因此，此时这很可能是一个买进信号，投资者可以考虑适当地买进做多。

5.2.2 布林线指标

虽然随机指标是投资者中短期投资的重要参照对象，但是单单一个指标可能还无法准确看清全局。因此，这时候投资者就需要综合分析多种指标来增加自己投资的胜算，而接下来要探讨的这种指标就能很好地满足投资者的要求。

【案例解析】白银一号的布林线指标

布林线指标，也称为布林通道线，是基于标准差原理而生成的由上、中、下 3 条轨道线组成的指标值，如图 5-12 就是一幅布林指标图。

图 5-12 铜的布林线指标

从图 5-12 中可以看出，布林线是由上轨线 UP、中轨线 MD 和下轨线 D 这 3 条轨道线组成的。这 3 条轨道是随着价格变动自动进行调整的，因此价格通常在 3 条轨道形成的通道中间运动。也正是因为它是根据价格自动调整的，所以从通道的宽度也可以看出价格变化的幅度，具体来说就是通道越宽，价格变化就越剧烈。

接下来就将从作用、要领、应用 3 个方面出发，为大家详细介绍布林线指标的相关知识。

1. 作用

布林线指标的作用具体体现在以下两点，如图 5-13 所示。

规避主导 → 因为布林线指标是根据价格的变化自动进行调整的，所以如果价格突然急剧性地变化，就会在布林指标图上呈现出宽度异常的通道。这就能起到提醒投资者的作用。这一点也是它优于随机指标的地方。

指示趋势 → 布林线指标通过支撑位和压力位的呈现，对超买和超卖区域进行划定，从而给投资者提供了一个判断趋势的依据。

图 5-13 布林指标的作用

2. 要领

布林线指标同样也有使用要领。具体来说，布林指标的使用要领主要有以下几点。

（1）当现货价格处于中轨线的上方时，持仓风险相对较小。投资者如果在此时进行短期做单，可以适度持仓进行观望，坐等时机。

（2）当现货价格处于中轨线的下方时，持仓风险可能会加大。投资者如果在此时进行短期做单，宜在价格接触中轨线之前适度减仓，甚至是直接平仓。

（3）当现货价格冲破上轨线之后，回落至中轨线附近而没有跌破中轨线时，很可能是一个买进信号，接下来的行情将转好。投资者可以适时抓住机会，在价位比较低时，适度买进做多。

（4）当现货价格跌破下轨线之后，回升至中轨线附近却没有突破中轨线时，很可能是一个卖出信号，行情或将转跌。投资者应该对交易行为进行调整，在价格处于较高价位时及时出手平仓，以免造成损失。

（5）当布林指标的通道宽度突然出现剧烈变化时，表示价格或将会发生巨大转变。这时应该综合其他指标对未来趋势进行预测。

3. 应用

对于布林线指标的应用，将通过下面的两个实例进行相关讲解。

【案例解析】茯苓的布林指标突破中轨线

首先要探讨的是现货价格在触底之后，快速反弹并突破中轨线的情况，具体如图 5-14 所示。

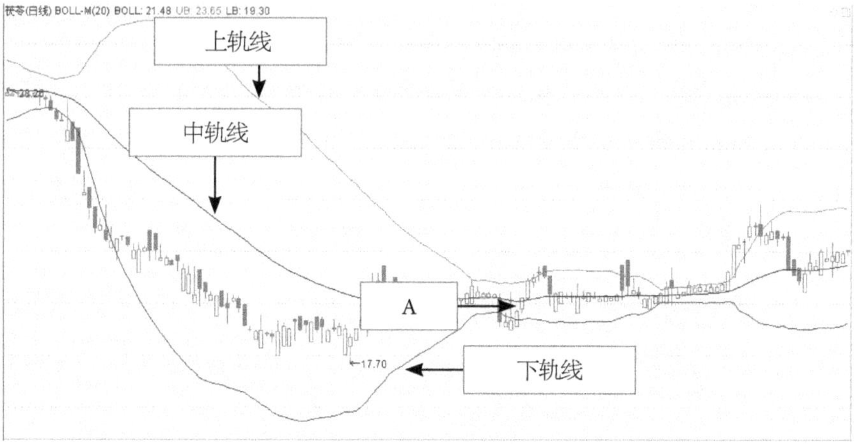

图 5-14 茯苓的布林指标

由图 5-14 可以看出，茯苓的价格经过了较长时间的总体下跌，接着在触底之后开始上涨，并在 A 处突破了中轨线，而 A 处附近布林线指标的通道较之前又明显的变窄。所以投资者根据布林线指标的使用要领应该知道，茯苓的价格即将发生重大转变了。

而之前的总体趋势是下降的，因此这很可能是一个做多的信号，投资者可以适度加仓。

【案例解析】焦炭伟天的布林线指标突破上轨线

接下来要探讨的是当价格经过较长时间的上涨，已经涨至上轨线甚至是突破上轨线的情况，具体如图 5-15 所示。

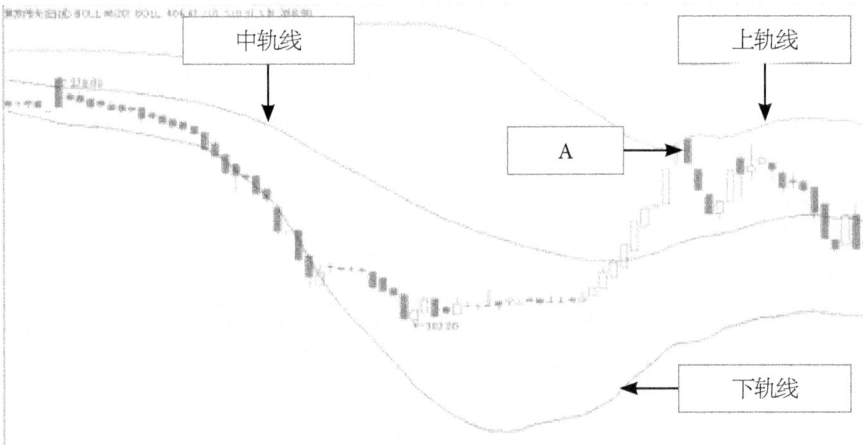

图 5-15 焦炭伟天的布林指标

从图 5-15 中可以看出，焦炭伟天的价格在经过一段时间的较大幅度上涨之后，在 A 点的距离上轨线已经近在咫尺了。投资者根据布林指标的使用要领应该知道，价格此时必然会受到一定程度的压力，很可能由涨转跌。因此，投资者要把握好时机，适时减仓，乃至于平仓，以免造成不必要的损失。

5.2.3 MACD 指标

MACD 指标是除随机指标和布林线指标之外的又一重要指标。相较于随机指标和布林线指标，它显得更为直观，有的投资者甚至可以只看一眼 MACD 指标就知道做单的方向。

【案例解析】白银二号的日线和 MACD 指标

MACD 即指数平滑异同移动平均线，它是双移动平均线发展之后的结果。MACD 指标之所以能够成为较为常用的趋向指标，很重要的一点就在于它的便利性。

具体来说，如果 MACD 由负数变为正数，也就是由绿色柱状变为红色（颜色可参考计算机屏幕，下同）柱状时，是买进的信号。而如果 MACD 由正数变为负数，也就是由红色柱状变为绿色柱状时，是卖出的信号。

投资者不仅可以从数值和柱状颜色获得信号，而且能够从 MACD 指标图中两条曲线宽度的变化得到信息。两条曲线间宽度越大，则表示现货价格的波动越激烈，具体如图 5-16 所示。

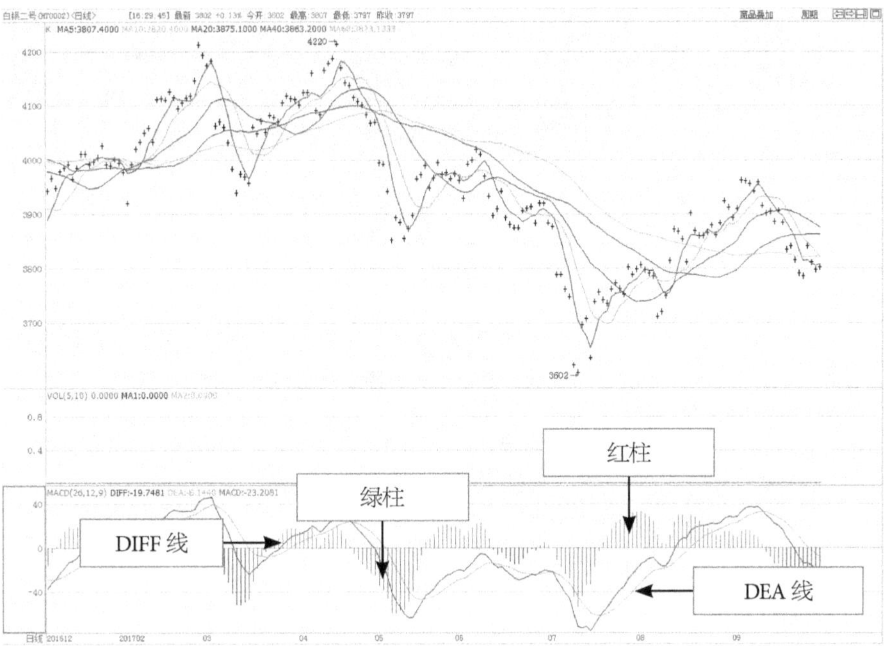

图 5-16 白银二号的日线和 MACD 指标

接下来就将从用法、原则、局限和应用 4 个方面出发，为大家详细介绍 MACD 指标的相关知识。

1. 用法

MACD 指标有几个基本用法，具体如图 5-17 所示。

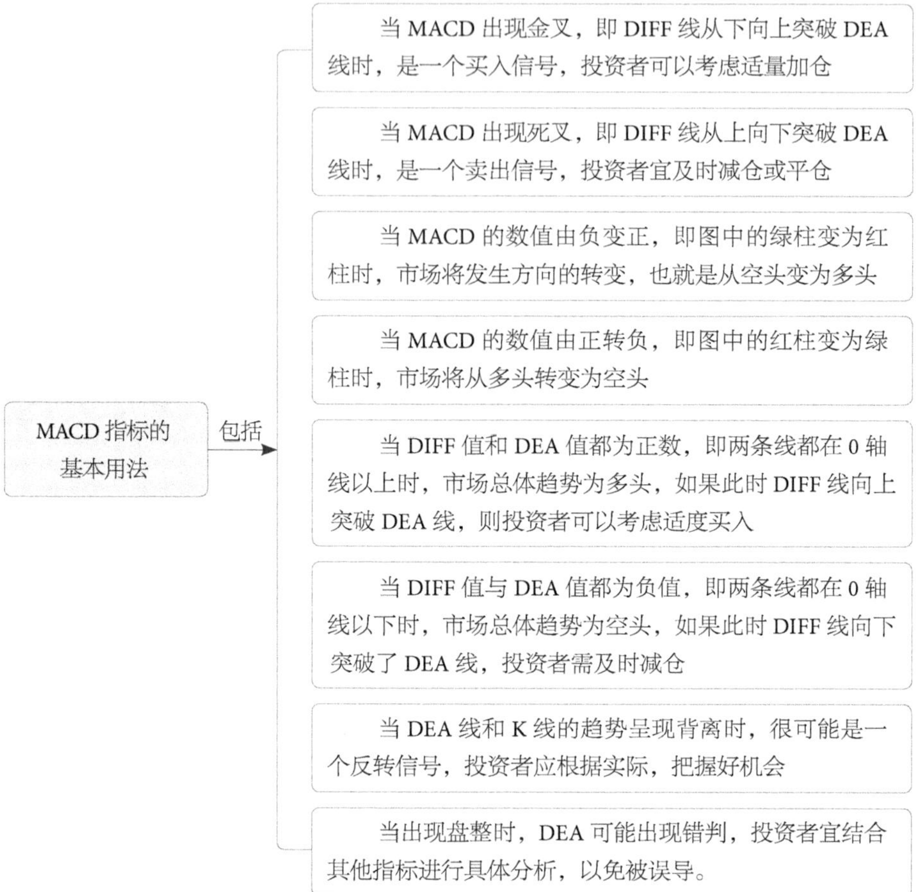

图 5-17 MACD 指标基本用法

2. 原则

MACD 指标的基本用法比较繁杂，但无论如何都不会脱离它的运用原则。具体来说，MACD 指标的运用原则如图 5-18 所示。

图 5-18 MACD 指标运用原则

3. 局限

虽然投资者运用 MACD 指标可以很直观地发现价格趋势，但是 MACD 指标因为自身的原因，还是具有一定的局限性，具体如下。

（1）短期交易适用性较差

因为买进价和卖出价以及最高价和最低价之间的价差通常比较大，所以当价格波动较小或盘整时，买卖信号会频繁出现，如果投资者根据信号进行短期操作，就可能难以获得利润。

（2）涨幅太大时参照性弱

因为 MACD 指标较行情来说是有一定滞后性的，所以当价格出现剧烈变化时，投资者如果参照 MACD 指标进行交易，就可能会错过交易的绝佳时机。

4. 应用

关于 MACD 指标的实战应用，有两种情形具有代表性，也就是 MACD 穿过 0 轴和 DIFF 线与 DEA 线位置互换的情形，下面就来具体探讨这两种情形。

【案例解析】白银一号的上涨与下降趋势

MACD 穿过 0 轴又分两种情况，即 MACD 向上穿过 0 轴和 MACD 向下穿过 0 轴，具体如图 5-19 所示。

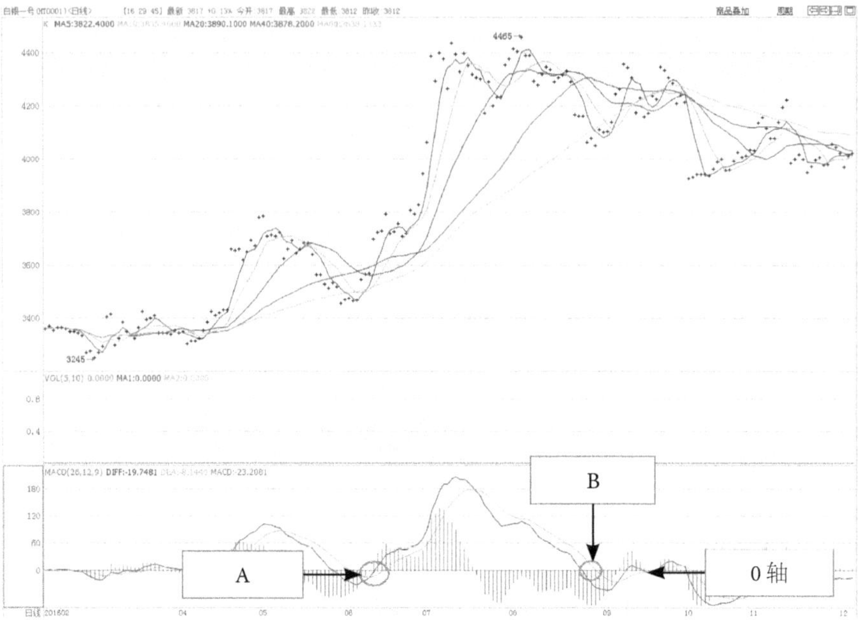

图 5-19 白银一号的日线和 MACD 指标

具体来说，MACD 向上穿过 0 轴，即 MACD 值从负数转为正数，往往是做多的信号，投资者可适度买进。

而 MACD 向下穿过 0 轴，即 MACD 值从正数转为负数，往往是做空的信号，投资者应及时进行减仓。

从图 5-19 可以看出，白银一号的 MACD 指标在 A 处向上穿过 0 轴，MACD 值从负数开始变为正数。再看图中白银一号的价格走势已经从见底中慢慢走出，所以投资者应该积极做多。事实上，从 A 处，白银一号的价格开始了一段时间的上涨，这就表示投资者做多的决定是正确的。

经过一段时间之后，白银一号的 MACD 指标在 B 处向下穿过 0 轴，MACD 值从正数转变成了负数，而白银价格也处于下降之中。虽然 MACD 指标有一定的滞后性，但是价格可能会进一步下降，所以投资者应该适度地进行减仓。果然，白银一号的价格不久之后就见底了，而投资者也因为及时减仓，避免了损失的扩大。

【案例解析】镍的日线“黄金交叉”和“死亡交叉”

DIFF 线和 DEA 线位置互换也有两种情况，即“黄金交叉”（金叉）和“死亡交叉”（死叉），具体如图 5-20 所示。

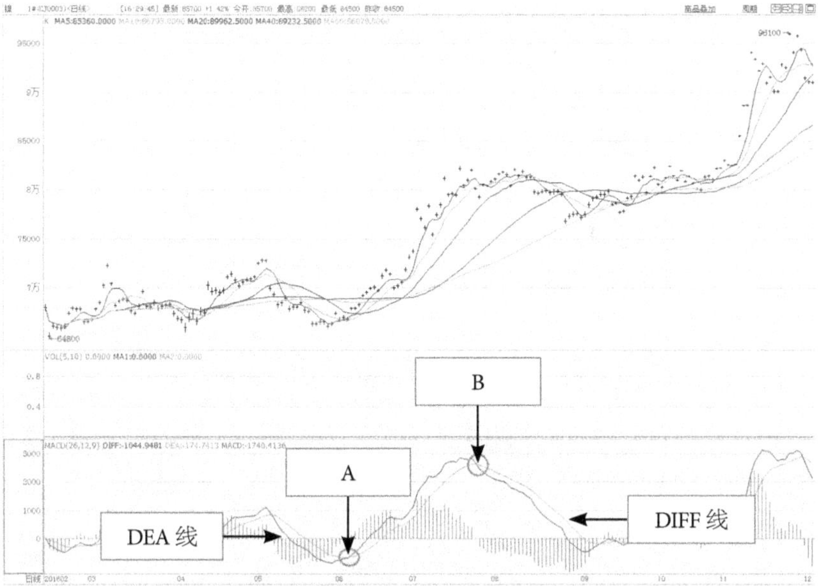

图 5-20 镍的日线和 MACD 指标

“黄金交叉”是指原本处于 DEA 线下方的 DIFF 线与 DEA 线相交之后，开始处于 DEA 线的上方。“黄金交叉”通常是一种止跌信号，表示现货价格或将上涨，投资者可以在此时进行适度的买进。

而“死亡交叉”则是指原本处于 DEA 线上方的 DIFF 线与 DEA 线相交之后，出现在了 DEA 线的下方。“死亡交叉”往往是一种价格回落的信号，在遇到这种情况时，投资者宜及时减仓，避免造成不必要的损失。

从图 5-20 可以看出，镍的 MACD 指标在 A 处出现了“黄金交叉”，再结合镍的价格已经下跌了一段时间的行情，投资者应该考虑到这很有可能是一个价格回升的信号，宜适度做多。通过接下来的走势不难发现，镍的价格在不久之后就见底了，接着出现了较大幅度的上涨。这就证明做多的决定是正确的。

镍的价格经过一段时间的上涨之后，在 B 处迎来了“死亡交叉”，而此时镍的价格已经是处于相对的高位了。因此，这很可能是一种价格下跌的信号，投资者宜在此时适度减仓。

虽然在随后的走势中，镍的价格下跌的幅度不是很大，但是投资者对趋势的判断是正确的。值得一提的是，这种情况下出现较大幅度下跌的概率更大一些，投资者在此时进行减仓，无疑是一个规避风险的好办法。

5.3 利用技术指标进行分析时的注意事项

虽然技术指标能在投资者做单过程中起到参照作用，但是因为其自身原因，投资者在实际操作中运用它时，还有几点需要注意，以免被其误导。

5.3.1 难以弥补的缺陷

技术指标自身有着一定的缺陷，这主要体现在以下几个方面。

1. 存在滞后性

无论是何种指标都是根据行情的变化而自动进行调整的，因此是滞后于行情的，即现在呈现的指标必然都是对过去行情的一种迟钝化的呈现。所以，投资者在运用技术指标进行分析时，需要对它的滞后性有清醒的认识，而不宜直接参照它进行即时的交易。

2. 具有片面性

单个的技术指标所选取的参数较少，只能反映行情的一部分，而非整体行情。所以，投资者在运用某一个指标时，实际上看到的就只是行情的局部变化。

3. 普适性较弱

因为技术指标往往都是特定环境和特定参数下的产物，所以它也只适用于特定的情况。这也就是为什么在不同的市场，同样的技术指标难以达到同样的效果的原因。

4. 无效和失真

在一定的情况下，技术指标可能会因为无效和失真而失去参考价值，如MACD 指标在盘整时的无效。

5.3.2 谨防被误导

技术指标始终是通过最高价、最低价、成交量等基础的市场行情数据经过一定的数理计算后得出的。因此，只要对这些数据进行干扰，就可能实现对技术指标的控制，进而起到误导市场的作用。

因此投资者在实际投资时不可尽信技术指标，而应该在结合现货的整体趋势等信息之后进行综合分析，再做最后的决定，以免被误导。

第6章

均线分析入门与实战

学前提示 >>>

除了前面章节重点介绍的 K 线之外，在现货市场还有一种现货交易中广泛应用的线性图形，那就是均线。

均线之所以能够受到投资者的青睐，最大的原因就是它是对趋势的反映。通过均线，特别是大周期均线的走向，投资者可以看到市场的真实方向。

要点展示 >>>

掌握均线分析的基础知识

利用均线分析买卖信号

利用均线分析顶底信号

6.1 掌握均线分析的基础知识

均线图虽看上去只是由几根简单的曲线构成的，但投资者要想完全掌握它，却并非一朝一夕可以做到的。不过只要投资者从基础学起，也能在短期内获取不少均线的相关知识，为自己的投资提供依据。

均线（MA）是对移动平均线的简称，它是将某段时间内收盘价的和值与周期的比值连起来之后形成的一条曲线，例如 5 日均线就是将 5 日内的收盘价相加之后再除以 5 得出 5 日的平均值，然后将所有 5 日平均值从左至右相连后形成的一条曲线。均线的具体形态如图 6–1 所示。

图 6–1 焦炭的日 K 线图及不同周期的移动平均线

6.1.1 掌握均线的类型

根据均线周期的长短，可将均线分为 3 类，如图 6–2 所示。

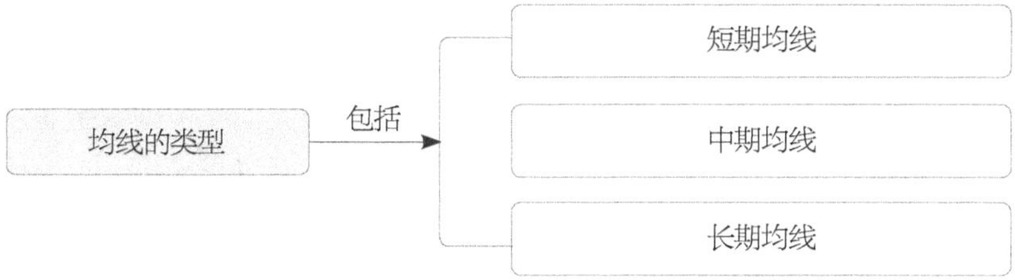

图 6-2 均线的类型

接下来就分别对这 3 类均线进行一些解析。

【技巧解析】短期均线

短期均线，即小周期内的均线。常用的短期均线主要有 5 日均线（周线）、10 日均线（半月线）、20 日均线（月线）。

短期均线能很好地反映价格短期内的变化情况，是短期投资者必须重点关注的均线周期。

【技巧解析】中期均线

中期均线，即一定周期内的均线，这个周期通常在 1 个月到 3 个月之间。常见的中期均线主要有 40 日均线、60 日均线（季度线）、90 日均线。

中期均线是对一定周期内价格变化情况的呈现，它既能在一定程度上反映短期价格的变化情况，又照顾了价格的长期趋势，也正是因为这个原因，它往往受到中期投资者的青睐。

【技巧解析】长期均线

长期均线，即大周期内的均线。常见的长期均线包括 120 日均线（半年线）、250 日均线（年线）。

长期均线的主要优势在于能够很好地反映大趋势的变化方向，进而保证投资者投资方向的正确性。

6.1.2 了解均线的特点

均线主要有 4 个特点，具体表现如下。

1. 维稳均价

这主要是因为均线是对价格周期性的平均，所以它在形态上表现为一条较为平滑的曲线，一般不会像价格一样出现剧烈的震荡。

2. 反映趋势

均线通过价格的周期性平均，可以有效地降低主力对市场的影响，较为客观地呈现出价格运行的趋势。

3. 滞后慢热

因为均线是价格的平均呈现，所以当价格转势时，它可能不会立即表现出来。而且周期越长的均线，这种滞后的效果通常会越强。这一点也是投资者，特别是短期投资者在实际操作时需要特别注意的，在观察均线的同时，一定要参照价格的走势，切不可因为过分关注均线而错失了交易的良机。

4. 助益强势

正是因为均线的滞后性，让它对市场中强势的一方有所助益。具体来说，在多方占有优势的市场中，即便价格已经呈现出下跌的趋势，但是均线的滞后性会有可能延长涨势；同样的，在空方强势的市场，即便价格已经小幅回升，它也可以延长跌势。

6.1.3 均线的基本操作

在交易软件中，往往只显示几条默认的均线。但这些均线有时候并不符合投资者的投资要求，此时投资者就需要根据自己的需求对均线进行一些操作。

【技巧解析】均线的选择

以博易大师版为例，某默认均线是 5 日、10 日、20 日、40 日及 60 日均线。因此，投资者如果需要选择其他的均线或是选择显示默认均线中的几条，就需要对均线的显示进行操作。

均线选择的方式很简单，只要在图中选中任意一条均线之后，单击鼠标右键，在弹出的菜单中选择“指标参数”一栏，就会出现如图 6–3 所示的对话框。接下来，投资者需要做的就是：1 将 P1、P2、P3、P4、P5 后面的数值填写为自己需要的周期；周期填写完成之后，2 单击该对话框中的“确定”按钮，就可以在图中看到自己需要的均线了。

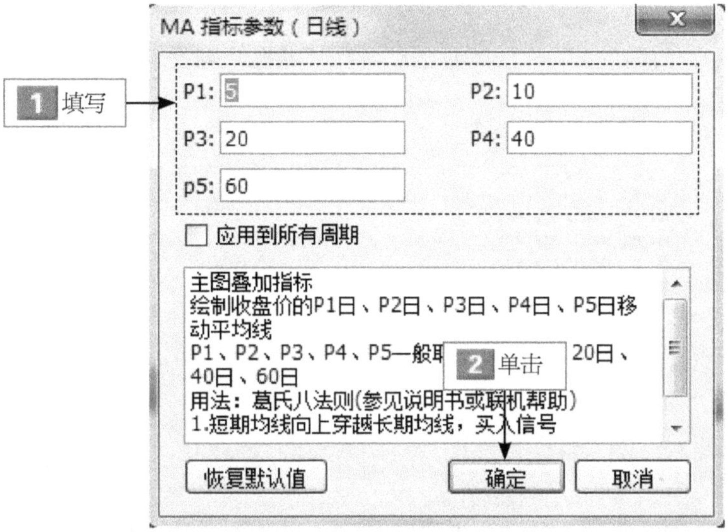

图 6-3 “指标参数”对话框

【技巧解析】均线的修改

均线的修改同样需要先在交易软件中选中一条均线，并单击鼠标右键，只是此时应该在弹出来的菜单中选择“修改公式”一栏。之后，会弹出一个“确认”对话框，单击“是”按钮，如图 6-4 所示。

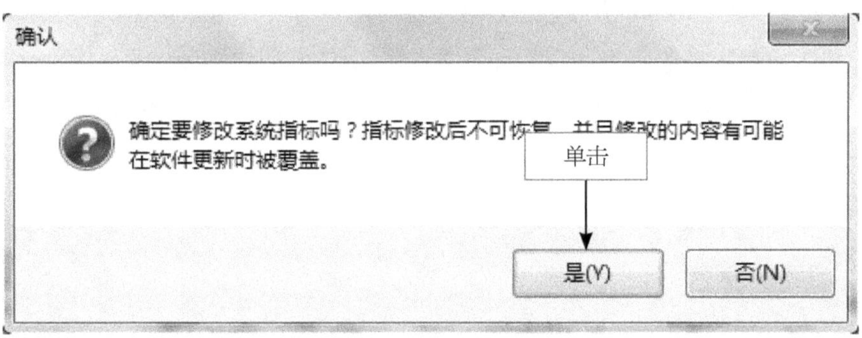

图 6-4 “确认”对话框

执行上述操作后，就会出现如图 6-5 所示的“指标编辑器”对话框。投资者只需在对话框中，1修改部分数值，然后2单击该对话框中的“确定”按钮，就完成了对均线的修改。

图 6-5 “指标编辑器”对话框

投资者需要注意的是，均线指标修改之后无法自动恢复，而且交易平台默认的均线公式一般都是比较实用的。所以，如果不是有特别的需求，投资者最好不要轻易对均线公式进行修改。

【技巧解析】均线的删除

均线的删除极其简单，只需要两步。1 选中图中的任意一条均线，并单击鼠标右键，2 在弹出来的快捷菜单中选择“删除指标”一栏，如图 6-6 所示。

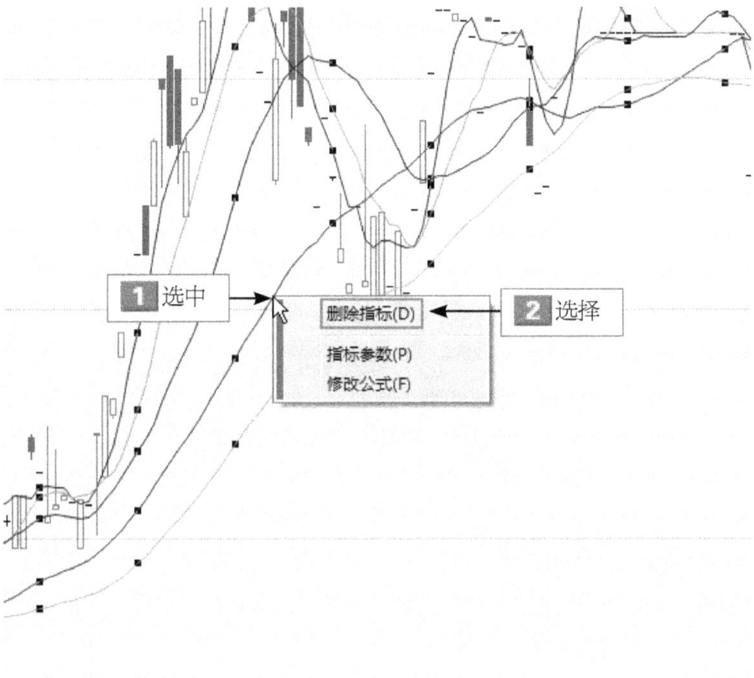

图 6-6 删除均线

只要选择“删除指标”，对话框就会消失，与此同时，呈现出一幅没有均线的日 K 线图。

均线删除之后要恢复也很简单，只需在图中键入“MA”，并按下【Enter】键，就可在图中再次看到交易软件默认的均线。

6.1.4 均线的买卖法则

这里所指的买卖法则，即葛兰威尔（美国投资专家）的“均线买卖八法则”。该法则可分为两个部分，也就是四买法则和四卖法则。

该买卖法则可视作是从多方的角度出发，对买卖的关键位做出的一种总结。它虽然只有短短的 8 条，但是条条都对投资者的做单大有助益。

1. 四买法则

四买法则，即四大买入法则，具体来说是多方的四个买入法则。葛兰威尔的四买法则具体如图 6-7 所示。

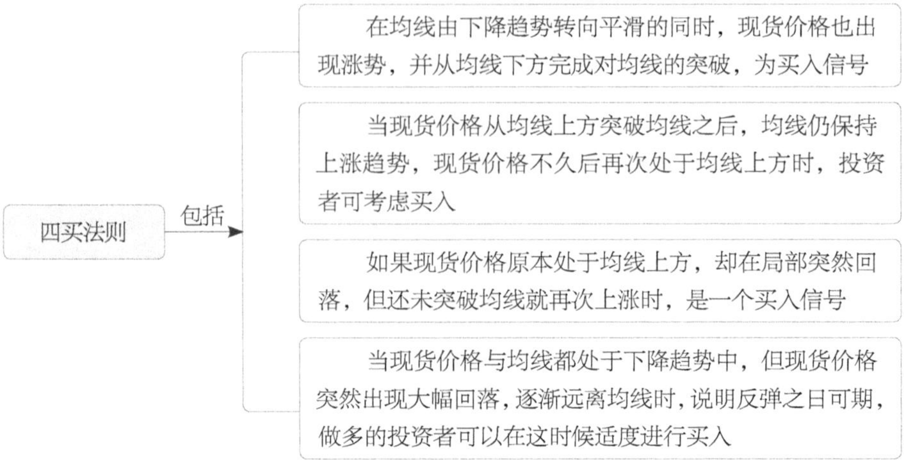

图 6-7 四买法则

2. 四卖法则

四卖法则，即多方的四个卖出法则。葛兰威尔的四卖法则具体表现为如图 6-8 所示的 4 点。

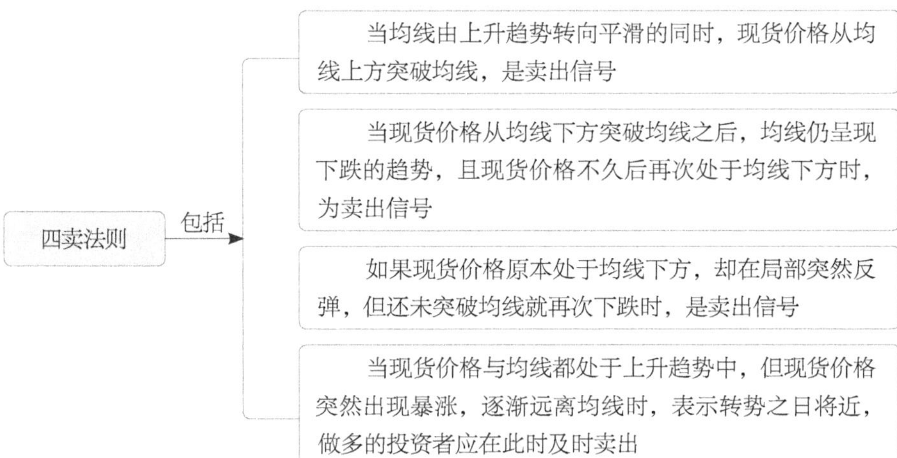

图 6-8 四卖法则

6.2 利用均线识别买卖信号

价格见底、见顶固然可以让看清趋势的投资者大捞一笔，但是价格见底、见顶的时间毕竟较短，投资者不可能时时有机会抄底抓顶。所以，判断价格是涨是跌对投资者来说是至关重要的。

常见的均线买进图形主要有 4 种，具体如图 6-9 所示。

此外，买卖是相对的，有买入信号，自然就有卖出信号。常见的均线卖出信号如图 6-10 所示。

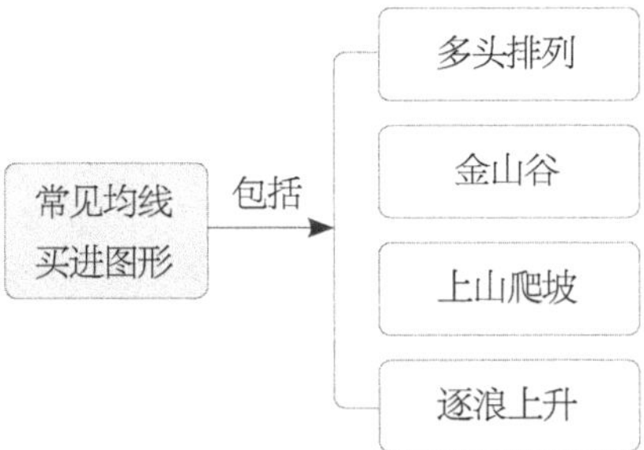

图 6-9 常见均线买进图形

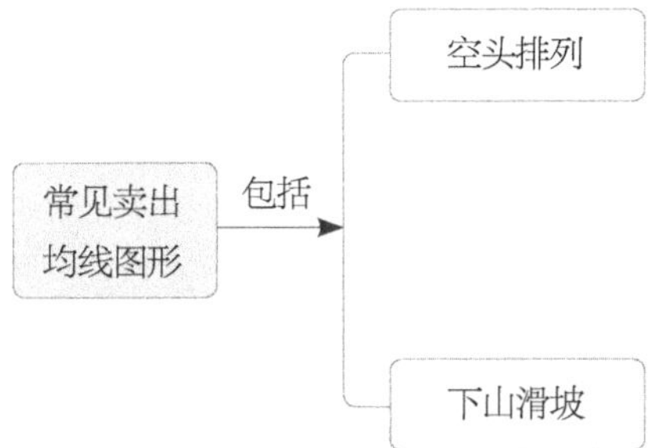

图 6-10 常见卖出均线图形

下面将分别对均线买进图形与卖出图形进行讲解。

6.2.1 多头排列

多头排列即短期、中期、长期 3 条均线，按从上至下的顺序进行排列，且 3 条均线形如向上弯曲的圆弧，其具体形态如图 6-11 所示。

多头排列多出现在价格上涨趋势中。它的出现表明市场中多方力量仍占优势，价格将持续上涨趋势，投资者宜逢低做多。

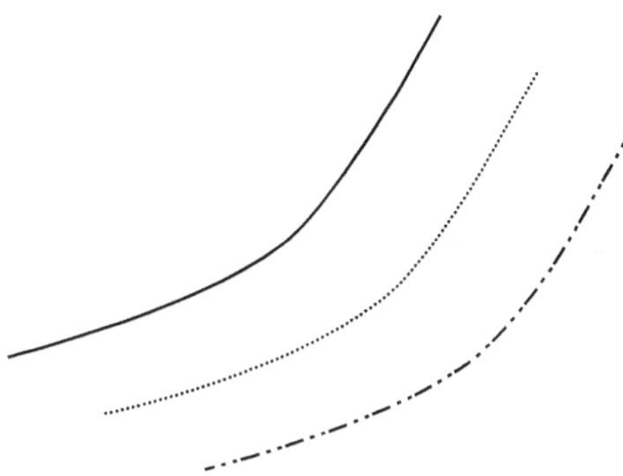

图 6-11 多头排列

专家提醒

注意：本章中“——————”“-------------”“—‥—‥—‥—‥—”分别表示的是短期、中期、长期移动平均线。

【案例分析】电解镍的价格经过盘整后出现上涨买入信号

在图 6-12 中，电解镍的价格经过低价区的长时间盘整之后，在上涨初期出现了多头排列的均线形态。这表示价格可能进一步上涨，投资者仍可做多，持筹待涨。

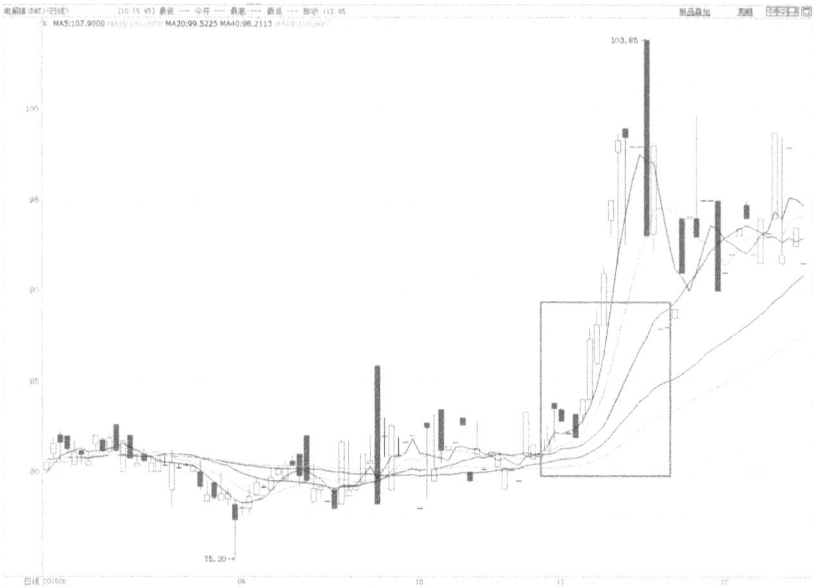

图 6-12 电解镍的日 K 线图及不同的移动平均线

6.2.2 金山谷

金山谷可以看作是银山谷的 2.0 版，它出现之前必须要先出现银山谷，而且金山谷与银山谷形态又基本相同，其具体形态如图 6-13 所示。

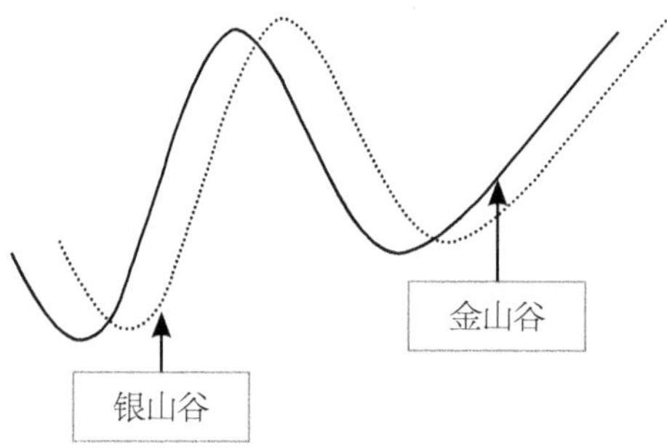

图 6-13 金山谷

金山谷常见于价格上涨趋势中，是银山谷的增强版。此时，多方力量比在银山谷时更加强盛，价格上涨的可能性比在银山谷时更大，投资者应该要把握好这个机会，积极做多，千万不能“让煮熟的鸭子飞了”。

【案例分析】硫磺的价格在短期内快速回升

在图 6-14 中，硫磺的价格在低位区缓速上升的过程中先是出现了银山谷，不久之后又出现了金山谷。

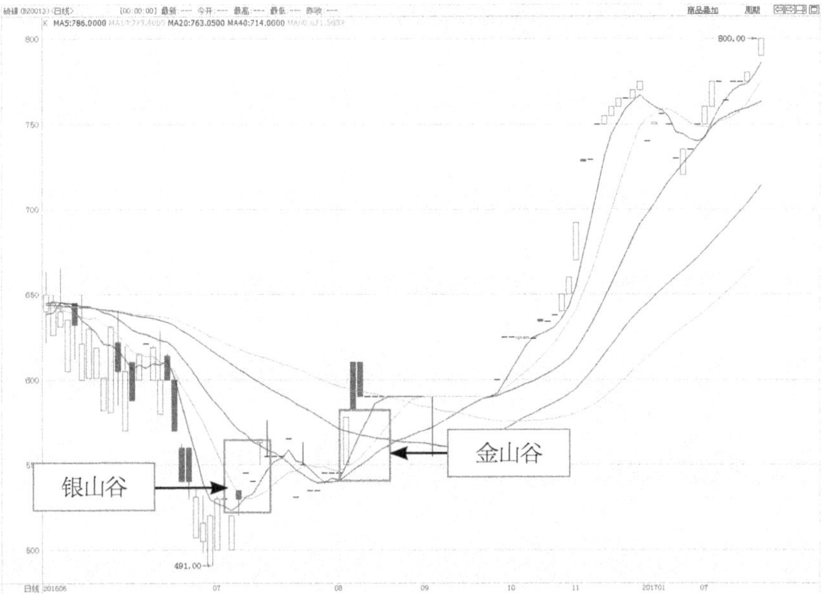

图 6-14 硫磺的日 K 线图及不同的移动平均线

这就表示多方力量即将爆发，硫磺的价格很可能在短期内快速回升。所以，投资者一定要抓住这个机遇，及时逢低买入，进行做多。

6.2.3 上山爬坡

上山爬坡形，即短期、中期、长期这 3 条均线像爬坡一样保持一定的倾斜度向上方运行，其具体形态如图 6-15 所示。

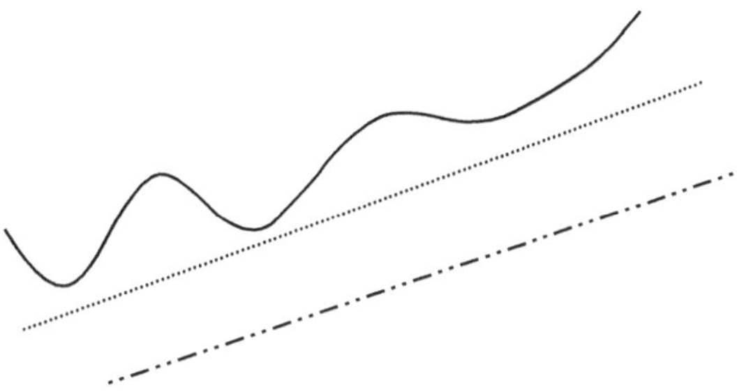

图 6-15 上山爬坡

上山爬坡形通常出现在价格上涨趋势中，它的出现说明多方处于相对的强势，价格或将持续上涨。因此，当均线呈现该形态时，投资者可进行适度做多，并在一定时间内持有多单，但是如果均线形态出现变化，则需考虑是否减仓。

【案例分析】脂松香的价格上涨过程呈上山爬坡形态

在图 6-16 中，脂松香的价格在上涨的过程中，5 日、10 日、20 日均线在框选区域中出现了长时间的上山爬坡形均线形态。这就说明在该时段内多方力量相当强劲，多单后市可期，投资者宜入场做多和适度加仓，持筹待涨。

图 6-16 脂松香的日 K 线图及不同的移动平均线

6.2.4 逐浪上升

逐浪上升形可以视作上山爬坡形态的变化形态。在该形态下，短期、中期、长期均线仍保持着上升的趋势，只是短期和中期均线会在运行过程中发生多次相交，其具体形态如图 6-17 所示。

作为上山爬坡形的变化形态，逐浪上升形态具有与上山爬坡形态相近的属性，所以当投资者看到该形态时，可以和在上山爬坡时一样，适度进行做多，并长线持有。

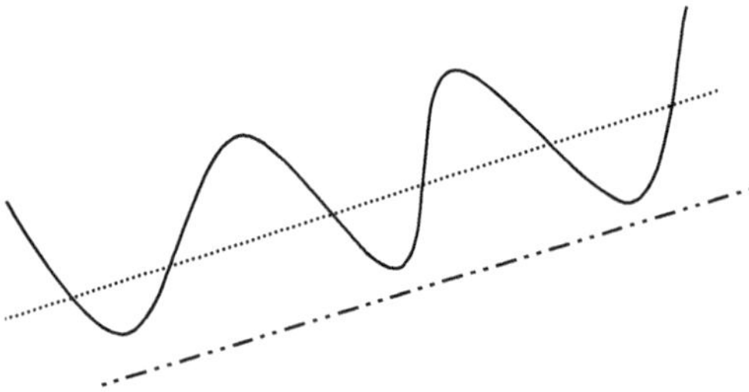

图 6-17 逐浪上升

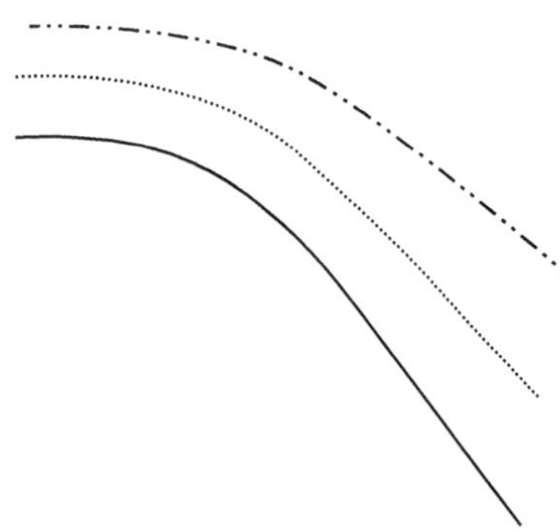

图 6-18 空头排列

6.2.5 空头排列

空头排列，即短期、中期、长期 3 条均线按从下至上的顺序进行排列，且 3 条均线形如向下弯曲的圆弧，其具体形态如图 6–18 所示。

【案例分析】金属镁锭的价格在高位区缓速下跌

在图 6–19 中，金属镁锭的价格在高位区的缓速下跌过程中出现了框选区域中的空头排列均线形态。这说明它的价格或将出现大幅回落。所以，此时投资者正确的策略应该是多出空进，适度进行做空。

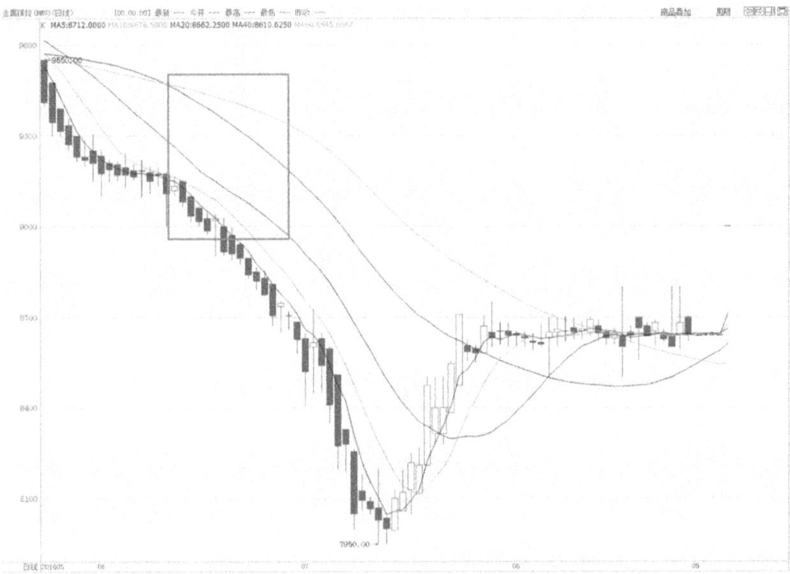

图 6–19 金属镁锭的日 K 线图及不同的移动平均线

6.2.6 下山滑坡

下山滑坡形，即短期、中期、长期这 3 条均线像下坡一样保持一定的倾斜度向下方运行，其形态与上山滑坡形正好相反，具体形态如图 6–20 所示。

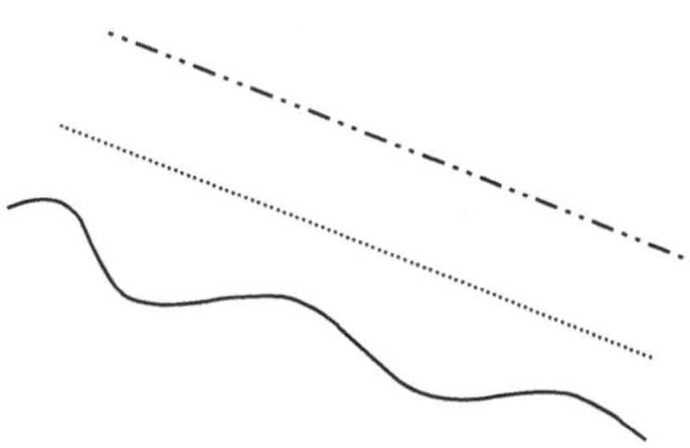

图 6–20 下山滑坡

下山滑坡形常见于价格下跌趋势中，它的出现表明价格持续下跌的可能性较大。因此，当均线呈现下山滑坡形态时，投资者应考虑逢高做空或逢高出场。

【案例分析】阴极铜紫金的价格在下降中呈下山滑坡形态

在图 6-21 中，阴极铜紫金的价格在明显的下降趋势中出现了框选区域中的下山滑坡形形态。看到这种情况，做多的投资者需多一分谨慎，宜尽早出场；而做空的投资者则可以选择入场或加仓。

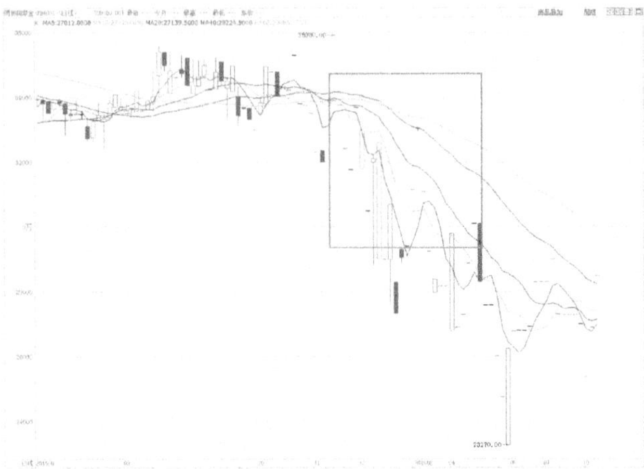

图 6-21 阴极铜紫金的日 K 线图及不同的移动平均线

6.3 利用均线识别顶底信号

均线之所以能成为被投资者广泛使用的技术工具之一，很大的原因就在于投资者可以通过它获取见底和见顶的信号。利用均线分析获取的见底或见顶信号是投资现货产品时的重要参考依据。

常见的均线见底图形主要有 3 种，具体如图 6-22 所示。

均线除了有发出见底信号的功能之外，还有发出见顶信号的功能。常见的均线见顶形态如图 6-23 所示。

下面将分别对常见的均线见底图形和见顶图形进行具体讲解。

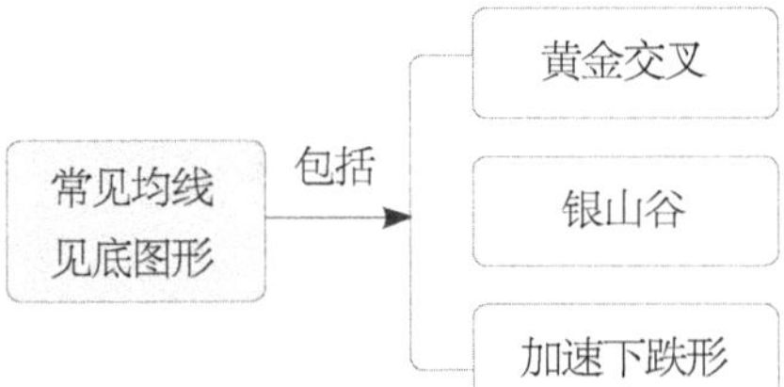

图 6-22 常见均线见底图形

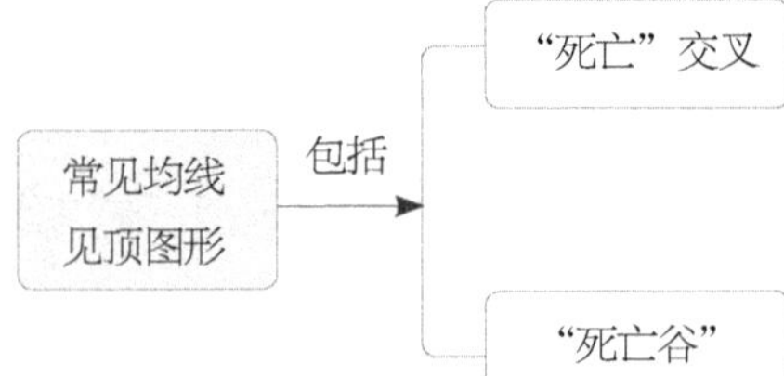

图 6-23 常见均线见顶图形

6. 3. 1 黄金交叉

黄金交叉（金叉），即两根均线中，周期较短的均线从下方穿过周期较长的均线，且长周期均线呈现上升趋势，其具体形态如图 6-24 所示。

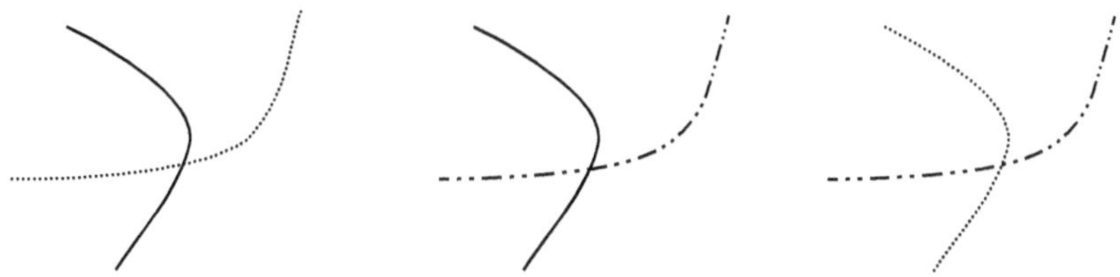

图 6-24 黄金交叉

黄金交叉多出现于价格上涨初期，表示价格前期已经见底，接下来价格或将出现一定幅度的回升，是一个明显的见底信号。

【案例分析】焦炭的价格经过前期下跌后出现上涨信号

在图 6-25 中，焦炭的价格经过前期的下跌后，在低价区出现了框选区域中的黄金交叉。这就表示价格很可能在近期内上涨，做多的投资者可以把握机会，及时入场。

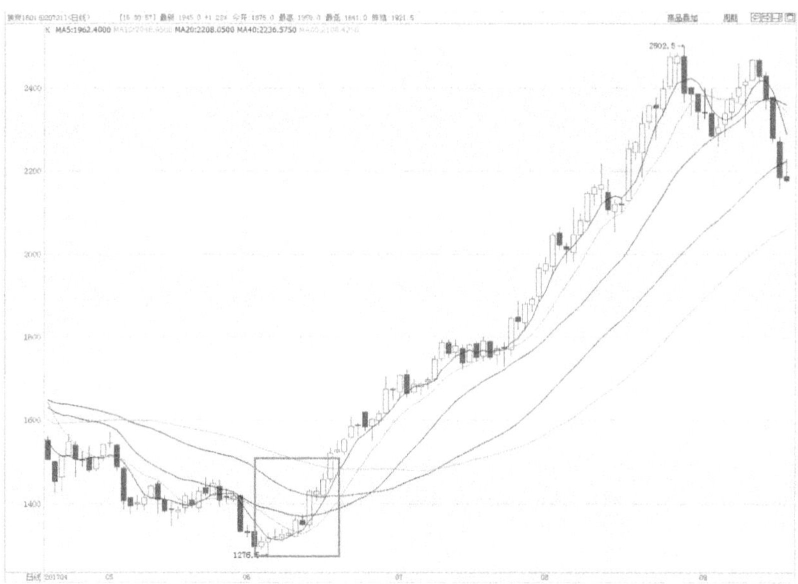

图 6-25 焦炭的日 K 线图及不同的移动平均线

6.3.2 银山谷

银山谷，即3根均线交叉，并出现了一个形似尖角上指的三角形图形，其具体形态如图6–26所示。

银山谷通常出现在价格上涨的初期，形态中的尖角上指三角形图案表示多方正在蓄力，极有可能在短期内力量爆发，价格极有可能快速上升。投资者看到这个三角形图案时可以考虑，入场进行做多。

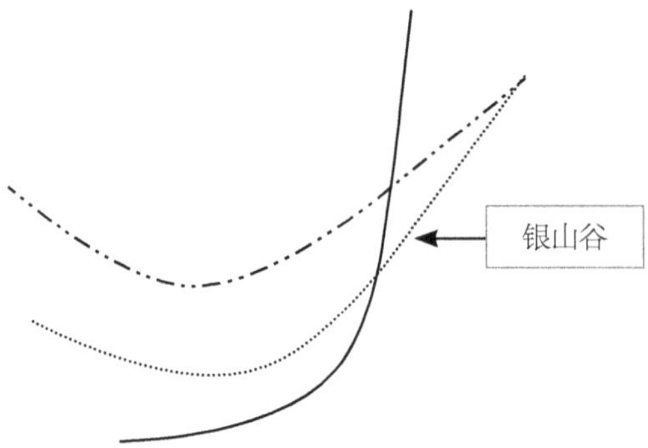

图6–26 银山谷

【案例分析】绿豆国际正在蓄力，价格快速上升

在图6–27中，绿豆国际的价格从底部上升了一小段时间之后，出现了框选区域中的银山谷。这就说明多方快要按捺不住了，价格短期内出现回升的概率较大，投资者此时要敢于逢低入场做多。

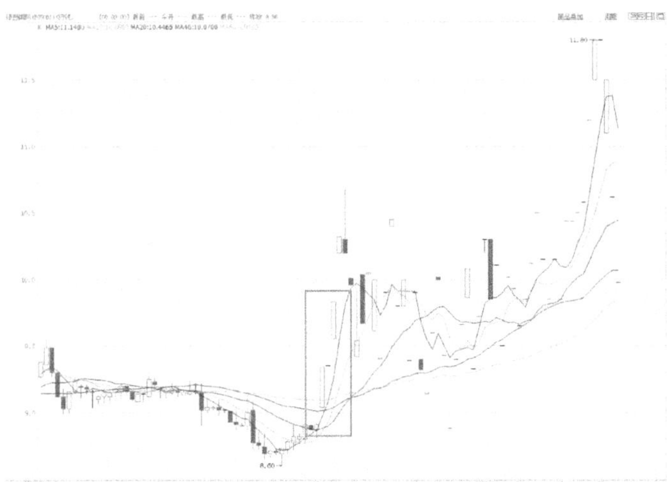

图6–27 绿豆国际的日K线图及不同的移动平均线

6.3.3 加速下跌形

加速下跌形，即均线原本保持缓速下降的趋势，但是在经过某一位置后，各均线呈现逐渐远离的趋势，其具体形态如图6–28所示。

加速下跌形一般出现在价格下跌的后期，它表示多方主力正在低价吸筹，一旦吸筹趋于饱和，价格就会立即回升。特别是当均线呈现加速下跌形的同时，出现了锤头线和倒锤头线，这往往会成为一个价格由跌转涨的转势点。

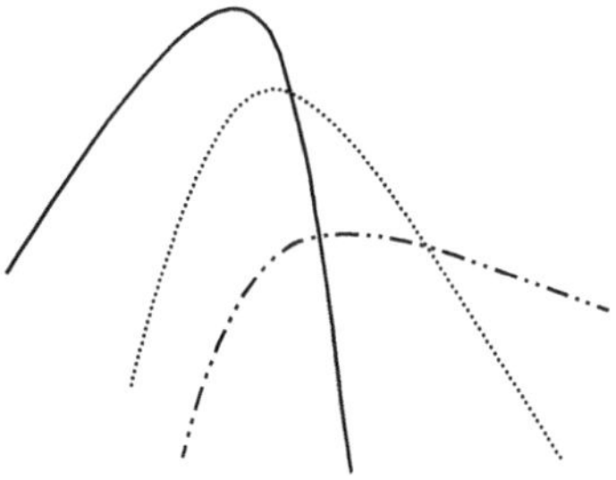

图 6–28 加速下跌形

【案例分析】电解镍的价格呈现由跌转涨的趋势

在图 6–29 中，电解镍的价格下降了较长时间之后，在低价区出现了框选区域的加速下跌形均线形态，并且在该形态之后，窜出了一条倒锤头线。这表示价格即将转势，不久将出现回升。因此，投资者此时正确的策略应该是积极入场进行做多，持筹待涨。

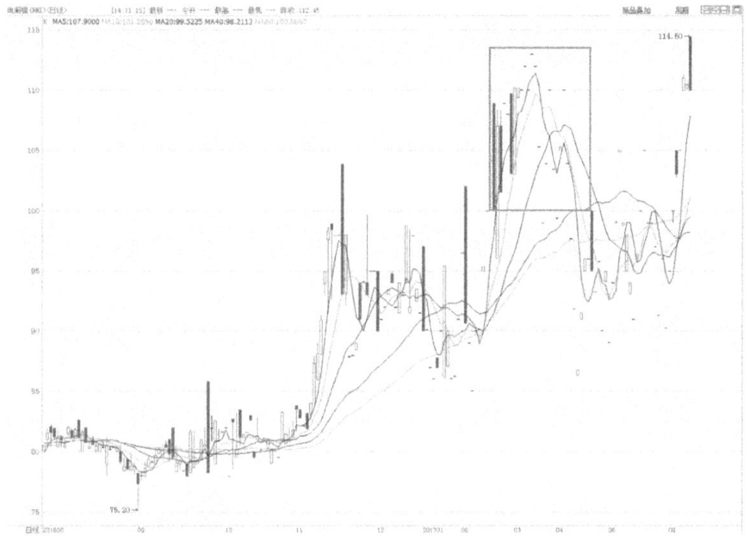

图 6–29 电解镍的日 K 线图及不同的移动平均线

6. 3. 4 “死亡”交叉

“死亡”交叉（死叉），即两根均线中，周期较短的均线从上方穿过周期较长的均线，且长周期均线呈现下降趋势，其具体形态如图 6–30 所示。

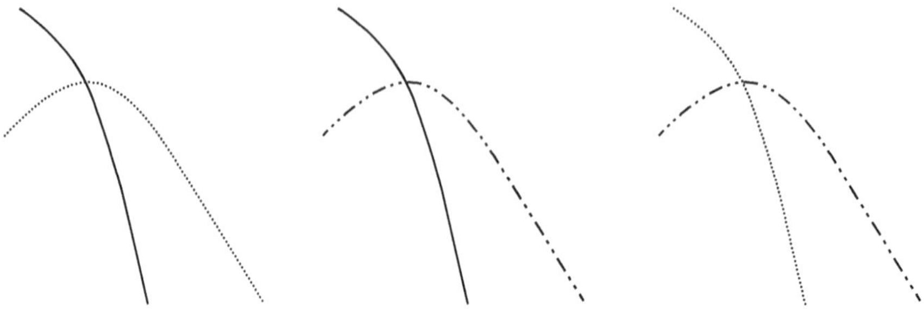

图 6-30 “死亡”交叉

“死亡”交叉经常出现于价格上涨末期与价格下降初期，表示价格前期已经见顶或即将见顶，接下来价格出现回落的概率较大，是一个明显的见顶信号。

【案例分析】螺纹山东的价格上升至高位时即将下跌

在图 6-31 中，螺纹山东的价格在上升至相对高位时，出现了框选区域中的均线“死亡”交叉形态，并且在“死亡”交叉出现的同时，K 线呈现出射击之星的特殊形态，这就说明价格近期回落的可能性极大，投资者宜在此时入场做空，坐等价格下跌。

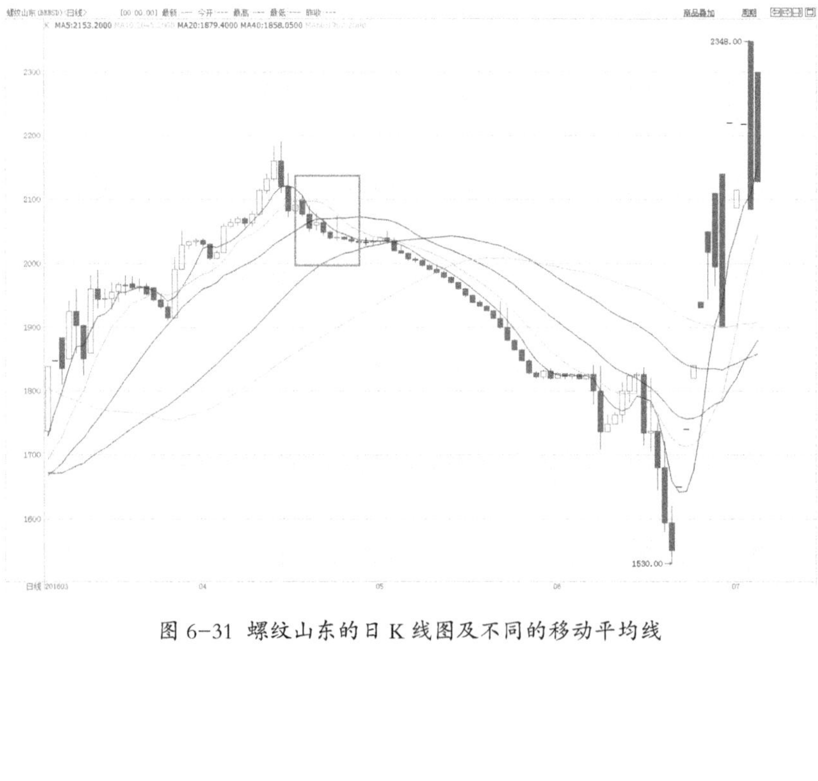

图 6-31 螺纹山东的日 K 线图及不同的移动平均线

6.3.5 “死亡谷”

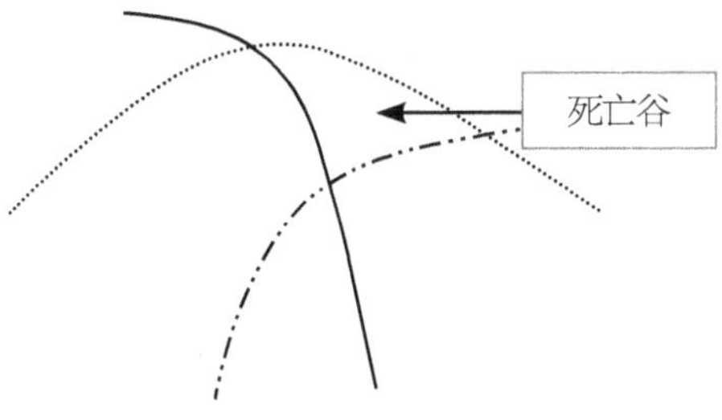

图 6–32 “死亡谷”

“死亡谷”即 3 根均线交叉，并出现了一个形似尖角下指的三角形图形，其具体形态如图 6–32 所示。

“死亡谷”通常出现于价格下降的初期，形态中的尖角下指三角形图案表示空方正在蓄力，极有可能在短期内发出致命一击，导致价格快速回落。做多的投资者看到这个三角形图案时宜迅速进行抛盘；而做空的投资者则可以在此时加仓或入场。

【案例分析】玉米东北的价格在小幅上涨后大幅下跌

在图 6–33 中，玉米东北的价格在高位小幅上涨之后，出现了框选区域中的“死亡谷”均线形态。这就说明此时空方力量渐强，并可能已经占据了优势，价格大幅下跌之日已经不远。所以，做多的投资者不宜再持仓观望，还是及时卖出出场为妙；但对于做空的投资者来说，此处是一个绝佳的入场和加仓点，应积极进行买入。

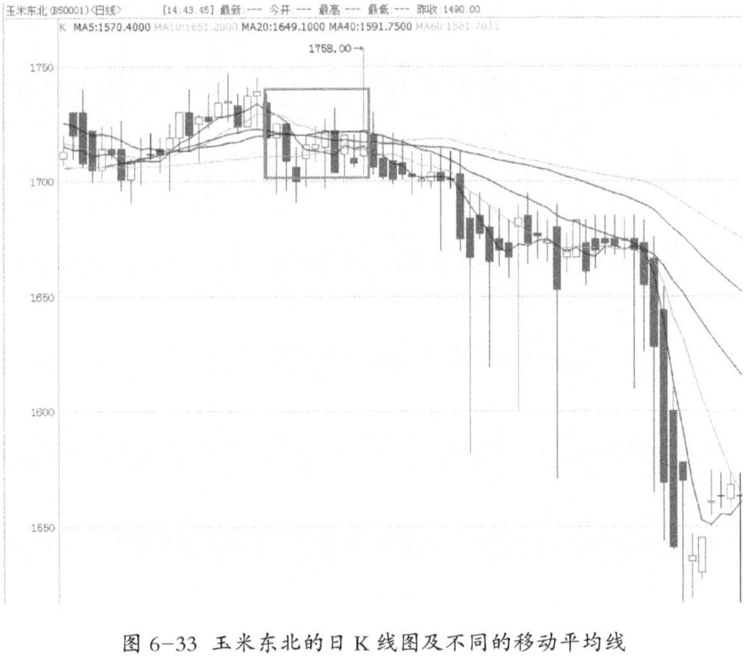

图 6–33 玉米东北的日 K 线图及不同的移动平均线

第7章

趋势分析入门与实战

学前提示 >>>

投资者想要在现货市场获利，第一要务就是对投资对象的趋势进行分析和判断。只有在明了趋势之后，投资者才能找到正确的投资方向。

趋势分析是有一定方法的，这一章的重点就是讲述趋势分析的方法。

要点展示 >>>

掌握趋势分析的基础知识
利用趋势线分析K线图
趋势分析时的注意事项

7.1 掌握趋势分析的基础知识

对于现货市场中的投资者来说，其对趋势的把握可称得上是“权死生之机”，一旦对趋势判断错误，很可能从一开始就已经注定了败局，其重要性显而易见。

也许看到这里，有的投资者，特别是部分刚入市的投资者，因为对趋势了解太少而感到忧心。其实大可不必，因为即便是新手，只要稍加学习，便能掌握一些趋势的基础知识，让自己心里有底。

趋势原意是指事物发展的动向，也就是事物是朝什么方向变化的。

市场趋势即价格未来趋势的方向和力量的发展动向。虽然市场趋势也有着明确的方向性，但它与普通的趋势还是有一些不同之处。

普通的趋势可能更多地接近于一条直线，而市场的趋势则如同一连串绵延的大小不一的山峰，既有高峰，也有低谷。也就是说，在市场趋势中，既有“顶”，也有“底”，市场可能见顶，也必然可能见底，这是市场的必然趋势。

7.1.1 趋势分析的 3 种类型

因为惯性思维的作用，人们往往会认为趋势只有两种方向，不是上升，就是下降。其实严格来说趋势应该有 3 种方向，分别为上升、下降和水平延伸。

所以，市场趋势中的上升趋势就表现为一连串整体上升的峰和谷；与之相对，下降就表现为一连串整体下降的峰和谷；而水平趋势就是一连串横向延伸的峰和谷，具体如图 7-1 所示。

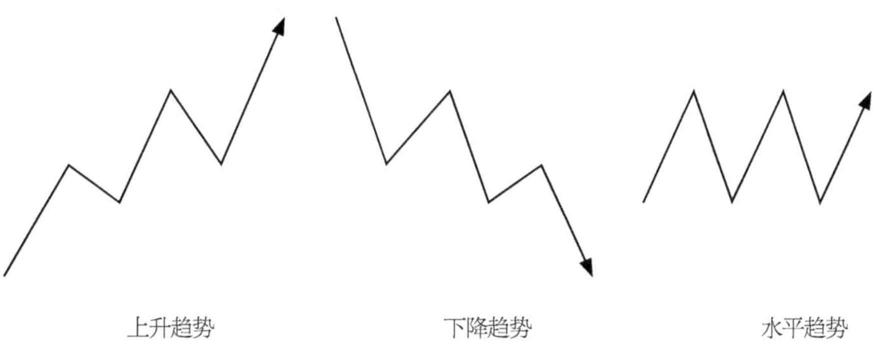

图 7-1 趋势的 3 种类型

对投资者来说，上升趋势和下降趋势因为具有明确的方向性，所以做单也要更有把握一些，但是市场有不少于三分之一的时间是处于水平趋势的，也就是说市场在一部分时间里是处于相对均衡，而无法判断整体趋势到底是涨还是跌的。也正是因为这个原因，现货市场有了更多的不确定性和投机性。

按照时间的长短来划分，趋势可分为三大类型，具体如图 7-2 所示。

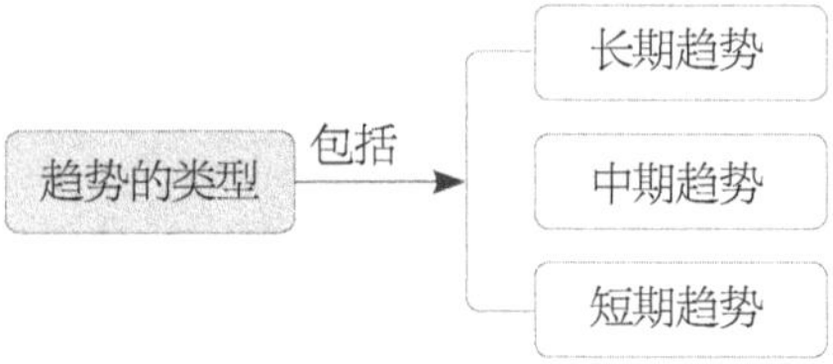

图 7-2 趋势的类型

接下来就图 7-2 中的三大趋势进行具体讲解。

【技巧解析】长期趋势分析

长期趋势，也称之为主要趋势，顾名思义，就是较长时间内（一般为 1 年以上）价格运行的主要趋势。

长期趋势是现货走势的总体呈现，投资者只有把握了长期趋势，才能对现货的全局有所把握，从大处着眼，找到总方向。

具体来说，如果某现货的长期趋势为上升趋势，就说明该现货处于牛市，未来价格可能进一步走高；反之，如果某现货的长期趋势为下降趋势，则说明该现货处于熊市，未来价格或将继续走低。

【技巧解析】中期趋势分析

中期趋势，也称之为次要趋势，即一定时间内（一般是 3 周至 3 个月之间）价格运行的整体趋势。

中期趋势既是价格在一段时间内运行的整体趋势，又是对长期趋势的一个局部调整。价格不可能一直朝着同一个方向变化，到达一定程度时必然会有一些调整，而中期趋势就起到了这个作用。

但是中期趋势对长期趋势的调整也是有一定“度”的，一般来说中期趋势中价格的调整不会超过长期趋势波幅的三分之二。一旦超过了这个“度”，就可能不只是在调整，而是对长期趋势的颠覆了。

【技巧解析】短期趋势分析

短期趋势，也称之为短暂趋势，即价格趋势在较短一段时间内（一般为 3 周以内）的呈现。

中期趋势是对长期趋势的调整，而短期趋势又是对中期趋势的调整。同样的，短期趋势对中期趋势的调整也是有一个“度”的，这个“度”一般会控制在中期趋势波幅的三分之二以内，而且短期趋势中价格的调整通常是与长期趋势同向的。

7.1.2 上升趋势的 3 种类型

上升趋势线，也称之为上升支撑线。它是将上升趋势中的两个相对低点连接起来之后形成的一条直线。上升趋势线可分为 3 类，具体如图 7-3 所示。

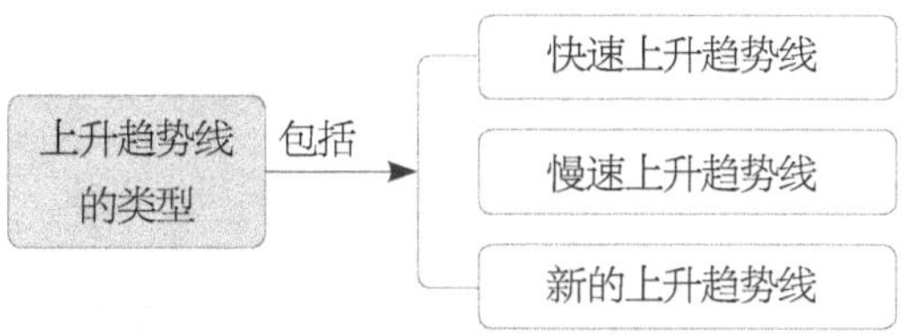

图 7-3 上升趋势线的类型

如果在市场中出现上升趋势线，就意味着市场的总趋势为上涨趋势，投资者在这种情况下，可以进行逢低买进，然后持筹待涨，坐收利润。

1. 快速上升趋势线

快速上升趋势线，即倾斜角度较大、支撑价格快速上升的趋势线，它的具体内容如图 7-4 所示。

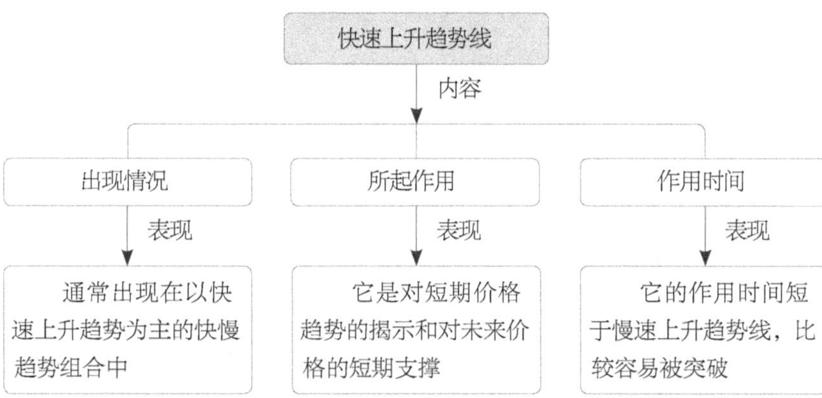

图 7-4 快速上升趋势线的具体分析

虽然快速上升趋势线预示未来价格会上涨，但是投资者应该根据具体情况进行做单。如果快速上升是处于价格总体上升趋势中，那么，价格可能会在短期内有一定上涨，投资者可适度做多；反之，如果快速上升趋势出现在价格总体下降的趋势中，因为上涨时间不好把握，为避免风险，投资者应该及时进行做空。

2. 慢速上升趋势线

慢速上升趋势线，即倾斜角度较小、支撑价格缓速上升的趋势线，它的具体内容如图 7-5 所示。

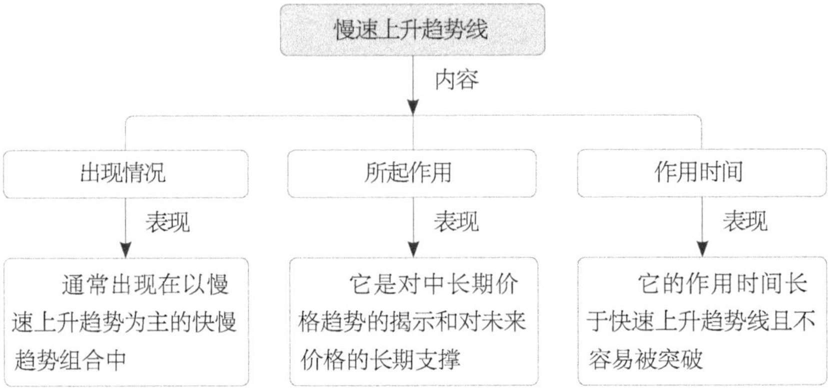

图 7-5 慢速上升趋势线的具体分析

虽然价格处于慢速上升趋势时，价格的涨幅可能不是很大，但上涨的持续时间相对比较长，来日可待。所以投资者应该在此时积极做多，持筹待涨。

3. 新的上升趋势线

新的上升趋势线即在原有的上升趋势线被突破的情况下，根据实际情况重新绘制的上升趋势线。所以，它虽然是上升趋势中的一种类型，但它与快速上升趋势线和慢速上升趋势线之间，却并不是严格的并列关系。

虽然新的上升趋势线的倾斜角度要比原有的上升趋势线小，但能在一段时间内支撑价格继续上涨，有时甚至还会在新的上升趋势的支撑下，创造出新的价格高点。因此，新的上升趋势线通常是一个做多的信号，投资者可根据实际情况适度加仓。

7.1.3 下降趋势的 3 种类型

下降趋势线，也称之为下降压力线。它是将下降趋势中的两个相对高点连接起来之后形成的一条直线。下降趋势线可分为 3 类，具体如图 7-6 所示。

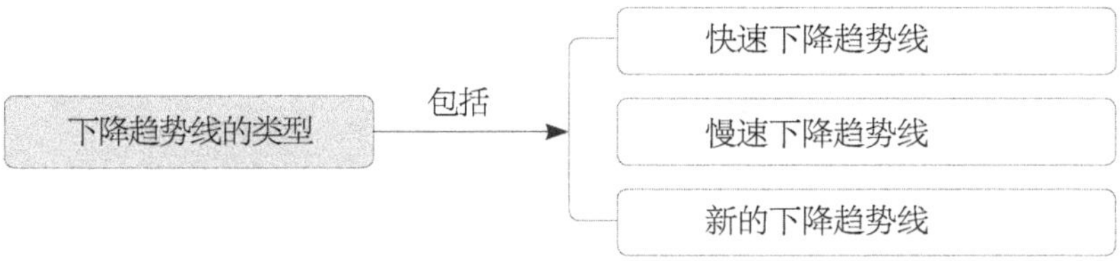

图 7-6 下降趋势线的类型

在市场中出现的下降趋势线，通常是做空的信号，投资者在这种情况下，应该把握时机，及时做空。

1. 快速下降趋势线

快速下降趋势线，即倾斜角度较大、压制价格快速上升的趋势线，它的具体内容如图 7-7 所示。

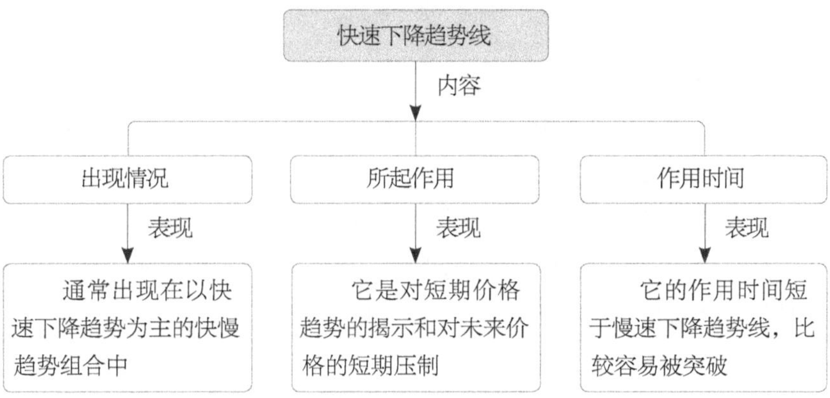

图 7-7 快速下降趋势线的具体分析

虽然在快速下降趋势线之下，很可能迎来价格的快速下降，但因为它的作用时间较短，所以投资者并不需要一看到它就积极地做空。

特别是当它出现在价格总体上升的情况时，虽然价格受到压力很可能出现剧烈下跌，但是这种势头不会持续太长时间，跌了之后必然会回升，并且再次恢复涨势。因此，投资者在此时可以适度进行持筹待涨。

2. 慢速下降趋势线

慢速下降趋势线，即倾斜角度较小、压制价格缓速上升的趋势线，它的具体内容如图 7–8 所示。

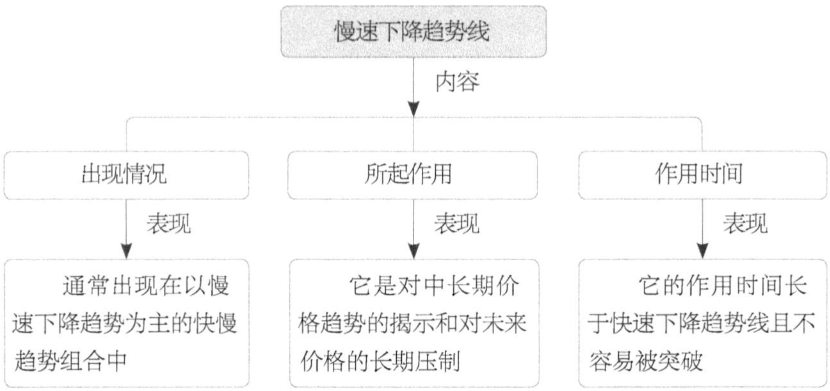

图 7–8 慢速下降趋势线的具体分析

虽然价格处于慢速下降趋势时，价格的跌幅可能不是很大，但它的影响时间是持久的。所以投资者在这种情况下应适时进行减仓，以免造成损失。

3. 新的下降趋势线

新的下降趋势线即在原有的下降趋势线被突破的情况下，根据实际情况重新绘制的下降趋势线。

投资者需要注意的是，虽然在新的下降趋势的压制之下，价格的下跌幅度比较小，但是价格将维持一段时间的下跌，而且可能创出新的低点，所以投资者应该进行适度的减仓，甚至是平仓，而不宜持仓观望。

7.2 利用趋势线分析 K 线图

利用趋势线分析K线图是趋势分析在大宗商品现货交易中的主要应用手段，也是投资者在学习趋势线相关知识的重点内容。下面就将通过实例为大家介绍 5 种实用性强的趋势分析技巧。

7.2.1 上升与下降趋势线分析

上升与下降趋势线的基本知识前面的内容已有了足够的说明，下面就将直接介绍上升与下降趋势线的应用实例。

【案例分析】镍的日线出现慢速上升趋势线

在运用上升趋势线指导做单之前，需要先有一条可以参照的上升趋势线。在图 7–9 中连接 A、B 处附近的明显低点就可以得到一条上升趋势线（即图 7–9 中的快速上升趋势线）。

上升趋势线又是可以被突破的，突破之后就需要根据同样的方法，寻找合适的点，及时画出新的趋势线（即图中的慢速上升趋势线）。

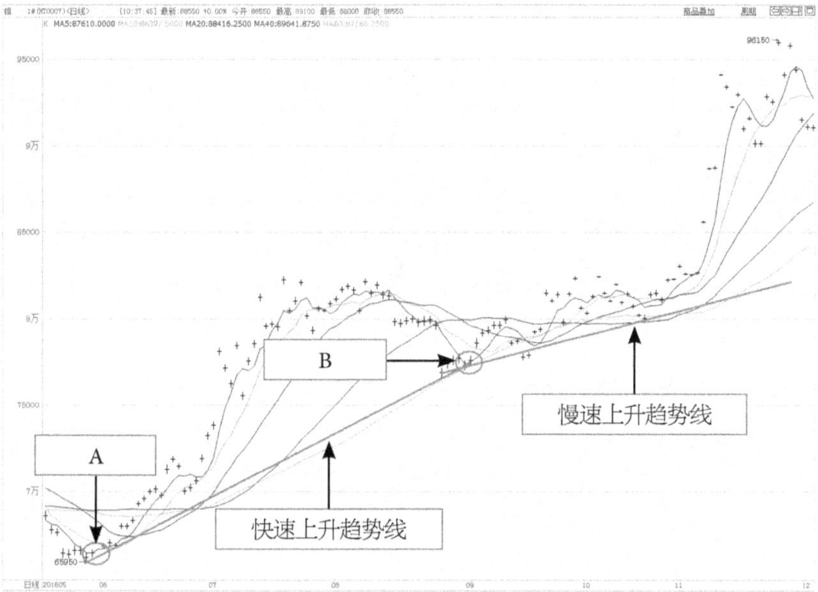

图 7–9 镍的日线图

投资者从图 7–9 中可以看出，镍的价格在经过一段时间的下跌之后，在 A 处附近已经见底，随后就开始了总体的持续上涨，一直到 B 处附近才再次见底，并跌破快速上涨趋势线。因此，从 A 处开始到 B 处附近，这条快速上升趋势线对镍的价格是有支撑作用的。

投资者知道了快速上升趋势线的支撑作用之后就可以运用它进行做单了。具体来说，在 A 处附近，投资者可以适度观望，如果价格触底上升，就需要考虑上升趋势线的支撑作用，及时进行适度的做多。

当然，在做多的同时，也要对快速上升趋势线的持续时间有所把握，应逢高适度做空，而不宜过分地持仓观望。因为快速上升趋势线的作用时间比较短，镍的价格在上涨了一段时间之后，很可能迎来价格一定程度的下跌。

镍的价格在B处附近再次见底，并在上涨中，突破了原先的上升趋势线。此时投资者需要绘制新的上升趋势线，并参照新的上升趋势线做单。

从图7-9不难看出，新的上升趋势线的倾斜幅度明显小于原先的上升趋势线，所以，相比之下，新的上升趋势线的上升速度要慢一些。也就是说，如果原先的上升趋势线为快速上升趋势线，那么新的上升趋势线相较之下就是慢速上升趋势线了，因此，从B处附近开始，投资者应该参照慢速上升趋势线的相关知识进行做单。

镍的价格在B处附近见底后，开始了缓速上涨，并突破了原先的上升趋势线，因此，在绘制新的上升趋势线的同时，投资者此时应该考虑慢速上升趋势线对价格的支撑作用。

慢速上升趋势线对价格具有长期的支撑作用，因此从B处附近开始，镍的价格将开始较长时间的上涨，虽然上涨幅度不是很大，但是持续时间较长，因此投资者在此时可以适度进行做多，然后持筹待涨即可获得一定利润。

【案例分析】棕榈油 1802 的日线出现慢速下降趋势线

在运用下降趋势线指导做单之前，也需要先有一条可以参照的下降趋势线。下降趋势线的绘制方法为：只需找到下降趋势中的两个明显高点将其用一条直线连接起来即可得到一条下降趋势线（即图7-10中的快速下降趋势线）。

同样的，下降趋势线也是可以被突破的。突破之后的趋势线就没有了参考的价值，所以，在这种情况下，投资者需要重新绘制一条趋势线，具体如图7-10所示。

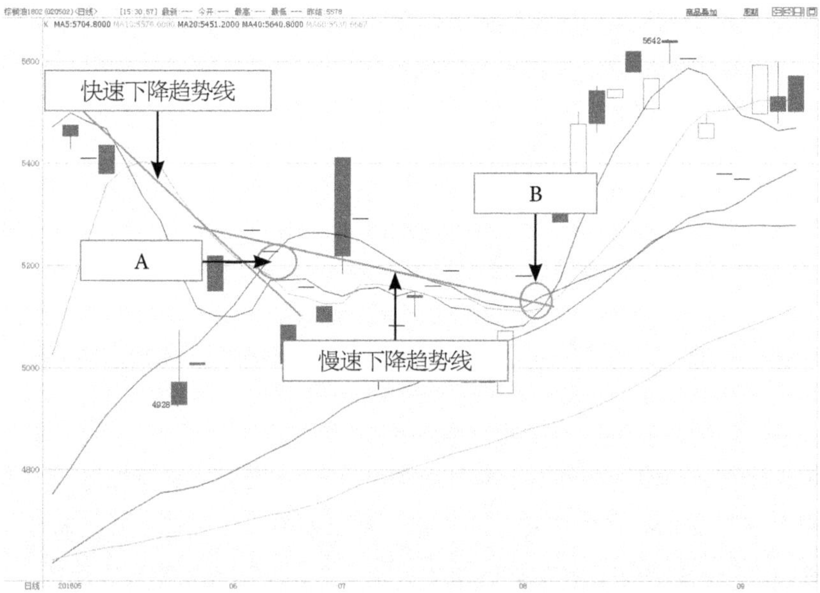

图 7-10 棕榈油 1802 的日 K 线图

从图 7-10 中可以看出，棕榈油 1802 的价格在 A 处之前的阶段，虽然有一定波动，但是总体趋势是下降的。因此，在此阶段中，投资者应充分考虑下降趋势线对价格的压制作用，宜逢高及时进行做空，而不应采取持仓观望的策略。

棕榈油的价格从 A 处开始又经过了一段时间的下跌之后，开始了触底反弹，并于 B 处附近突破了慢速下降趋势线。此时投资者应该看到价格迎来了新一轮的上涨趋势，慢速下降趋势线的作用失效，新的快速上升趋势线或将取而代之，对价格起到支撑作用。因此，投资者应该把握好机会，适度做多，持筹待涨。

7.2.2 压力支撑线分析

通过上面的学习，相信投资者对压力线和支撑线已经有了一定的认识。可以说压力线和支撑线与价格的关系更像是驯兽师和兽的关系，它们在很大的程度上影响了价格的未来走向，其对于投资者的重要性不言而喻。

【技巧解析】压力支撑线的作用

支撑线，也称之为抵抗线，即商品价格下降至某个价位附近时，可能因为多方的积极买进而使得价格止跌，甚至是迎来价格的一定回升。而这个可能对价格的下跌起到阻止或是暂时阻止作用的位置，即是支撑线所处的位置。

支撑线的作用主要有以下两点，如图 7-11 所示。

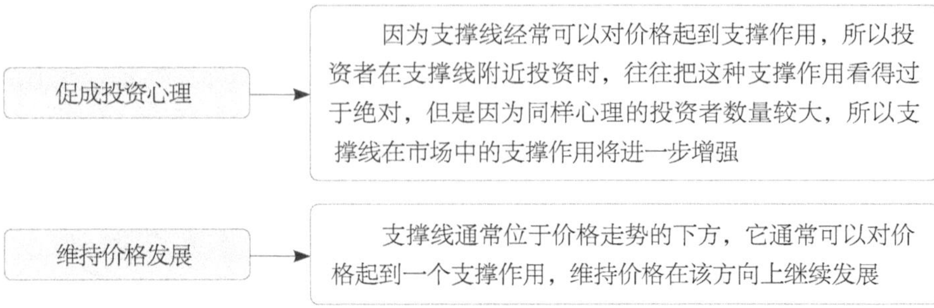

图 7-11 支撑线的作用

压力线，也称之为阻力线，即商品价格上涨至某个价位附近时，可能因为空方的大量卖出而引起价格的止涨，甚至是迎来价格的一定回落。而这个可能对价格的上涨起到压制或是暂时压制作用的位置，即压力线所处的位置。

投资者需要特别注意的是，支撑线和压力线终会有被突破之时，一旦被突破了，它们所起的作用将被弱化，也就没有了太大的参考价值。

与支撑线相对的，压力线的作用也表现在两方面，如图 7-12 所示。

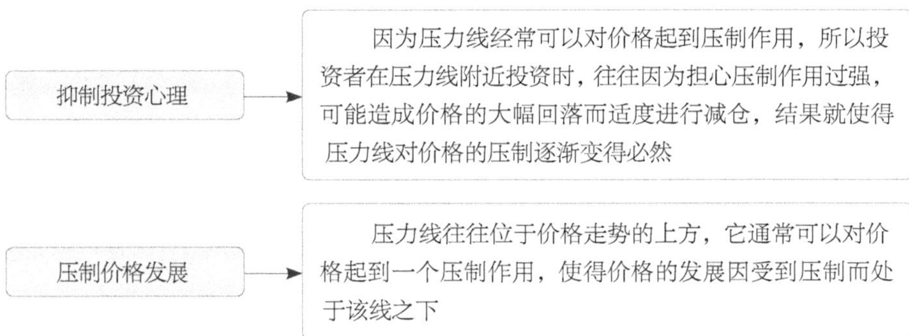

图 7-12 压力线的作用

【案例分析】镍的日 K 线图形成压力支撑线

支撑线和压力线绘制的重点也在选点上。具体来说，支撑线就是选择两个明显低点，连接之后形成的直线；而压力线则是在选择两个相对高点之后，通过连接这两个点形成的直线，具体如图 7-13 所示。

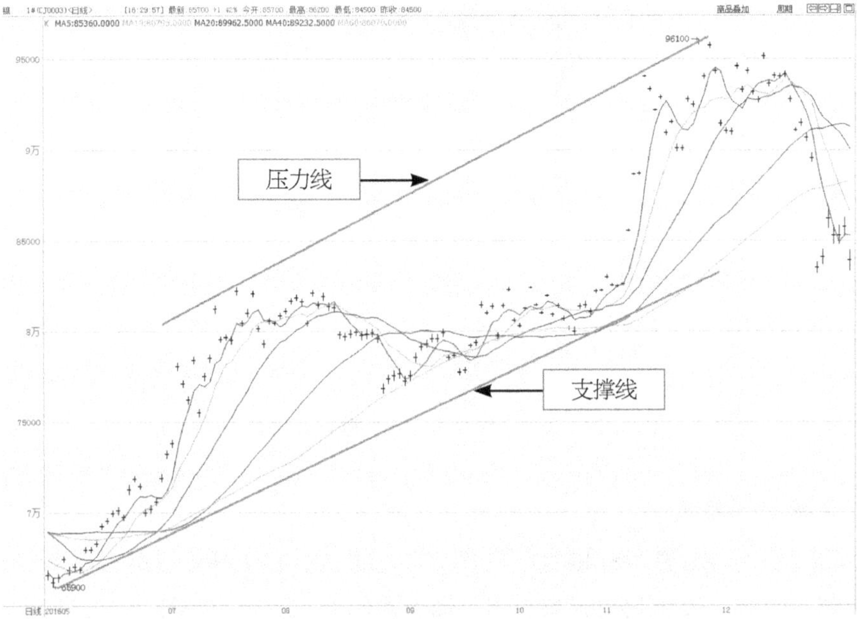

图 7-13 镍的日 K 线图

从图 7-13 中可以看出，压力线和支撑线分别位于价格走势的上方和下方，而且这两条线接近于平行。这也就是说价格处于支撑和压制的双重作用之下，两条线之间的空间很可能就是价格的运行空间。

当然，压力线和支撑线是可以被突破，并且必然会被突破的。但是在其中一条线被突破之后，并非就没有了价值，而是可能会转变性质之后继续存在。例如图 7-13 中的压力线被突破之后，它很可能会成为一条支撑线，相反的，图中的支撑线如果被突破了，也可能会成为一条压力线。

【技巧解析】支撑线和压力线突破与否的依据

因为支撑线和压力线对投资者的投资至关重要，所以对它们是否会被突破，投资者需要进行一些预测。而要判断支撑线和压力线是否会被突破，主要有 3 点依据，具体如图 7-14 所示。

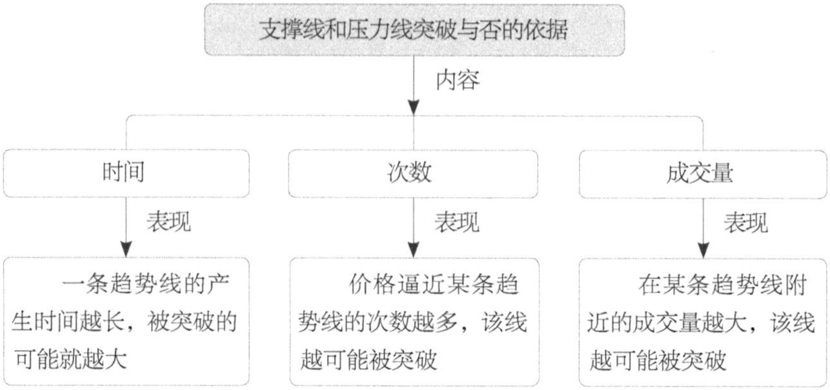

图 7-14 支撑线和压力线突破与否的依据

7.2.3 通道线分析

其实单独的通道线所起的作用并不大，它之所以能够给投资者提供参考，很大的一部分应该要归功于与它组成通道的趋势线。通道线加上相应趋势线的组合的神奇之处就在于，看上去更像是它主动把价格关在了这个通道内。

通道线，也称之为管道线。它是在趋势线的基础上，在趋势线的相反方向绘制的一条和趋势线平行的直线。因为由这两条趋势线组成的趋势线组合将价格走势夹在中间，形状又与通道相似，故而得名。

通道线的作用主要表现在 3 个方面，具体如图 7-15 所示。

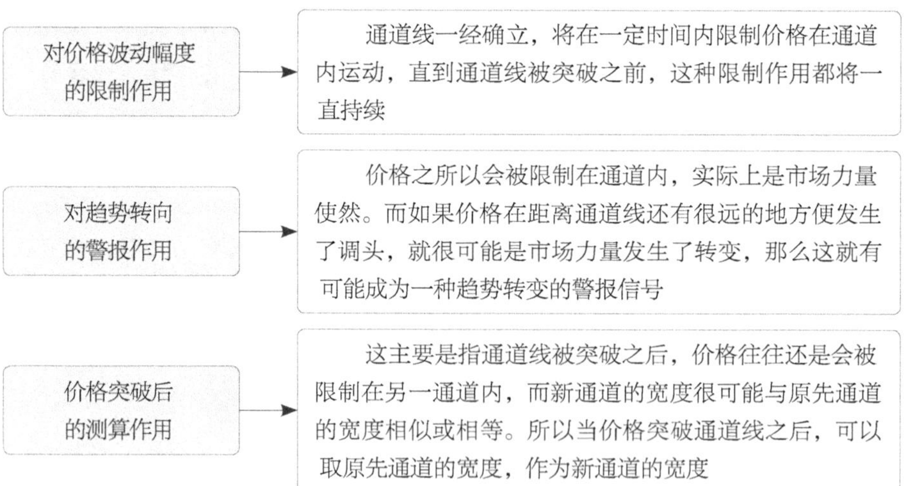

图 7-15 通道线的作用

【案例分析】铝锭的日线在通道线内缓速上涨

通道线对投资者的参考主要体现在它与趋势线组成的通道对价格起到的限制作用，因此在绘制通道线之前，先要确立好趋势线，然后在趋势线的基础上得出通道线，具体如图 7-16 所示。

图 7-16 铝锭的日线

从图 7-16 中可以看出，在通道线被突破之前，铝锭的价格是处于趋势线和通道线组成的通道之内缓速上涨的。因此，投资者可以将通道线的这一特性，运用到交易行为当中，适当地对铝锭做多，然后进行持筹待涨即可。

通道线是可以被突破的，而且因为通道线的支撑和压力作用比较有限，所以当价格突破通道线之后，虽有可能会再次回到通道内，但更大的可能是出现价格的剧烈波动。如在图 7-16 中，投资者就可以很清晰地看到价格在突破通道线之后快速上涨。

所以，当价格突破通道线时，投资者需要根据接下来的行情进行具体分析，如果价格突破通道线之后在短期之内没有再次回到通道内，就需要把握好时机，迎接接下来可能出现的价格剧烈变化的情况。

7.2.4 黄金分割线分析

部分投资者对黄金分割线的理解可能更多地限制在数学和美学方面，却不知道它也是现货市场的主要分析手段之一，能够为投资带来意想不到的效果。

黄金分割最早出现于数学领域，13 世纪时一位名叫法布兰斯的数学家在他的书中提到了一组奇异的数字组合，即 1、2、3、5、8、13……

这一组数字从第 3 个数开始，任何一个数字都是它前面两个数的和值，如 1 + 2 = 3，2 + 3 = 5，并且相邻的两个数，前一个数与后一个数的比值接近于 0.618，而后一个数与前一个数的比值又接近 1.618。

也正是因为这些原因，这组数字被称为神秘数字，数字间的神秘比例——0.618，就被称为黄金分割率，而以黄金分割率绘制的直线也就成了黄金分割线。

【技巧解析】黄金分割线的绘制方法

黄金分割线的绘制方法比较简单，如图 7-17 所示，具体如下。

（1）1 单击在分析软件中的“画线功能”按钮。

（2）2 单击在画线工具一栏中的“黄金分割线”选项。

图 7-17 黄金分割选项

（3）在价格走势图中选择一个具有代表性的点，如果现货上涨，就用鼠标左键单击一个有代表性的高点，然后按住鼠标左键，拖动鼠标至需要参照的低点，松开鼠标左键就可以看到系统自动生成的黄金分割线，具体如图 7-18 所示。

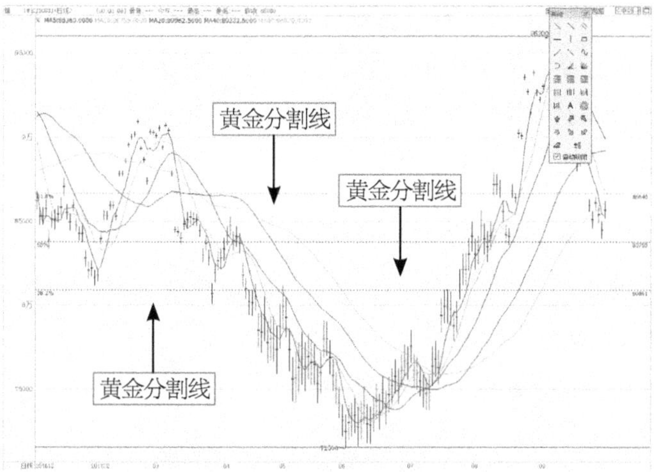

图 7-18 镍的日线

因为黄金分割线体现的是回调和反弹的强度，是在价格上涨或价格下跌时的一种呈现，所以接下来就分别从价格上涨和下跌这两种趋势，探讨黄金分割线在实战中的具体运用。

【案例分析】螺纹赤峰的日线价格呈上涨趋势

如果价格呈现总体上涨的趋势，却在某些时段被回调至黄金分割线的关键位置，那么根据价格的总体趋势，这些位置很可能会成为一个价格反弹的关键点，投资者应该积极做多，如图 7-19 所示。

图 7-19 螺纹赤峰的日线

从图 7-19 中可以看出，螺纹赤峰的价格处于总体上升的趋势中，但是出现了局部回调到黄金分割线的关键位置的情况，如 A、B 两处。

这种回调位置的确立，很可能是一种价格见底、即将触底反弹的信号，所以投资者在这种情况下应该把握机会，积极做多，持筹待涨。

【案例分析】铜的日线价格呈下跌趋势

如果价格呈现总体下跌的趋势，却在某些时段被反弹至黄金分割线的关键位置，那么根据价格的总体趋势，这些位置很可能会成为一个价格回调的关键点，投资者应该及时做空，如图 7-20 所示。

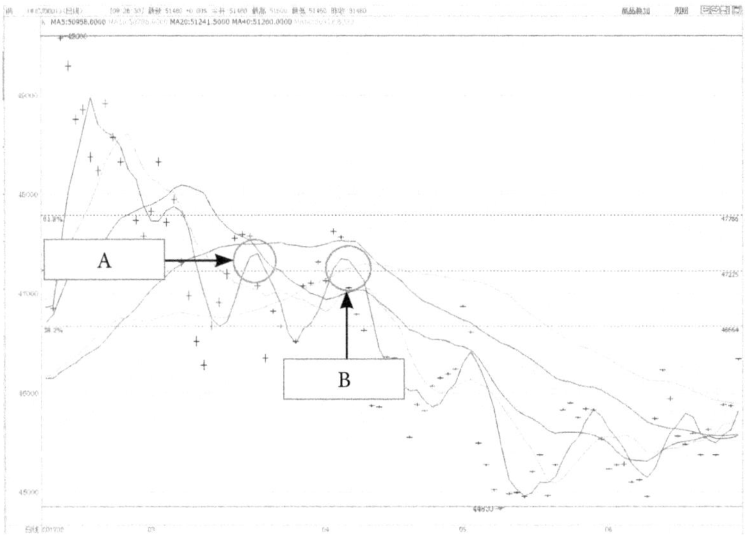

图 7-20 铜的日线

从图 7-20 中可以看出，铜的价格很明显是处于总体较快下跌的趋势中，但是出现了局部反弹到黄金分割线的关键位置的情况，如 A、B 两处。

这种回调位置的确立，通常不是一种趋势转变的信号，而是一种回调结束，将要恢复下跌趋势的信号。所以针对这种情况，投资者应该把握住机会，及时进行做空，以免新一轮的价格下跌给自己带来更大的损失。

7.2.5 百分比线分析

百分比线虽与黄金分割线不尽相同，但却也同样具有神奇的力量，投资者根据它甚至可以实现一眼做单。百分比线是结合百分比率的原理对商品的前一次涨跌过程进行直观分析。它是将某一时段中价格波动的相对高点与低点之间的涨跌幅以 1/8、2/8、1/3、3/8、4/8、5/8、2/3、6/8、7/8、8/8，这 10 个比率生成的百分比线。

在上述 10 个比率中，最重要的是 4/8，其次是 1/3、3/8、5/8、2/3，这 5 条线可以对商品的价格起到一定的支撑和压力作用。然而，有些奇特的是，这 5 条重要的百分比线又通常处于黄金分割线附近，甚至直接与黄金分割线重合。

值得一提的是，虽然百分比线与黄金分割线在位置上通常相近，但它们还是有着一些不同。这主要体现在黄金分割线的理论来源是一组具有神秘色彩的数字，而百分比线的出发点则是投资者的投资心理。

这更多地表现为投资者对价格变化幅度的一种预期。具体来说，当价格变化幅度还没到 1/3 时，投资者往往认为还有进一步加大的可能；当价格变化幅度接近 4/8 时，投资者通常会因为达到预期而适当撤场；而当价格变化幅度达到 2/3 时，投资者一般会认为这已经达到了价格变化的一个较高点，接下来价格很可能向反方向发展。正是因为投资者对于价格变化产生的心理变化，带动价格朝着预期的方向发展，使得这些重要的百分比线对价格具有了一定的支撑和压力作用。

【技巧解析】百分比线的绘制方法

百分比线的绘制与黄金分割线的绘制基本相同，在绘制时可以参照黄金分割线的绘制方法，具体如下。

（1）在分析软件中找到画线功能。

（2）在画线工具栏中找到“百分比线”选项，并单击，如图 7-21 所示。

（3）在价格走势图中选择一个具有代表性的点，如果现货上涨，就用鼠标左键单击一个有代表性的高点，然后按住鼠标左键，拖动鼠标至

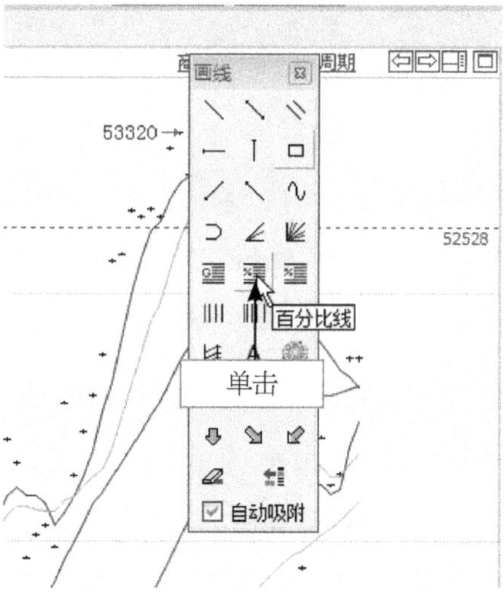

图 7-21 点击“百分比线”选项

需要参照的低点，松开鼠标左键就可以看到系统自动生成的百分比线。

【案例分析】铝的价格出现新一轮的较大幅度的上涨

投资者运用百分比线进行做单，最重要的就是把握好上面提到的5条重要的百分比线。当现货价格处于总体上升的趋势中时，如果价格回落至这5条重要百分比线的附近，就很可能是一个做多的信号，具体如图7-22所示。

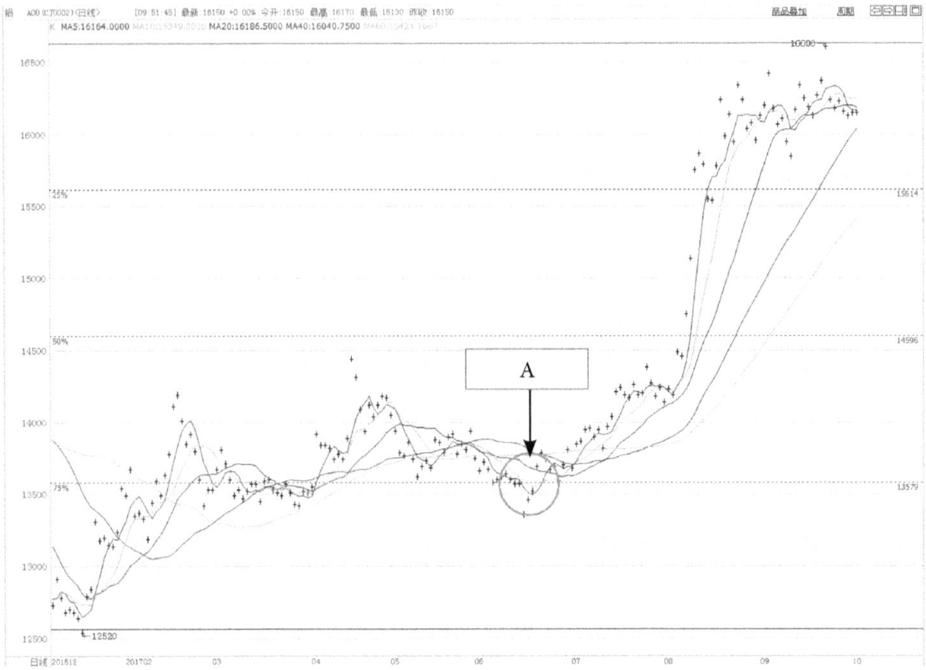

图7-22 铝的日线

从图7-22中可以看出，铝的价格在经过一轮上涨之后，回落至A处附近，而A又位于百分比线的75%附近。所以接下来价格很可能出现新一轮的较大上涨，投资者应该把握良机，及时进场做多，持筹待涨。

【案例分析】铜的日线发出做空信号

相反的，如果现货价格处于总体下降的趋势中时，反弹至这5条重要百分比线的附近，则很可能是一个做空信号，具体如图7-23所示。

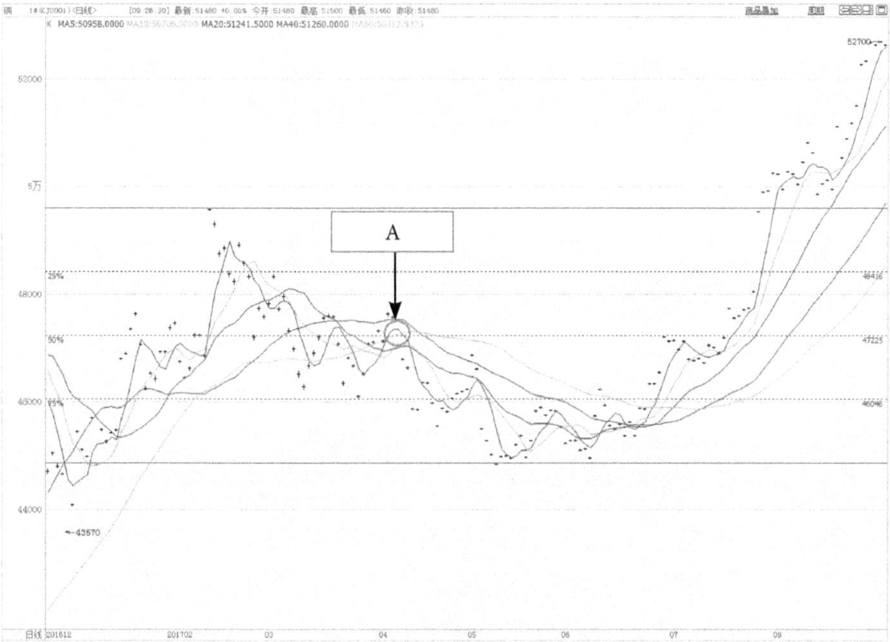

图 7-23 铜的日线

从图 7-23 中不难看出，铜的价格在前期大幅下跌之后，迎来了一定的反弹，而 A 处又位于百分比线的 50% 处。因此，投资者应该多加注意， A 处已是一个相对的高点，价格可能即将触顶回落，宜及时进行做空。

7.3 趋势分析时的注意事项

虽然趋势分析能在投资者做单过程中起到参考作用，但是因为其自身原因，投资者在实际操作中运用它时，还有几点需要注意，以免被其误导。下面就将介绍 5 点在使用趋势分析手段时的注意事项。

7.3.1 合理绘制趋势线

在选点绘制趋势线时，投资者要充分考虑所选取的点的代表性，不能随便选两个点就把它们连接起来当作趋势线。同时，所绘制的趋势线的倾斜度不宜过大，因为这种趋势线很容易因为被突破而失去参考价值。

7.3.2 及时修正趋势线

趋势线难免有被突破的时候，一旦被突破了也就失去了参考价值。此时，投资者需要重新绘制趋势线，而不宜参照原先的趋势线进行操作。

7.3.3 趋势线的使用铁律

趋势线的使用有一定的原则，投资者掌握了这些原则之后，可以很轻松地根据趋势进行做单。具体来说，趋势线的使用原则如下。

（1）如果价格跌破了上升趋势线，很可能是一个卖出信号，投资者应该及时做空；反之，在价格没有跌破上升趋势线之前，上升趋势线将对价格起到一个支撑作用，价格将总体上涨，投资者可以适度做多。

（2）如果价格突破了下降趋势线，很可能是一个买入信号，投资者可以根据实际情况进行做多；相反的，在价格没有突破下降趋势之前，下降趋势线将对价格起到一个压制作用，导致价格总体上下跌，投资者宜逢高做空。

（3）一种现货在同一趋势方向上运行的时间越长，就说明该趋势和该趋势对应的趋势线越可靠。

（4）趋势线的倾斜角度越大，表示价格的波动幅度越大，而该趋势线起作用的时间越短；而如果一条趋势线的倾斜角度较小，则表明价格的波动幅度相对较小，而趋势线的作用时间将相对较长。

7.3.4 使用通道线的注意事项

虽然通道线可以给投资者一些参考，但是在运用它进行做单时，还有几点需要特别注意，具体如图 7-24 所示。

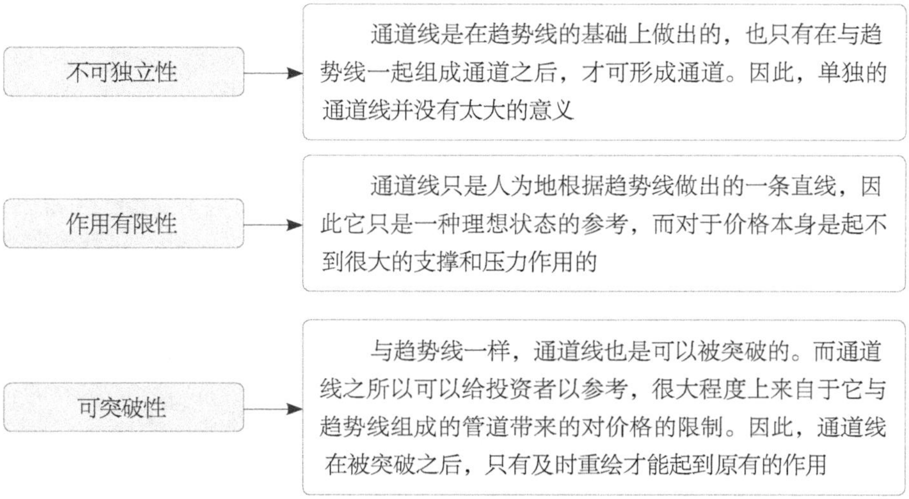

图 7-24 通道线的注意事项

7.3.5 使用黄金分割线的注意事项

投资者在实际操作中运用黄金分割线时，还有两点需要注意。

（1）黄金分割线只是将某一段行情，在走势图上进行的呈现。所以根据投资者选择的不同，会呈现不同的效果。

（2）黄金分割线中需要特别注意的两条线是 0.382 和 0.618，这两条线具有特殊的意义。具体来说，如果价格处于回调中，那么 0.382 线表示的是弱势回调，0.618 表示的是强势回调；而如果价格处于反弹中，则 0.382 表示弱势反弹位，0.618 表示强势反弹位。

第8章

农产品交易入门与实战

学前提示 >>>

许多投资者之所以选择投资现货，很大的原因就是它的涨跌幅度相对较小，更能保持投入资金的安全。而农产品直接关系到国计民生，所以它的价格运行通常要稳于其他种类的现货。

基于这一点，农产品成为众多投资者的第一投资对象。但相对稳定并不代表没有变化，而存在变化，就有了分析的必要。

要点展示 >>>

棉花实例：教你将棉花铺棉被

白糖实例：点点滴滴都是甜头

玉米实例：颗颗饱满获利不远

8.1 棉花实例：教你将棉花铺棉被

棉花作为一种生活必需品，在我们周围四处都有它的影子。也正是因为其广泛地被使用，让它具有了进行现货交易的属性。

棉花原为亚热带农作物，根据其形态的不同可分为粗绒棉（即亚洲棉）、细绒棉（即陆地棉）和长绒棉（海岛棉）等。

棉花的分级方式主要包括品级分级和长度分级，按照这两种分级方式，棉花可分为 33 级，其中，328 为国标标准品，表示该棉花品级为 3 级，长度介于 28 毫米 ~28.9 毫米。

8.1.1 棉花的供需与价格

大宗商品现货产品的交易价格与供需关系可谓息息相关，特别是农产品大宗商品现货，供需关系对其影响更为直接和明显。因此，接下来就将介绍棉花的供需与价格的相关知识。

【技巧解析】棉花国际供需

棉花是一种生活必需品，但是并非所有的地区都有适合棉花生长的环境，正是因为这个原因，让棉花有了一个庞大的国际市场。

全球棉花出口量最大的国家是美国，它的出口量占到了世界出口总量的五分之一。除美国之外，乌兹别克斯坦、澳大利亚和希腊也是棉花的出口大国。

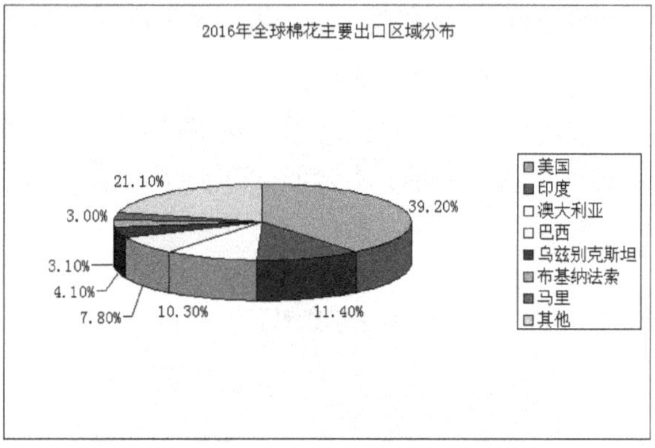

图 8-1 2016 年全球棉花主要出口区域分布

根据数据显示，2016 年度世界主要的出口国家和地区如图 8-1 所示。

有卖自然就有买，全球棉花进口量较多的国家主要有中国、墨西哥、土耳其、巴西和俄罗斯等。

根据数据显示，2016 年度世界主要的进口国家和地区如图 8-2 所示。

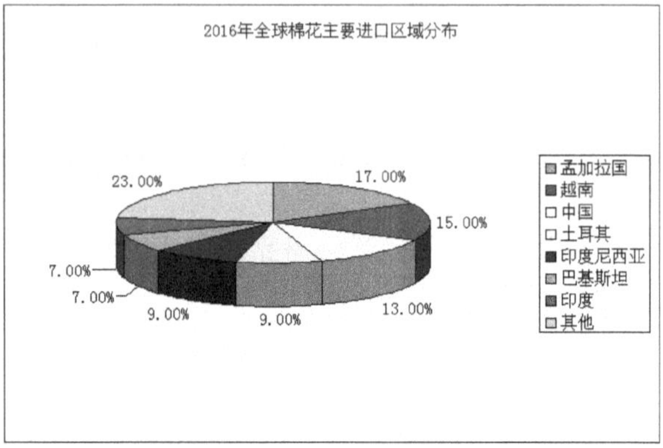

图 8-2 2016 年全球棉花主要进口区域分布

可以说，棉花的进出口数量虽大，但却主要集中在少数大国之间，这也就使得这些大国的一举一动都深刻地影响着棉花价格的走势。

【技巧解析】棉花国内供需

我国幅员辽阔，有大面积适宜棉花生长的环境，并育有五大商品棉基地：冀中南鲁西北豫北平原、长江下游滨海沿江平原、黄淮平原、江汉平原和南疆棉区。

依托这五大商品棉基地，我国成了最大的棉花生产国，但是因为人口数量庞大，国内棉花市场常处于供不应求的状态。为了更好地满足国内的需求，从国外进口成了一种必然，而由于进口数量巨大，我国棉花的采购往往又会给整个棉花市场带来一些波动。

可以说，作为世界上最大的棉花消费国，我国对于整个棉花市场的影响是显而易见的，无论是需求增大、增加进口，还是需求萎缩、减少进口，都可能直接造成棉花价格的剧烈波动。

【技巧解析】价格影响因素

影响棉花价格的因素有很多，包括供需关系、美元走势、区域经济、会议、政策等，这其中投资者最需要关注的还是棉花的供需关系。具体来说，就是要看清棉花市场是处于供过于求的卖方市场，还是处于供不应求的买方市场。当然在分析供需关系的同时，应结合具体情况，例如不同的季节，棉花需求量会有一些不同等；再如，可能因为某些重要棉产区生产量的变化，造成整个供给关系的倾斜等。

8.1.2 棉花实战解析

投资者在进行棉花现货投资时，除了特别关注棉花现货的相关信息之外，还需要及时关注美元走势和棉花期货的走势。

关注美元是因为现货是用美元计价的，它可以直接影响现货价格。而关注棉花期货的走势，则主要是因为期货往往作为现货的未来预期而存在，它可以给投资者指明短期投资方向。

【案例分析】棉花华东的日 K 线图

在交易软件中，通常会将棉花现货细分为几个品种，例如在博易大师版中就有“棉花新疆”和“棉花华东”两个品种。图 8–3 所示为棉花华东的日 K 线图。

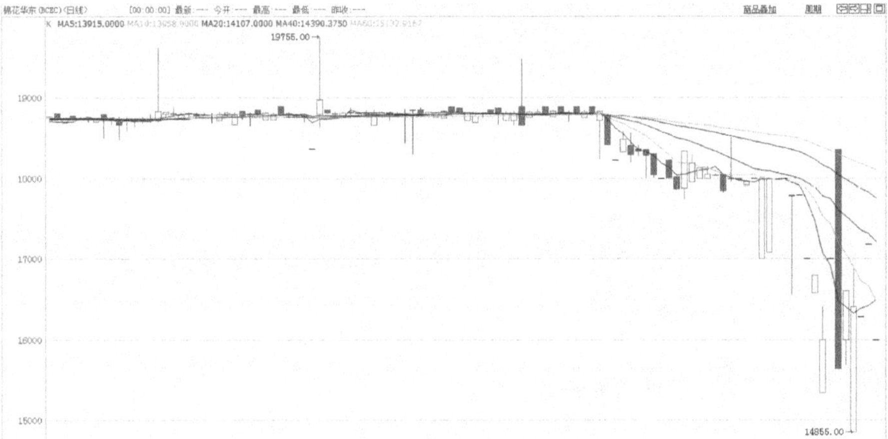

图 8–3 棉花华东的日 K 线图

从图 8–3 中可以看出，棉花华东的前期价格持续小幅波动，在该时段，趋势不是很明显，投资者可选择进行观望；但是到了后期，K 线图中出现了一条吊颈线，价格随之出现回落。此时，做多的投资者需警惕，价格可能进一步回落，应及时抛盘出场；而做空的投资者则应该把握住这个机会，于此时入场做空，坐等价格下跌。

8.2 白糖实例：点点滴滴都是甜头

说起白糖，人们可能更多地想到它从舌尖传来的幸福感。其实除了吃之外，它还有许多用途，例如作为一种现货投资的方式等。

8.2.1 白糖的 3 种分类标准

根据不同的标准，白糖可分为不同的种类，其具体分类如图 8-4 所示。

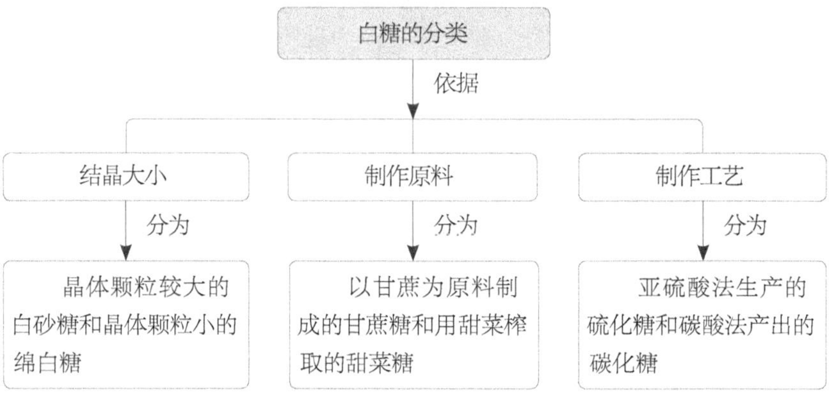

图 8-4 白糖的分类

8.2.2 白糖的供需与价格

与棉花一样，同属为农产品大宗商品的白糖的供需关系也对其价格影响巨大。下面就将介绍白糖的供需与价格的相关知识。

【技巧解析】白糖国际供需

白糖的进出口仍旧主要集中在少数的国家和地区，而出口量前三的国家则分别是巴西、泰国和印度，其中巴西这一个国家的白糖出口量在 2015 年的世界糖出口份额中甚至就达到了 44%，如图 8-5 所示。

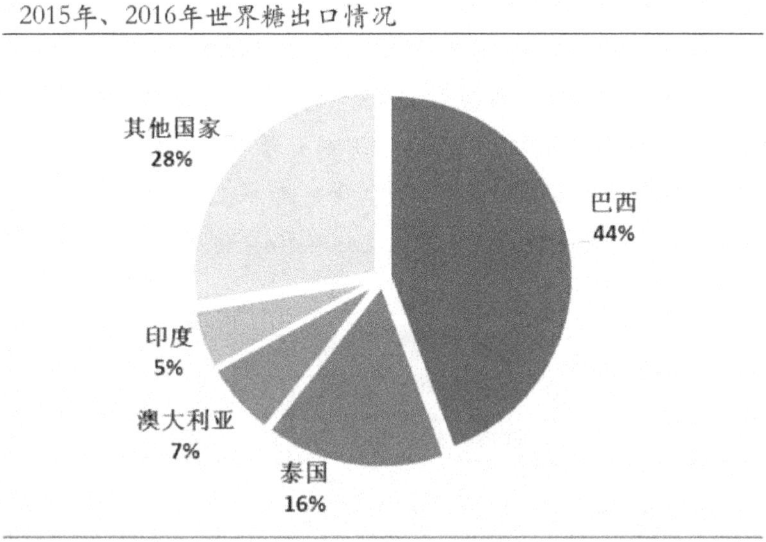

图 8-5 2015 年、2016 年世界糖出口情况

而在需求方面，印度、欧盟和中国分居世界白糖消费量前三位，其中印度 2015 年因为产量锐减，由出口国变成了净进口国，但是 2016 年，印度白糖产量表现仍旧不佳，进口似乎已经成了必然。

从国际来看，随着印度等国家白糖产量的一再减少，白糖产量 2016 年进入减产的第 3 年，白糖价格可能在新榨季创下新高。

【技巧解析】白糖国内供需

我国既有适合甘蔗生长的南方地区，也有适合甜菜生长的北方地区，白糖产量位于世界前列，但是因为人口数量巨大，我国白糖消费量已居于世界第 3 位，白糖依然需要进口。

但是，作为一个白糖进口大国，2016 年我国的进口量与往年相比有所降低，2016 年 1 月至 10 月我国食糖进口量总计 272.49 万吨，同比减少 136.87 万吨，降幅为 33.4%，其中，10 月进口量为 11 万吨，远低于市场预期的 15 万吨，白糖市场也因此出现了一定的价格波动。

【技巧解析】价格影响因素

影响白糖价格的因素有很多，其中较为重要的因素主要包括气候、季节和替代品等方面。

作为制糖原料的甘蔗和甜菜等的产量深受气候的影响，这一点在甘蔗的生产上表现极为明显。甘蔗生长过程中对温度、光照和水量等因素都有一定的要求，干旱、洪涝、低温等天气都可能造成其产量的大幅下降。

白糖的价格通常呈现出季节的变化，这是因为不同季节的白糖供给量会有所不同。如我国的蔗糖榨取时间为集中在每年 10 月到次年 4 月，在此期间，白糖供应量一定增加，价格下跌成为必然。

白糖的主要用途是作为甜味的调味剂，在这一点上有几种产品完全可以成为它的替代品，如糖精、淀粉糖和甜蜜素等。这些产品的使用使白糖的市场份额一定程度上减少，进而对白糖的供求和价格造成了一定的影响。

8.2.3 白糖实战解析

交易所中，通常是按晶体大小将白糖分为白砂糖和绵白糖两类。下面就将以白砂糖的日 K 线图为例，为大家分析白砂糖交易实战。

【案例分析】白砂糖的日 K 线图

图 8-6 所示为一幅白砂糖的日 K 线图。

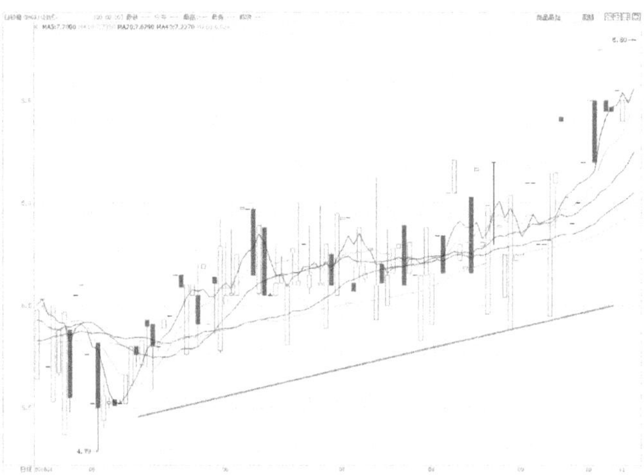

图 8-6 白砂糖的日 K 线图

从图 8-6 中可以看出，白砂糖的价格虽有一定的波动，但是在上升趋势线的支撑下呈现出明显的上涨趋势，并且图中大阳线数量巨大，这说明后市价格上涨的可能性较大。所以，如果价格保持在趋势线上方，投资者可以考虑逢低做多，并长期持有，持筹待涨，坐等价格上涨。

8.3 玉米实例：颗颗饱满获利不远

玉米除了作为粮食作物之外，还有其他多种用途，也正是因为它的特殊地位，让它在现货市场有了一席之地。

8.3.1 玉米的供需与价格

作为世界三大谷物之一，玉米不管是在国内还是国外的交易市场都是十分被看好的，这从各大交易所都有玉米金融产品就可以看出了。在大宗商品现货市场中，玉米也属于特别受欢迎的一类现货产品。下面就将介绍玉米的供需与价格相关的知识。

【技巧解析】玉米国际供需

在全球三大谷物中，玉米无论是总产量还是平均单产，都处于第一位，其地位不可谓不特殊。美国、中国、巴西和阿根廷是主要的玉米生产国，这四个国家的玉米产量占到玉米总产量的 70%，而玉米的进口量较多的国家则是日本、韩国和墨西哥。

但是从美国农业部分数据来看，自 2001 年以来，玉米的总产量和库存量总体呈现上升趋势，与此同时，玉米的需求近年来出现明显的下滑，使得玉米市场处于供过于求的状态，从整个市场来看，玉米价格可能出现回落。

【技巧解析】玉米国内供需

中国有广泛的适宜玉米种植的土地，玉米种植面积为世界第一，而产量仅次于美国，为世界第二。

近年来随着玉米的丰收和库存的增加，国内玉米市场总体需求趋于饱和，与此同时，2016 年迎来玉米“市场化”的第一年，没有了国家政策的支持，国内市场波动性增强，玉米价格也有了更多的不确定性。

【技巧解析】价格影响因素

影响玉米价格的最大因素是供求关系，除此之外，气候、替代品和政策也可能对它产生一定的影响。

具体来说，气候与产量直接相关，而产量又可能对供求关系产生极大的影响；而替代品的存在，在使得玉米市场份额减少的同时，也让玉米价格的增长大大受限；政策的影响则表现在对玉米价格的支撑和压制上，如2018年中国玉米进入“市场化”，没有了政策的支撑，玉米价格总体呈现一定的下跌趋势。

8.3.2 玉米实战解析

在交易软件中，通常根据玉米的产地对其进行分类。如在博易大师版中就有玉米东北和玉米丹东两个品种。

下面就以玉米丹东为例，为大家分析讲解玉米交易的实战知识和技巧。

【案例分析】玉米丹东的日K线图

图8-7所示为玉米丹东的日K线图。

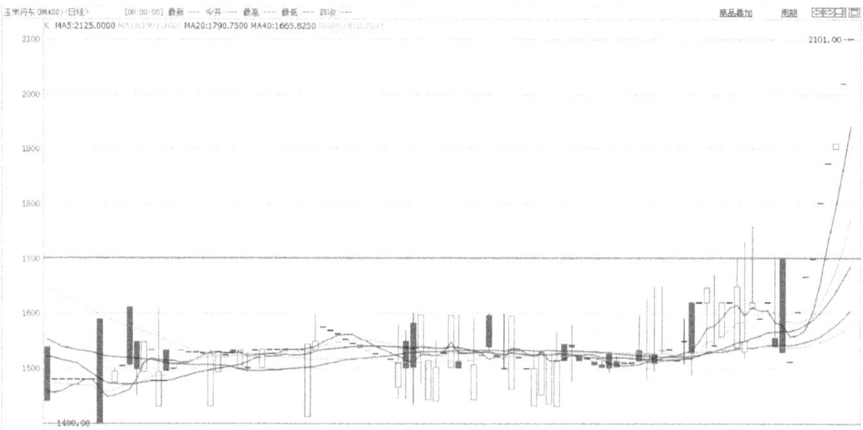

图8-7 玉米丹东的日K线图

从图8-7中可以看出，玉米丹东的价格多在1 400到1 700之间小幅震荡。这种情况下，无论是做多的投资者，还是做空的投资者，都需要多一分保护意识，宜采取“赚了就撤”的策略，进行短期做单。

具体来说，如果价格跌至1 400附近时，做空的投资者宜及时出场，而做多的投资者则可选择在此时入场；反之，当价格涨至1 700附近时，做多的投资者应迅速抛盘出场，而做空的投资者则要抓住机会顺势入场或进行加仓。

当然，也不是说时时刻刻都要采取保护意识，如果价格突破该区间之后，在连续几个交易日内持续一定的趋势，则应按新趋势做单。在图 8-8 中，玉米丹东的价格在后期呈现出明显的上升趋势，此时投资者就应根据实情适度进行做多。

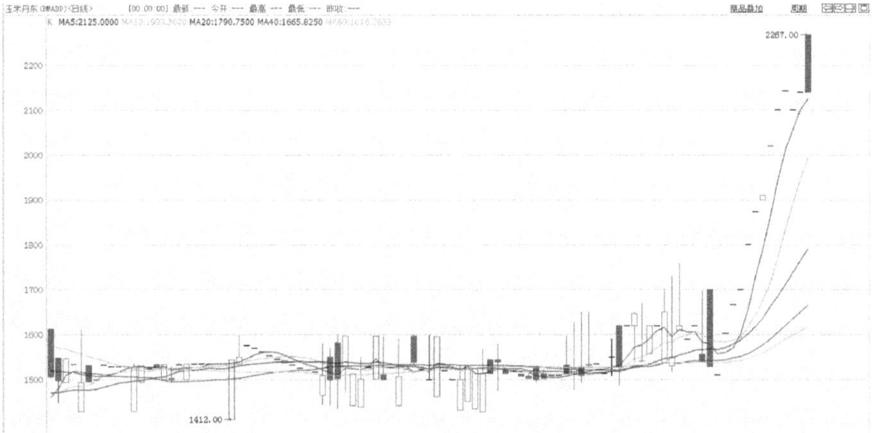

图 8-8 玉米丹东的日 K 线图

第9章 能源品交易入门与实战

学前提示 >>>

与农产品现货品种相比，能源品现货的价格波动空间通常要大得多。这也让能源品现货成了不少投资者的宠儿。

但是高收益就意味着高风险，只有降低风险，才能保证收益。而要降低风险，就需要对市场进行正确的分析。

要点展示 >>>

原油实例：原来到处都是“油水”

动力煤实例：有的只是动力而已

焦炭实例：带来的不仅是热量

9.1 原油实例：原来到处都是“油水”

在接触现货之前，大多数投资者对原油的认识，可能都还停留在它作为一种燃料存在的层面。确实，原油作为世界最主要的燃料之一，在能源市场的地位是独特的。

但是，除此之外，它还有一个身份——现货品种之一。在现货领域，它的身份同样也是特殊的，这从每个现货交易所都有原油这种现货就不难看出了。

9.1.1 初识原油

原油，即从油井中开采的未经加工的石油，也称为“黑金子”。它是一种工业上广泛被使用的棕黑色可燃液体，如图 9–1 所示。也正是因为其在工业上的突出作用，它被称为“工业的血液”。

图 9–1 原油

原油是远古湖泊或海洋中的生物通过漫长岁月在地下深处积淀的混合物，所以不同地区的原油在物理属性和化学属性上通常会呈现出一些不同。

【技巧解析】原油的分类

根据不同的标准，原油往往可以分为不同的种类，其中常见的原油分类方式有 3 种，具体如图 9–2 所示。

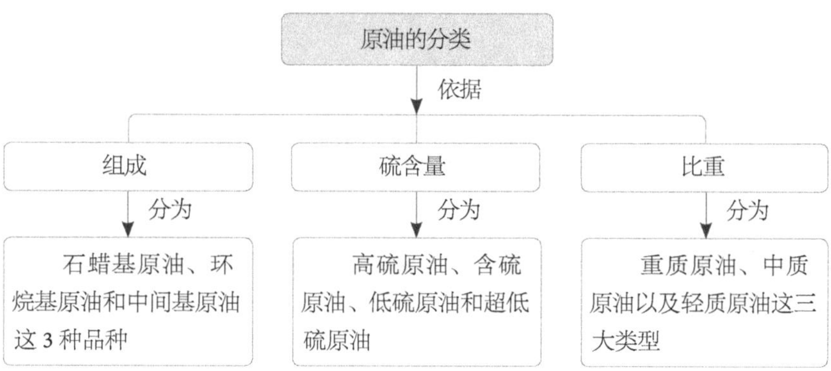

图 9–2 原油的分类

【技巧解析】原油的作用

原油经过加工之后可产生石油原料、润滑剂、石蜡和化工原料等多种产品，这些产品在社会经济的发展中扮演着极其重要的角色，这主要体现在以下几方面。

（1）能源的主要来源

经石油炼制出的汽油、柴油、天然气和煤油，是目前的主要能源提供者，特别是对交通工具燃料的提供。可以说，如果没有原油，这个世界超过半数的交通工具将停止运转，其重要性不言而喻。

（2）保证工业的运行

除了为工业提供燃料之外，原油还为工业提供了广泛的工业合成材料和润滑剂等。它的存在很好地保证了工业的运行。

（3）支援农业的发展

农业生产需要得到多方面的支持，其中原油为农业提供了大量的氮肥、塑料薄膜和机械燃料及润滑剂，由此就不难看出原油对农业发展的支撑作用了。

9.1.2 原油的供需与价格

原油作为现今世界的主要能源之一，长期处于供不应求的情况，所以原油的供需对其价格的影响是非常大的。投资者在准备投资原油类现货产品时，一定要对其供需状况与价格影响因素有充分的了解。

全球原油资源主要集中在两个纬度带，即北纬 20°～40° 和北纬 50°～70° ，其中原油储量较大的国家（或地区）主要是沙特阿拉伯、俄罗斯、伊朗等，如图 9-3 所示。

值得注意的是，中东原油产量占原油总产量的比例逐年上升，它对世界原油的稳定供应可谓至关重要。

而在消费方面，主要的原油消费地区是北美、亚太和欧洲，如图 9-4 所示。主要原油需求增长源是发展中国家，其中表现最突出的是亚洲国家。亚洲不但对原油需求量大，并且需求呈现出逐年上升的趋势，是全球原油的最主要需求源之一。

【技巧解析】原油国际供需

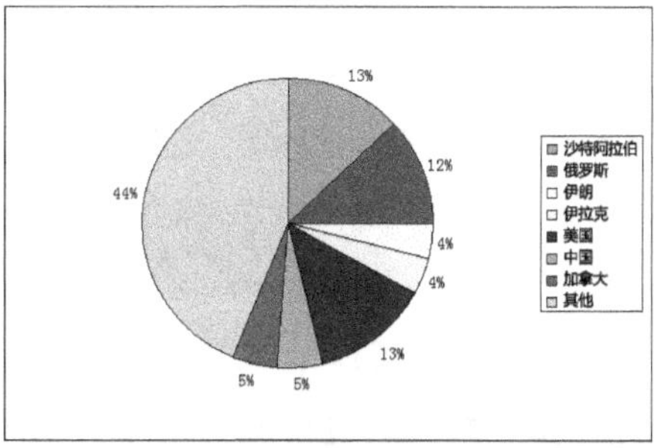

图 9-3 原油储量较大的国家

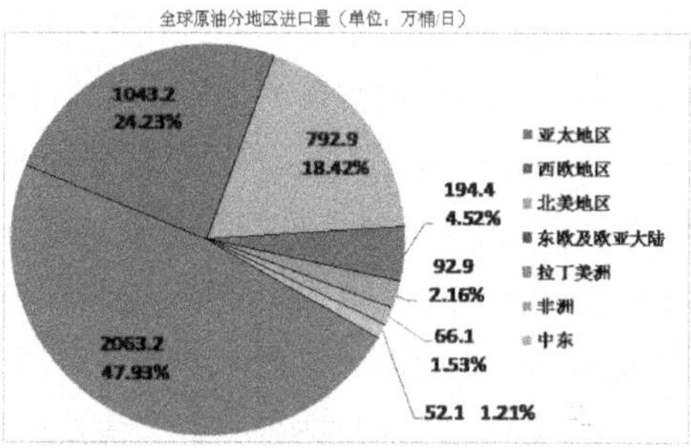

图 9-4 原油消费较大的地区

【技巧解析】原油国内供需

我国原油产量虽处于世界前列，但是因为消费量巨大，国内原油产量仍不能满足本国原油消费，为更好地满足需求，进口成了一种必然。如图 9-5 所示为是我国原油十大进口来源国及各自进口的比重。

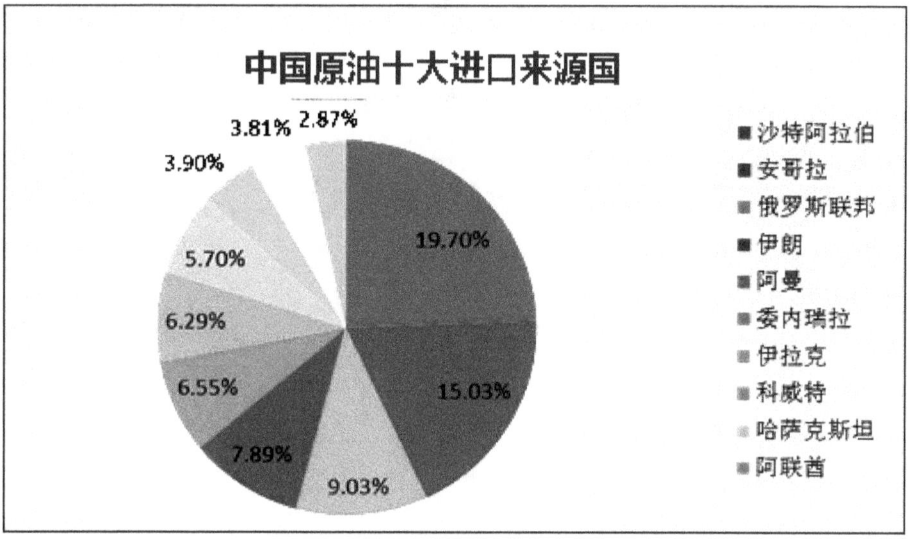

图 9-5 我国原油十大进口来源国

我国原油约有一半依靠进口，已经成了世界最大的原油进口国。也正是因为这种特殊的地位，中国在原油市场的一举一动，都可能激起千层浪，对原油市场的影响不可谓不大。

【技巧解析】价格影响因素

原油作为世界的重要能源，其价格一直受到全世界的普遍关注。影响原油价格的主要因素包括全球经济、国家政策和国际原油进口成本等。

其中需要特别说明的是国际原油进口成本对原油价格的影响。这体现的是价格与需求的互相影响。具体来说，国际原油进口成本的增加，必然造成油价的上涨，而油价的上涨，只能是让原油需求出现萎缩，造成原油的供过于求。而原油的供过于求，又会刺激主要原油供应国降低原油价格以保证原油的输出。而这样一来，国际原油进口成本降低，原油需求必然随之出现增加。

9.1.3 原油实战解析

俗话说“纸上得来终觉浅，绝知此事要躬行”，下面就将以K线图分析为例，为大家讲解原油交易的实战。

【案例分析】原油的日K线图

图9-6所示为原油的日K线图，从该图可以看出，原油的价格在前期表现为持续状态，价格呈现小幅波动。此时，投资者可以看准时机，进行短期收益，也可以选择观望，等出现明显趋势之后再出手。

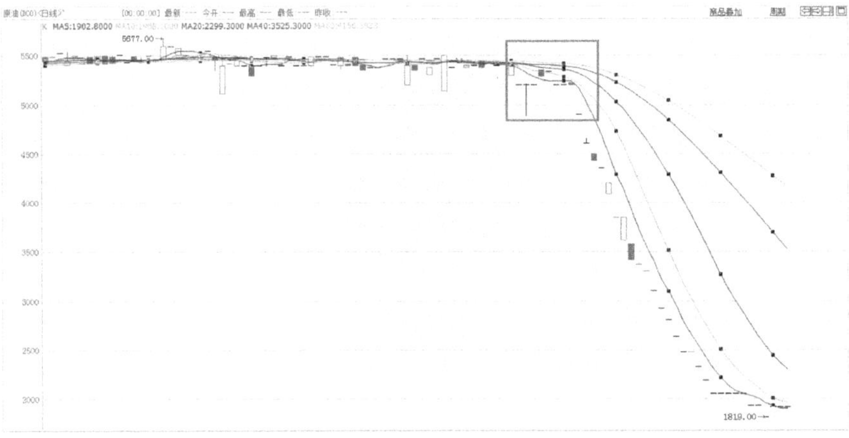

图9-6 原油的日K线图

而当价格来到框选区域时，投资者就要注意了。此时价格出现了一定的回落，而且均线在交叉之后，呈现出了空头排列的形态，这就说明原油价格在接下来的一段时间内很可能继续下跌。所以，此时正确的策略应该是多出空进，及时做单。

9.2 动力煤实例：有的只是动力而已

动力煤，如其名所言，通过燃烧它可以为生产活动带来动力。这也是它作为燃料的价值所在。除此之外，作为一个现货品种，它同样可以提供动力，因为只要投资得当，投资者就可以从动力煤现货的投资中获得一定的利润。

9.2.1 初识动力煤

动力煤，即直接燃烧后可以产生动力的煤炭。

燃料煤的特性包括煤特性（煤燃烧、加工和输送等相关的属性）和灰特性（燃烧后的清洁度、残渣清除难易程度和对金属材料的腐蚀程度的相关属性）。而优质的动力煤通常要求热量高、硫分小于 1.5%，并且灰分低于 15%。

【技巧解析】认识 6 类动力煤

动力煤大致可分为 6 类，如图 9-7 所示。

图 9-7 动力煤的类型

下面就将对上述 6 类动力煤进行一一介绍。

（1）褐煤

褐煤又被称为柴煤，颜色呈棕黑色，没有光泽，介于泥炭与沥青煤之间。

褐煤的化学反应非常强烈，因此燃烧时对空气的污染十分严重，并且其很容易在空气中发生风化，因此也不方便储存和远距离运输。但是由于我国工业化的不断发展，对煤的需求日益增加，使得优质的煤矿产几乎被采空，褐煤如今已成为我国主要使用的煤。

（2）贫煤

贫煤是烟煤的一种，因其加热时不产生胶质体而被称为贫煤，其颜色为灰黑，有一定光泽。

贫煤具有非常好的燃烧性能，发热量高且燃烧持续时间长，因此经常被作为动力燃料或民用燃料来使用。

（3）长焰煤

长焰煤也属于烟煤，但其变质程度为烟煤中最低，贮存时易风化碎裂。

（4）不粘煤

不粘煤是在成煤初期便受到相当程度的氧化作用的低变质到中等变质的烟煤，其燃烧时不软化，为非炼焦煤，该煤种典型的代表有陕西的神木煤。

（5）弱粘煤

弱粘煤是国家煤炭标准中对低煤化程度和低变质程度的烟煤的称谓，其和不粘煤一样也是非炼焦煤，该煤种典型的代表有山西大同煤。

（6）气煤

气煤也是一种煤化程度较低的烟煤，燃烧时火焰短，耐烧，微具黏性，可用作炼焦原料。

专家提醒

褐煤属于矿产煤，而其他 5 类属于烟煤。就煤化程度而言，贫煤的煤化程度较高，是煤化程度最高的烟煤；而褐煤和长焰煤的煤化程度较低，它们分别是煤化程度最低的矿产煤和煤化程度最低的烟煤。

【技巧解析】动力煤的使用途径

动力煤用途广泛，其中年耗煤量超过 1 亿吨的有 4 类，具体如图 9–8 所示。

图 9–8 动力煤的主要用途

9.2.2 动力煤的供需与价格

随着新能源技术的不断发展，动力煤作为对环境污染较大的传统能源，必然会受到新能源的挑战，因此投资者在投资动力煤类现货产品时对其供需和价格的考察要从多方面进行。

【技巧解析】动力煤国际供需

煤炭资源的三大主要分布地区为：亚太地区、欧洲及欧亚大陆和北美洲，主要分布地区如图 9–9 所示。

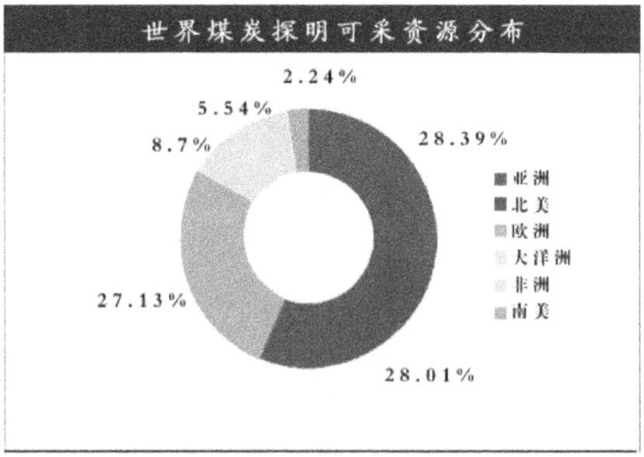

图 9–9 动力煤的主要分布地区

煤炭出口量排名前五的国家为：澳大利亚、印尼、俄罗斯、南非和美国；而进口量较多的国家则为：中国、日本、韩国、印度和英国。

需要特别说明的是，作为一种传统燃料，煤炭因为污染大等特点，日益受到新能源的挑战，而动力煤也不可避免地受到了一些影响。

【技巧解析】动力煤国内供需

我国已探明的煤炭多分布于华北和西北地区，而其他多地则普遍缺乏煤炭资源。这也就使得“西煤东运”和“北煤南运”成了一种必然。

动力煤主要用于电力行业，我国动力煤总需求中有超过 60% 来自于电煤需求，因此，电煤需求的变化方向将在很大程度上影响我国的动力煤需求。

【技巧解析】价格影响因素

市场供需无疑是影响动力煤价格的最主要因素，除此之外，成本因素对动力煤价格的影响也是显而易见的。

动力煤的成本主要包括生产和运输成本，其中生产成本是较为固定的，而运输成本因为与多种因素相关，所以会呈现出一定的变化。但是因为动力煤的数量巨大，运输成本需要占到总成本中的很大一部分，所以运输成本通常可以对动力煤价格产生很大的影响。

9.2.3 动力煤实例解析

在了解了动力煤的相关基础知识后，接下来就将以动力煤的 K 线图为例，为大家讲解动力煤现货交易实战。

【案例分析】动力煤的日 K 线图

图 9–10 所示为动力煤的日 K 线图。从图中可以看出，动力煤的前期价格呈现缓速上升的趋势，甚至在 A 处，K 线图呈现明显的稳步上涨形态，投资者宜适时进行做多，一直持有。

图 9–10 动力煤的日 K 线图

而当价格来到 B 处时，均线表现为多头排列形态，这就说明动力煤价格很可能进一步上升，因此，此时做多的投资者宜适度加仓，持筹待涨。

9.3 焦炭实例：带来的不仅仅是热量

焦炭经过燃烧可提供大量的热量，因此，被广泛运用于高炉冶炼和铸造业等领域中。而作为一种长期存在的现货交易品种，它的投资价值也是显而易见的，只要投资得当，投资者就可从中获得可观的利润。

9.3.1 初识焦炭

焦炭是焦煤干馏后的产物，它是一种质地坚硬、气孔结构广布的银色或黑色不规则块状物体。

焦炭的最主要成分为碳元素，通过燃烧可产生一定的热量，因此，它作为燃料被广泛地运用于冶金和铸造工业中。

【技巧解析】焦炭的分类

焦炭常作为冶金焦存在，而冶金焦通常可分为如图 9-11 所示的几种类型。

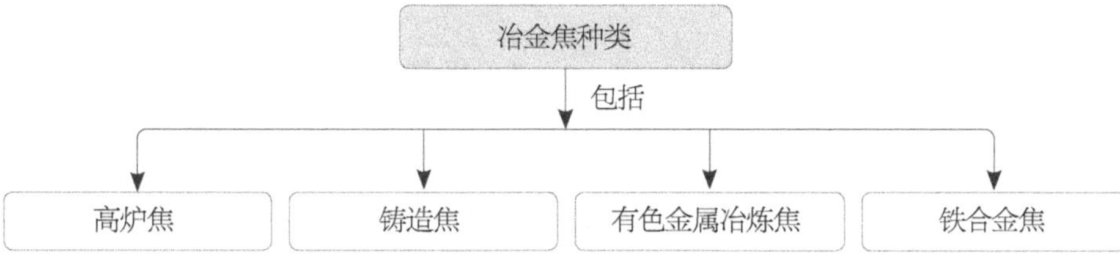

图 9-11 冶金焦的主要类型

专家提醒

冶金焦绝大部分用于高炉炼铁，所以，高炉焦也被称作冶金焦。而铸造焦则被广泛运用于炼铁炉熔铁。

【技巧解析】焦炭的作用

焦炭最主要的用途是冶炼金属，除此之外，在铸造、化工和电石生产等领域也有焦炭的踪影，只是各领域中使用的焦煤呈现出一定的差异。

具体来说，铸造用焦多表现出气孔少、粒度大、含硫低和碳高固定等特点；化工用焦通常是较高灰熔点和反应性好的焦炭；而电石用焦则突出表现为碳含量较高。

9.3.2 焦炭的供需与价格

焦炭作为一种重要的工业原料，其在现货市场也备受投资者青睐。同样，投资者在准备投资焦炭类现货产品时，也一定要对其供需状况与价格影响因素有充分的了解。

【技巧解析】焦炭国际供需

和原油一样，全球的焦炭分布也是不均匀的。焦炭主要集中分布在亚洲，亚洲的焦炭储量占到了全球储量的 60% 以上，如图 9-12 所示。

而在焦炭的生产和消费方面，产焦大国主要包括中国、日本、俄罗斯和乌克兰，而焦炭消费大国主要是日本、美国、德国和中国等。由此，不难看出亚洲在焦炭市场的地位。

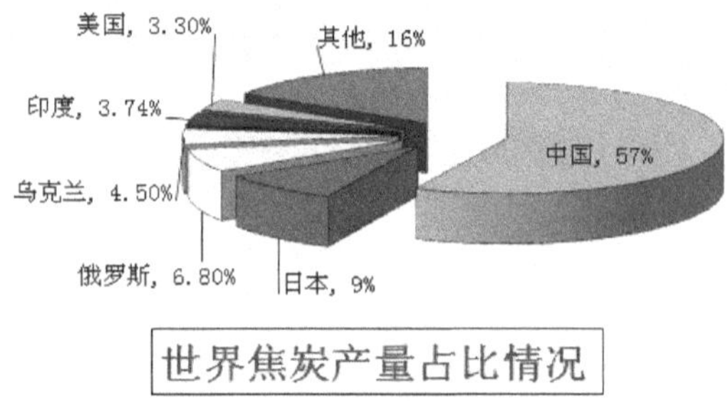

图 9-12 世界焦炭产量占比

需要说明的是，焦炭的产量呈现出总体上升的趋势，市场已经趋于饱和，甚至可以说已经出现了供过于求的市场状况。这也就使得目前焦炭的定价话语权更多地交到了买方的手中，从国际来讲，就是进口国对价格的影响通常更大。

【技巧解析】焦炭国内供需

我国的焦炭产量为世界第一，出口量也是世界第一，其中，我国的焦炭出口量占到了世界焦炭贸易的60%。

虽然我国是最主要的焦炭生产国，但我国焦炭的分布也呈现出明显的地域差异，其中华北、华东和东北是我国的主要焦炭分布区，如图 9-13 所示。

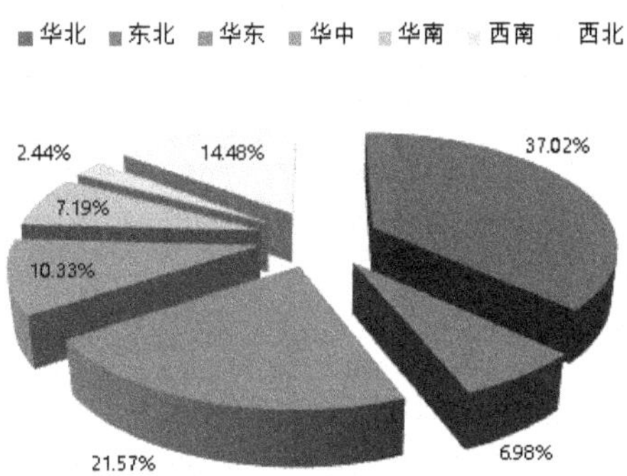

图 9-13 我国焦炭分布

因为焦炭量大，运输需要较大的成本，所以炼焦厂通常设置在焦炭分布区，而我国的炼焦厂主要分布于华北、华东和东北地区，由此就不难看出我国焦炭的分布了。

值得一提的是，因为我国在焦炭市场的独特地位，所以一举一动对焦炭价格的影响都是巨大的。因此，投资者在进行焦炭现货投资时，有必要对国内的焦炭相关信息多一分关注。

【技巧解析】价格影响因素

影响焦炭价格的主要因素有 3 个，如图 9-14 所示。

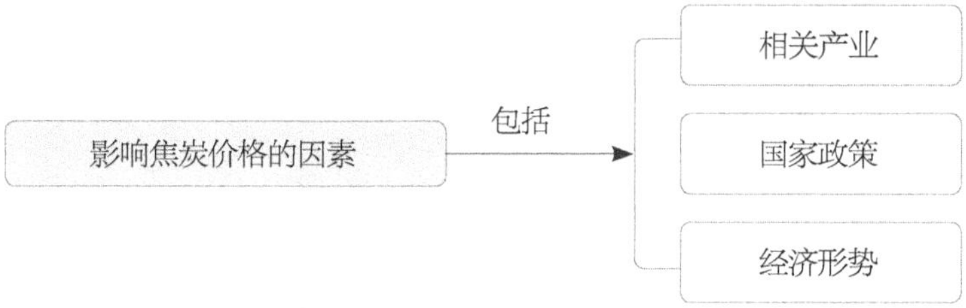

图 9-14 影响焦炭价格的因素

下面就将对图 9-14 中的 3 点进行一一解析。

（1）相关产业

任何原材料的价格都会直接受到其相关产业的影响，例如随着曾经文玩投资市场的发展，文玩核桃价格一度走高，但随着文玩核桃产业的热度下降，文玩核桃的价格也陷入低迷。

焦炭同样也受到相关产业的直接影响，特别是工业的发展。焦炭主要用于工业，工业的行业发展情况对焦炭价格的影响是直接的。

（2）国家政策

国家政策对焦炭价格的影响也是巨大的。我国作为最大的产焦国，在节能减排的政策指导下，煤炭产量减少，煤炭价格必然上涨，然而煤炭的上涨又往往会助推焦炭价格的上涨，我国焦炭价格的商场又可造成整个焦炭市场价格的上涨，如图 9-15 所示。

图 9-15 政策影响焦炭价格示意图

（3）经济形势

经济形势也是影响焦炭价格的一大因素。经济的增长会使焦炭的需求增加的同时，造成焦炭价格的上涨；相反的，如果经济萧条，需求萎缩，那么，焦炭的价格必然会呈现下跌的趋势。

9.3.3 焦炭实战解析

在了解了焦炭的相关基础知识后，接下来就将以焦炭的K线图为例，为大家介绍焦炭在交易中的实战。

【案例分析】焦炭的日K线图

图9-16所示为焦炭的日K线图。从该图可以看出，焦炭的价格总体呈现上涨的趋势，特别是在A、B两处，K线呈现出明显的稳步上升形态。此时，投资者宜及时买进做多，并可在趋势未发生改变之前长期持有。

图9-16 焦炭的日K线图

但是当价格来到C处时，出现了一个涨势中的尽头线，这就说明价格很可能由涨转跌。

所以，做多的投资者此时应及时抛盘出局；而做空的投资者可以选择在此时入场，或者在此时进行适度加仓。

第10章

化工品交易入门与实战

学前提示 >>>

社会生产生活的正常进行，少不了生产原料的支撑，其中化工品就是主要的生产原料提供者之一。这也是化工品可以在现货市场占有一席之地的原因。

本章就几种常见的化工品现货进行分析，以期给投资者提供借鉴。

要点展示 >>>

PTA 实例：PTA 买卖全网罗

聚乙烯实例：聚乙烯操作一把抓

聚丙烯实例：聚丙烯交易大起底

聚酯切片实例：聚酯切片做单大盘点

10.1 PTA 实例：PTA 买卖全网罗

PTA 是对精对苯二甲酸（Pure Terephthalic Acid）的简称。在进行 PTA 现货交易时，投资者如果掌握了一定的技巧，那么，就可以在纷繁复杂的市场中，找到有用的信息，进而提高投资的胜算。

10.1.1 初识 PTA

PTA 是一种无毒、易燃、常温状态下呈粉状的白色晶体。

产生 PTA 需先在原油中提炼出石脑油，并在此基础上经过重重工艺得到粗对苯二甲酸，然后对粗对苯二甲酸加氢精制，其生产工序较多，且需要一定的成本。

粗对苯二甲酸与 PTA 在学名上只有一字之差，却不是像亲兄弟般相亲相爱，反而像是竞争对手的关系。

与 PTA 相比，粗对苯二甲酸因为生产工序相对较少，所以生产成本低，在竞争中具有价格优势。这无形之中就对 PTA 的市场份额造成了一定影响，进而让 PTA 的价格多了一份不确定性。

【技巧解析】PTA 的作用

PTA 作为重要的大宗有机原料，在化学纤维、轻工业、建筑与电子等领域都有它的踪影，但它的应用又是相对集中的，其最主要的用途还是生产聚酯。

以我国 PTA 市场为例，75% 的 PTA 用于聚酯纤维的生产；20% 的 PTA 用于瓶级聚酯的生产；还有 5% 的 PTA 用于膜级聚酯的生产。可以说，我国的 PTA 已经全部投入到聚酯的生产中，它对聚酯的生产起着至关重要的作用。

10.1.2 PTA 的供需与价格

PTA 是重要的工业生产原料之一，需求量十分大。下面就将从国外和国内两个方面出发，介绍 PTA 的供需关系和获取动态行情信息的方法以及 PTA 的价格影响因素。

【技巧解析】PTA 国际供需

PTA 的生产主要集中在亚洲、北美和西欧地区，其中，亚洲的 PTA 产能最大，约占 PTA 总产能的 70%。而从国家和地区来看，中国、韩国、印度尼西亚、日本和印度是 PTA 生产的主阵地，如图 10-1 所示。

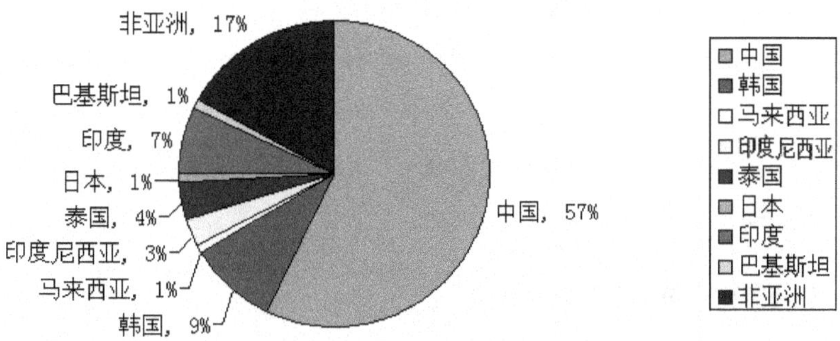

图 10-1 PTA 的生产地区

值得一说的是，虽然亚洲地区是 PTA 的主产区，但因为需求量过大，所以亚洲地区仍需要从其他地区进口少量的 PTA。

【技巧解析】PTA 国内供需

21 世纪以来，我国 PTA 的消费快速增长。在这一大背景之下，我国已是世界最大的 PTA 生产国，PTA 产业主要集中在沿海省份，构建了我国的 PTA 产能结构，如图 10-2 所示。

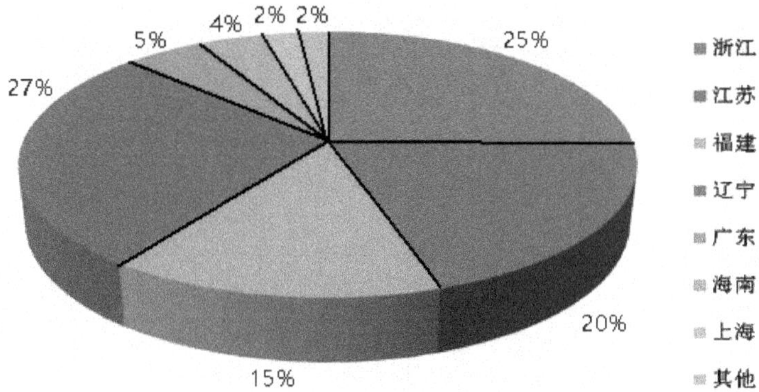

图 10-2 我国 PTA 产能分布

我国 PTA 产能虽然大，但消费也大，所以仍有超过半数的 PTA 来自于进口。我国 PTA 的进口源主要集中在亚洲地区，其中主要的进口来源国主要包括韩国、日本、泰国和印度尼西亚。除此之外，中东也开始对中国输入 PTA，并且输入量呈现出逐年递增的趋势。

【案例分析】利用网络查询 PTA 动态行情

我国既是 PTA 的生产大国，又是 PTA 的进口大国，因此我国的 PTA 交易市场非常活跃，PTA 现货投资十分有前景。但也正因为我国既是 PTA 的生产大国，又是 PTA 的进口大国，投资者在投资 PTA 现货时要充分了解和把握国内外的 PTA 市场动态行情。

【技巧解析】价格影响因素

PTA 的价格除受供需的影响之外，还受到两大因素的影响，即成本价格和棉花价格。

成本的增加往往反映为价格的增加，而影响 PTA 成本的因素主要有两个，一个是原油价格，另一个是对二甲苯的价格。生产的原料来源于原油，而对二甲苯又是生产 PTA 的直接和主要原料，所以，一旦这两种产品的价格出现变化，PTA 的生产成本必然增加，最终造成 PTA 价格的上涨。

PTA 的下游产品涤纶与棉花作为主要的纺织原料互为替代品，所以，当棉花的价格出现变化时，涤纶的价格会相应出现变化，最终影响 PTA 的需求，使 PTA 的价格出现波动。

如图 10-3 所示，这是用博易大师软件商品叠加功能形成的 PTA 与棉花的价格走势对比图，从图中可以看到 PTA 与棉花的价格走势几乎一样，足见棉花价格对 PTA 价格的影响之深。

图 10-3 PTA 与棉花的价格走势对比图

10.1.3 PTA 实战解析

化工类的现货的价格具有较大的不稳定性，短期内可能出现剧烈的震荡，PTA 的价格也是如此。所以，在实际操作中，如果价格趋势不明显，投资者宜具体分析，进行短期做单。

【案例分析】PTA 的日 K 线图

图 10-4 所示为一幅 PTA1601 的日 K 线图。从该图可以看出这段时间内，PTA 的价格总体呈现下降的趋势，但也可以看到明显的顶和底。所以，在这种趋势下做多的投资者尤其需要注意，宜逢高抛盘，进行短期做单，不应过分观望。

图 10-4 PTA 的日 K 线图

具体来说，当价格下降一段时间之后，在较低价位于 A 处附近出现了锤头线，这说明 PTA 的价格或将转势，做多的投资者可选择在此时入场。而在 B 处，K 线呈现大阳线形态，均线出现金山谷，这就说明该处是一个做多的买入点，价格可能在短期内出现一定上涨。投资者可以根据 K 线和均线的这些具体形态，进行短期操作。

10.2 聚乙烯实例：聚乙烯操作一把抓

聚乙烯不仅是五大合成树脂之一，更是我国产能最大和进口最多的合成树脂，对我国的生产生活具有重大意义。

在现实生活中，人们或多或少对其有一些认识，但这些认识对于进行现货投资的投资者来说还是不够的。因此，获得更多与它相关的信息很有必要。

10.2.1 初识聚乙烯

聚乙烯（Polyethylene，PE）是以经乙烯为原料制成的一种无毒、无臭、触感如蜡的化工原料。

它具有耐低温、耐腐蚀、常温难溶和绝缘性好等特点，所以常被用作制造薄膜、电线电缆、纤维和管材等产品的原料。

【技巧解析】聚乙烯的分类

聚乙烯的分类方式主要有 3 种，即按合成方法分类、按分子结构分类和按聚合密度分类，具体如图 10-5 所示。

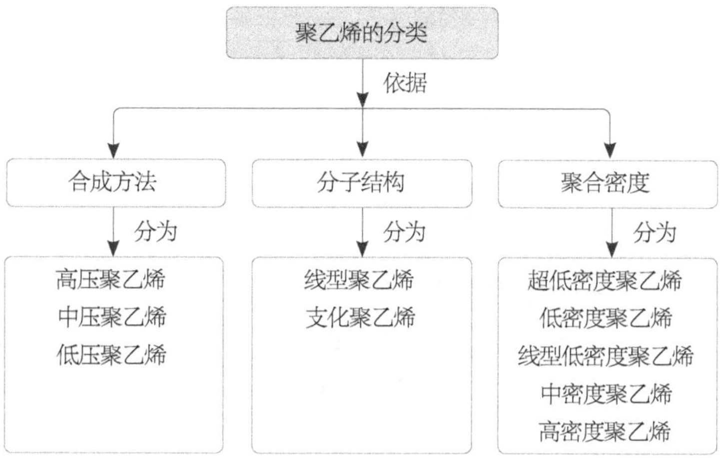

图 10-5 聚乙烯的分类

在这 3 种分类方式中，市场比较习惯的分类方法是按聚合密度进行分类。

【技巧解析】聚乙烯的作用

聚乙烯的用途广泛，其中最主要的用途是充当薄膜制造的原料，以我国为例，用于制膜的聚乙烯超过了聚乙烯总量的 70%。以聚乙烯为原料制造的薄膜主要包括以下 3 类。

（1）农业用。常见的有温室大棚覆膜和保温地膜。

（2）食品包装。常见的有零食包装和果蔬保鲜膜。

（3）工业用。常见的有运输包装袋，如快递包裹袋等。

除此之外，聚乙烯还广泛用于电线电缆的包覆及涂层、注塑容器、合成纸张和一般日用品的制造等。

10.2.2 聚乙烯的供需与价格

聚乙烯是重要的工业生产原料之一，在化工类的大宗商品现货投资产品中属于备受青睐的一类。下面就将从国外和国内两个方面出发，介绍聚乙烯的供需关系，以及聚乙烯的价格影响因素。

【技巧解析】聚乙烯国际供求

线型聚乙烯的生产主要集中于亚洲、北美、西欧和中东，其中，亚洲的产能最大，而中东产能增速最快。

从国家来看，美国、沙特阿拉伯、中国、加拿大和巴西是聚乙烯的主要产能国；而主要的聚乙烯出口大国包括沙特阿拉伯、伊朗和韩国。

就目前聚乙烯的生产情况而言，其产能主要集中于几个大生产商（如陶氏化学、埃克森美孚和中国石化等），并且这种集中有进一步加强的趋势。这也说明，这些大生产商对聚乙烯市场的影响或将进一步增强。

【技巧解析】聚乙烯国内供求

我国聚乙烯产能呈现出明显的地域差异，其中华东、华南和华北是主要的聚乙烯产能区。这 3 个地区的聚乙烯总产能占到了全国聚乙烯总产能的 70% 以上。

虽然我国聚乙烯产能排在世界前列，但是国内产能仍旧无法满足本国需求，有一部分聚乙烯需要从他国进口来满足，如图 10-6 所示。并且聚乙烯进口量呈现逐年增加的趋势。

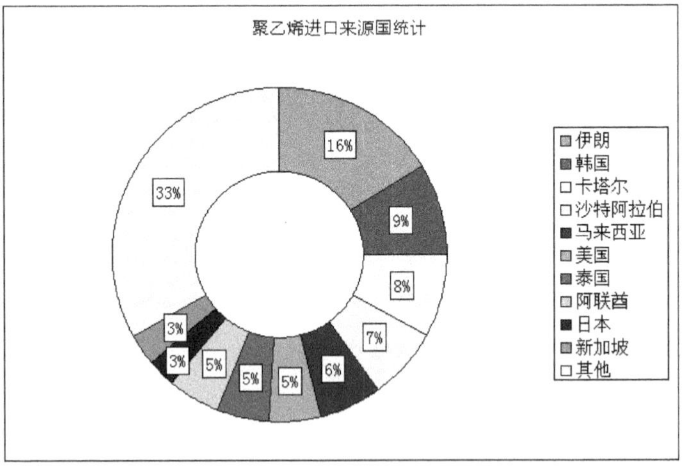

图 10-6 全国聚乙烯进口来源国统计

【技巧解析】价格变动因素

影响聚乙烯价格的因素，除了供求之外，还有两个需要特别关注，一个是原料价格，另一个是下游产品需求。

生产聚乙烯的乙烯来自于石油脑，而石油脑又是从原油中提炼出来的。所以，原油、石油脑和乙烯的价格都将影响聚乙烯的生产成本，进而造成其价格的波动。

如图 10-7 所示，这是 2016 年国内聚乙烯产能原料来源分布情况。从图中可以看出，除了主要的石油脑，煤炭和甲醇也是聚乙烯的重要生产原料，所以如果煤炭或甲醇的价格发生变动，聚乙烯的价格也势必会随之变化。

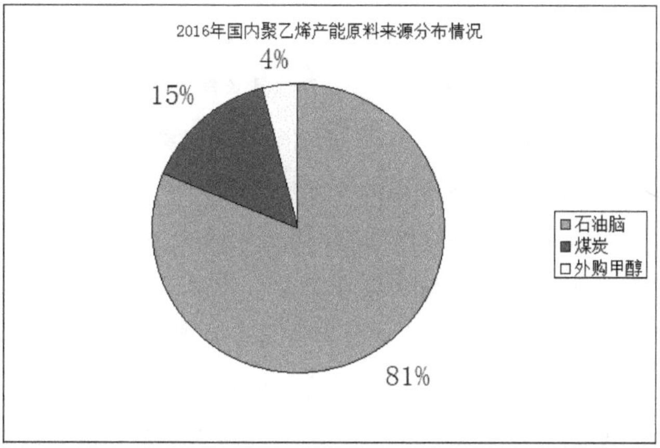

图 10-7 2016 年国内聚乙烯产能原料来源分布情况

而聚乙烯的主要用途是制造包装膜和农用膜，这两个领域对聚乙烯的需求量较大，所以，如果这两个产品的需求出现较大的变化，将直接影响聚乙烯的需求，最终导致聚乙烯价格的变化。

10.2.3 聚乙烯实战解析

在了解了聚乙烯的相关基础知识后，接下来就将以聚乙烯的 K 线图为例，为大家讲解聚乙烯现货交易实战。

【案例分析】聚乙烯茂的日 K 线图

图 10-8 所示为一幅聚乙烯的日 K 线图。从该图可以看出，聚乙烯的价格在这段时间内呈现出明显的阶段性，即前期的高位持续状态和后期的中低位大幅震荡。投资者在不同的阶段宜采取不同的投资策略。

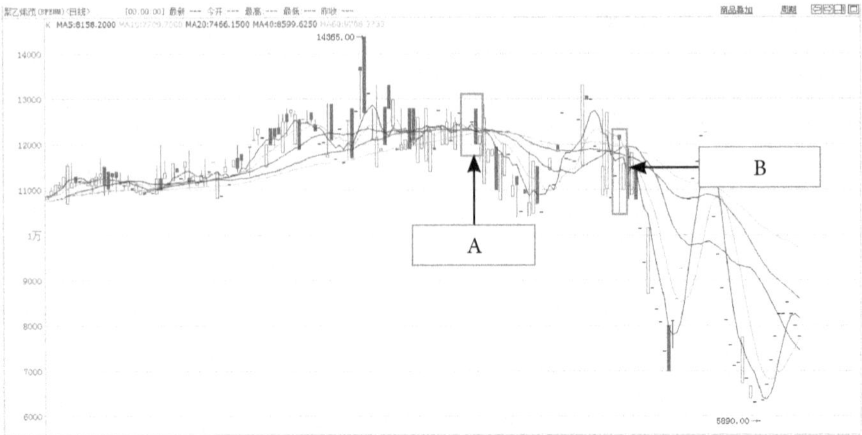

图 10-8 聚乙烯茂的日 K 线图

聚乙烯茂的前期价格在 11 000 至 13 000 之间波动，此时投资者宜以保护意识为主，进行短期做单，具体来说，当价格跌至 11 000 附近时，应采取空出多进的策略；而当价格涨至 13 000 附近时，需进行多处空进的策略。

但是当聚乙烯茂的价格来到 A 处附近时，出现了断头铡刀形态，此时投资者应警惕，聚乙烯茂的价格很可能在短期内出现回落，打破之前的持续状态。

而随着持续状态的打破，聚乙烯茂价格的波动幅度明显增大，此时，对具体的K线和均线进行分析就显得尤为重要了。如聚乙烯茂价格运行至B处附近时，K 线呈现为吊颈线形态，这就是价格大幅回落的信号，投资者需进行多处空进的操作。

10.3 聚丙烯实例：聚丙烯交易大起底

聚丙烯是合成树脂的一大种类，它和聚乙烯有着相似之处，却又有所不同。投资者需要对两者有所区别，切不可因为张冠李戴，影响了做单。

10.3.1 初识聚丙烯

聚丙烯（Polypropylene，PP）是丙烯聚合之后形成的一种无毒、无味的半结晶体热塑性材料。

因为聚丙烯具有较好的耐冲击性、耐热性、抗腐蚀性和高频绝缘性等特点，所以它常作为高分子材料，广泛用于工业领域。

【技巧解析】聚丙烯的分类

根据不同的分类方式，可将聚丙烯分成不同的种类。常见的聚丙烯分类方式主要有两种，即按支链原子位置分类和按单体种类分类，具体如图 10-9 所示。

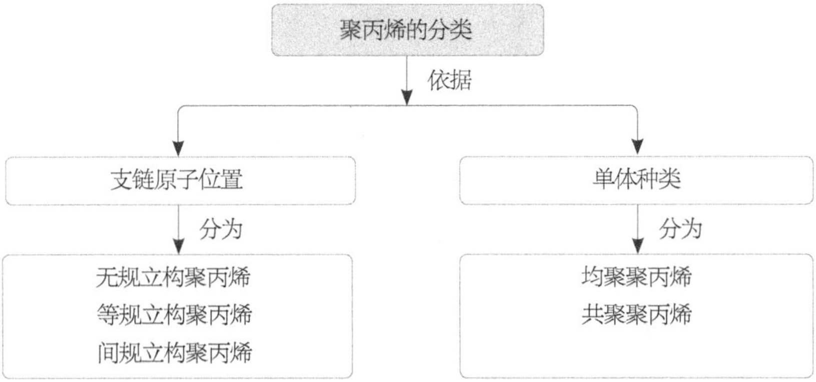

图 10-9 聚丙烯的分类

【技巧解析】聚丙烯的作用

聚丙烯最常见的用途是作为编织制品（如塑料袋、篷布和绳索）和薄膜制品（如双向拉伸聚丙烯薄膜、未拉伸聚丙烯薄膜和普通包装薄膜）的生产原料。

除此之外，聚丙烯还可作为注塑制品（如汽车及小家电的配件、玩具和日用品）、纤维制品（主要是丙纶）和管材的生产原料，被广泛运用于社会生活中，如图 10-10 所示。

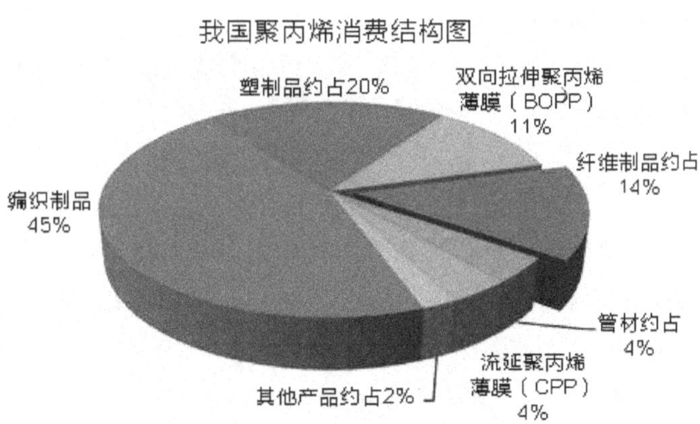

图 10-10 国内聚丙烯消费结构

10.3.2 聚丙烯的供需与价格

和聚乙烯一样，聚丙烯也是重要的工业生产原料之一，是在化工类的大宗商品现货投资产品中备受青睐的一类现货。下面就将从国外和国内两个方面出发，介绍聚丙烯的供需关系，以及聚丙烯的价格影响因素。

【技巧解析】聚丙烯国际供需

和聚乙烯一样，聚丙烯的产能主要集中于少数国家的几大生产商，聚丙烯产能前十位的生产商的产能就占到了聚丙烯全球产能的一半。从国家来看，美国、韩国、日本和沙特阿拉伯是主要的聚丙烯产能国。

而在消费方面，亚洲是拉动聚丙烯生产的最主要动力，特别是中国和印度，这两个国家非但消费量大，而且消费量正呈现快速增长的状态。

【技巧解析】价格影响因素

和聚乙烯相同，聚丙烯的价格影响因素主要包括供需关系、原料价格和下游产品的需求。

其中，供需直接影响价格。除此之外，生产聚丙烯的丙烯来自于石油脑，而石油脑又是从原油中提炼出来的。所以，原油、石油脑和丙烯的价格波动都可能带来聚丙烯价格的变化。而聚丙烯又主要用于包装、纤维和纺织品的生产原料，因此，一旦这些产品出现较大的需求变化，聚丙烯价格必然受到影响。

10.3.3 聚丙烯实战解析

在了解了聚丙烯的相关基础知识后，接下来就将以聚丙烯的K线图为例，为大家介绍聚丙烯在交易中的实战。

【案例分析】聚丙烯茂的日K线图

图10-11所示为一幅聚丙烯茂的日K线图。从该图可以看出，聚丙烯茂的价格在这段时间里前涨后跌，变化幅度是比较大的，而且聚丙烯茂价格的后期变化是相当迅速的。因此，结合K线和均线对聚丙烯茂的价格进行分析在此时就显得特别重要了。

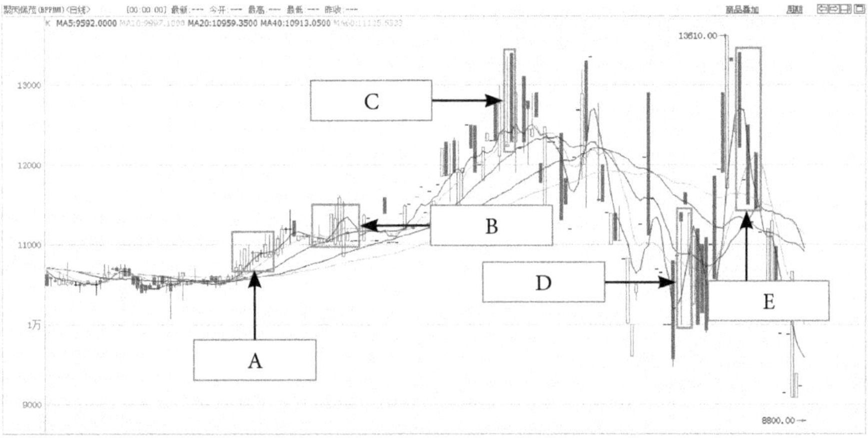

图 10-11 聚丙烯茂的日 K 线图

具体来说，A、B 两处价格呈现上升趋势，并且出现了持续上涨的 K 线形态，投资者可适度做多；C 处价格已处于相对高位，且出现了射击之星和大阴线，这就表明此处很可能成为一个转势点，因此，投资者宜在此时进行多处空进的操作；D 处价格处于相对低位的同时，出现了锤头线，是一个明显的做多信号；而 E 处，价格呈现下降趋势，又出现几根大阴线，暗示价格将大幅回落，投资者宜采取多出空进的策略。

10.4 聚酯切片实例：聚酯切片做单大盘点

虽然，目前聚酯切片市场有些产能过剩，但是它的前景还不至于堪忧。因为作为一种用途广泛的生产原料，它仍在世界原料市场占有一席之地，这也是它可以作为一种现货品种长期存在的重要原因之一。

10.4.1 初识聚酯切片

聚酯切片（Polyethylene Terephthalate，PET）是精对苯二甲酸（PTA）和乙二醇（EG）聚合之后，形成的一种白色颗粒状固体，因其具有良好的抗蠕变、耐疲劳和耐摩擦等特性，所以常作为一种生产原料广泛应用于生产生活中。

【技巧解析】聚酯切片的分类

根据不同的标准，聚酯切片可以分为不同的种类，其中常见的聚酯切片分类方式有 3 种，具体如图 10-12 所示。

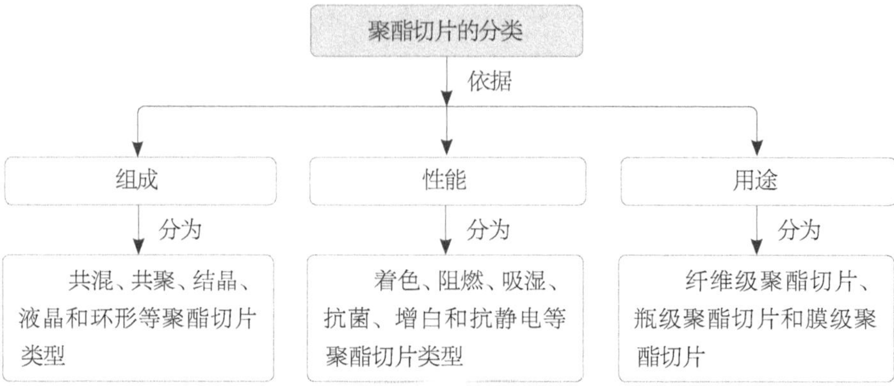

图 10-12 聚酯切片的分类

【技巧解析】聚酯切片的作用

不同类型的聚酯切片，其用途有一定的差异性，其中，纤维级聚酯切片主要用于涤纶短纤维和涤纶长丝的制造；瓶级聚酯切片可用于矿泉水瓶、饮料瓶和其他食品容器及其包装材料的生产；而膜级聚酯切片则是生产电绝缘薄膜的绝佳原料。

需要说明的是，上市的聚酯切片现货为纤维级聚酯切片，投资者在进行信息收集时，应侧重关注纤维级聚酯切片的相关信息。

10.4.2 聚酯切片的供需与价格

聚酯切片作为一种逐渐替代铝、玻璃、陶瓷、纸张、木材、钢铁和其他合成材料的工业原料，其在现货市场更有不确定性，因此投资者在选择投资聚酯切片现货产品时更需注意市场供需情况和考虑价格影响因素。

【技巧解析】聚酯切片市场供需

聚酯切片的产能分布有一定区域性，从全球来看，亚洲是聚酯切片的主要产能区，亚洲聚酯切片产能占到了总产能的 70%；而从我国来看，浙江、江苏和上海是我国聚酯切片生产的“主阵地”，3 地聚酯切片产能占到了全国的 80%

以上。

因为聚酯切片对铝、玻璃、陶瓷和其他合成材料的替代作用，使其在社会生活中扮演着重要的角色。也正是因为这个原因，为瓜分市场，许多公司开始增大聚酯产能。这一举动直接造成了聚酯的产能过剩和聚酯盈利能力的下降，也使得聚酯切片的前景有了更多的不确定性。

【技巧解析】价格影响因素

和其他商品相同，影响聚酯切片最直接和主要的因素是供求关系，除此之外，还有两个因素是不容忽视的，一个是原料价格，另一个是下游产品的需求。

其中，PTA 和 EG 是生产聚酯切片的主要原料，如果这两种产品出现价格的大幅波动，那么，聚酯切片的价格也必然会出现变化；而上市的聚酯切片，即纤维级聚酯切片，又主要用于涤纶的制造，所以，一旦涤纶的需求出现较大的变化，就势必会影响到聚酯切片的需求，进而不可避免地造成聚酯切片价格的波动。

10.4.3 聚酯切片实战解析

在了解了聚酯切片的相关基础知识后，接下来就将以聚酯切片的 K 线图为例，为大家介绍聚酯切片在交易中的实战。

【案例分析】聚酯切片的日 K 线图

图 10–13 所示为一幅聚酯切片的日 K 线图。从该图可以看出，聚酯切片的价格呈现前涨后跌的总体趋势。而 K 线，尤其是后期的 K 线，多以同价线的形式出现。因此，这种情况下，投资者宜多结合聚酯切片价格的具体变化情况以及均线的形态进行综合分析之后，再进行做单。

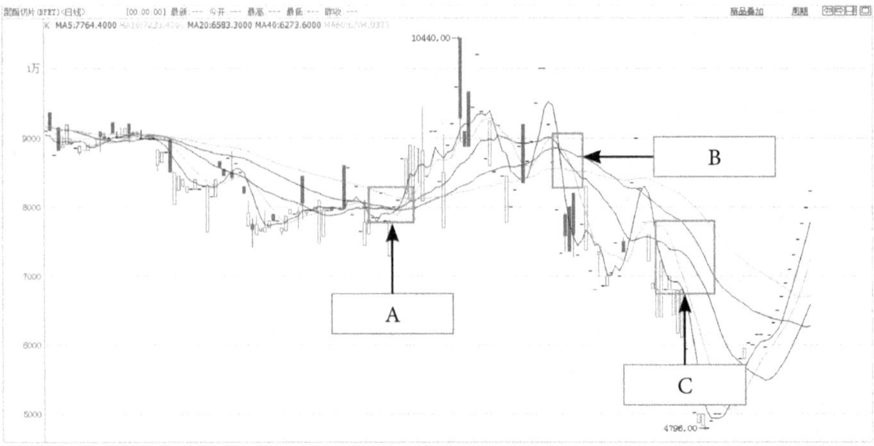

图 10-13 聚酯切片的日 K 线图

具体来说，聚酯切片的价格运行至 A 处时，价格略有上涨，而均线呈现为银山谷形态，发出价格在短期内或将一定上涨的信号，投资者可在此时适度做多；B、C 两处价格已经出现明显下跌，与此同时，均线也出现了死亡谷，因此，聚酯切片的价格极有可能进一步回落，投资者宜在此时采取多出空进的策略。

第11章

金属品交易入门与实战

学前提示 >>>

金属的作用涵盖生产生活的方方面面，大到各种建筑的骨架，小至一根绣花针，都有它的身影。而在现货市场中，金属品现货的投资也正风生水起。

为更好地帮助投资者了解金属类现货，本章将重点对白银、螺纹钢、热轧卷板和电解镍这 4 种金属现货进行解析。

要点展示 >>>

白银实例：去杂取精赢在白银
螺纹钢实例：寻纹而至钢可练就
热轧卷板实例：趁热锻炼板自成型
电解镍实例：精确分解轻松获益

11.1 白银实例：去杂取精赢在白银

白银是贵金属，地位特殊。虽然它的价值不如黄金，但是它在社会生产中的作用，是难以被取代的。

11.1.1 初识白银

白银，也就是“银”。因为它在常态下多呈现为白色，所以通常将其称为“白银”。自然界中的银多以化合形态出现，只有小部分是单质，因此，从银矿变成纯银还需要经过一定的炼制工艺。

白银作为一种稀贵金属，虽价值不及黄金，但在人们心中仍占有一定的地位，这一点从俗语“真金白银”就可见一斑。

白银最主要用于工业，其中，在电子工业中，白银常被用作厚膜的浆料。除此之外，白银也被用作部分电池的阴极和化学反应的催化剂。

而摄影业方面，因为对感光的特殊要求，白银常与卤素一起形成卤化银，广泛用于摄影胶片中。

除了在工业和摄影业上的运用，白银还有一种主要用途，那就是作为原料制造银饰和银器。

11.1.2 白银的供需与价格

白银既是重要的工业原料，又是传统的贵金属货币，独特的二重身份使得白银在金融投资市场一直备受青睐。

投资者在选择投资白银现货产品时必须要了解白银的供需状况与价格影响因素的相关知识。

【技巧解析】白银国际供需

世界白银的分布极不均匀，主要集中在美洲和大洋洲，其中储量排名前五的国家分别有墨西哥、秘鲁、中国、澳大利亚和智利，如图 11-1 所示。

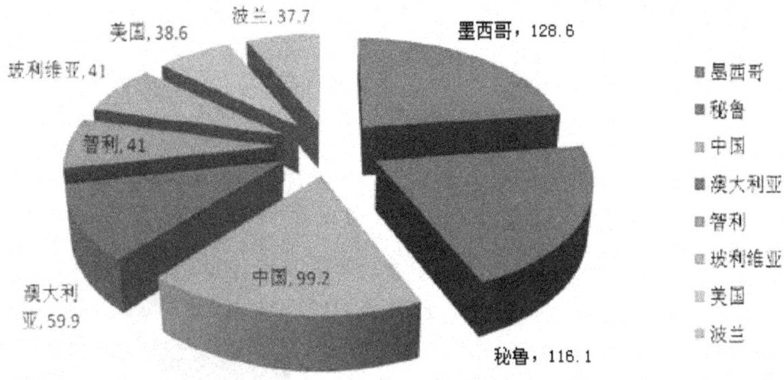

图 11–1 世界白银储量分布

而在白银生产与消费方面，白银产量较高的国家主要包括秘鲁、墨西哥、中国、澳大利亚和智利，如图 11–2 所示。

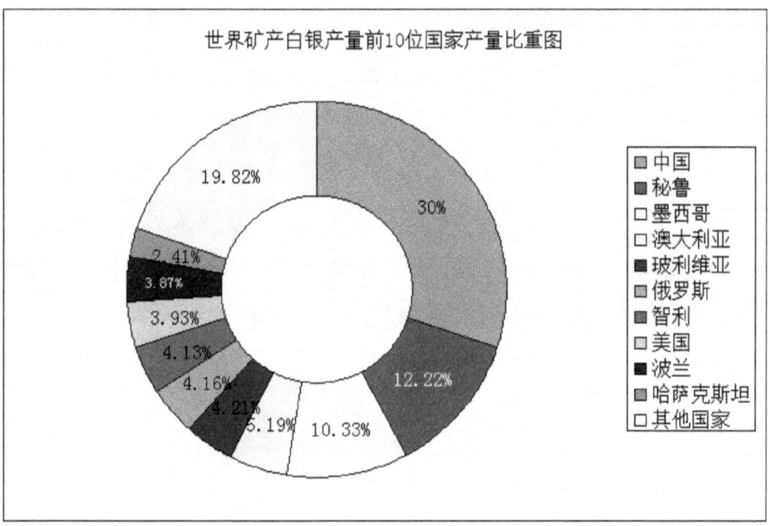

图 11–2 世界白银主产国

白银消费大国主要有美国、中国、印度、日本和英国。

【技巧解析】白银国内供需

我国的银矿分布也有明显的地域差异，呈现出“南多北少”的特点。其中中南、华东和西南是主要的银矿分布地区，这3个地区的银矿储量占到了全国银矿储量的70%以上。

而从省份来看，江西、云南、广东、内蒙古、广西、湖北和甘肃白银储量较大，这7个省的白银储量占到了全国银储量的60%以上，如图11-3所示。

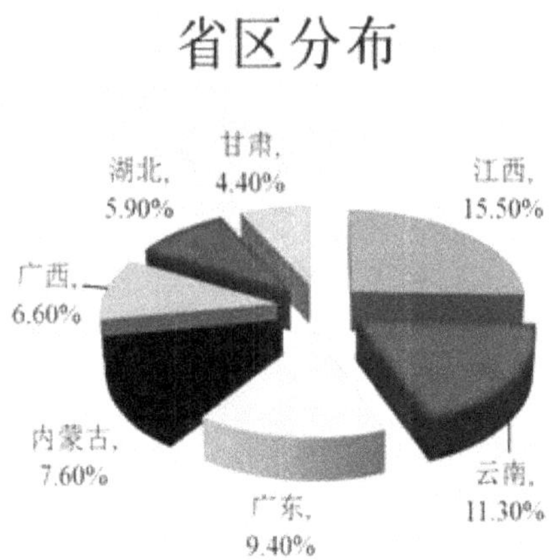

图11-3 国内白银省区分布

【技巧解析】价格影响因素

影响白银价格最直观的因素是供求关系，除此之外，投资者还需关注美元走势、汇率和替代品价格等对白银价格的影响。

美元走势与白银价格直接挂钩，因此，美元的走势可直接影响白银的价格；各国货币与美元汇率的变化，使同样数量的货币，能够购买的白银数量发生变化，可一定程度上通过需求的变化，造成价格的波动；而白银替代品的价格，例如黄金的价格，可直接影响白银的需求，从而引起白银价格的调整。

11.1.3 白银交易实例

在了解了白银的相关基础知识后，接下来就将以白银的K线图为例，为大家介绍白银在交易中的实战。

【案例分析】白银的日K线图

图11-4所示为一幅白银的日K线图。从该图可以看出，白银价格在这一段时间内，呈现前期持续，后期上涨的趋势。因此，投资者在做单时应根据具体阶段采取相应的策略。

图 11-4 白银的日 K 线图

具体来说，当价格处于前期的持续状态时，投资者应采取保护意识，进行短期持单。当价格到达前一高点或前一低点价位时，需考虑是否入场或出场。

当价格运行至 A 处附近时，均线呈现银山谷形态，与此同时，K 线多呈现为阳线，这就说明该处很可能成为一个价格上涨的信号，投资者可于此时进场适度进行做多，坐等价格的上涨。

当价格来到 B 处附近时，K 线呈现为倒锤头线形态，并且均线表现为金山谷形态。这就说明接下来价格极有可能进一步上涨。所以，投资者此时应该敢于做多，并可在价格趋势不变的情况下，大胆持有，持筹待涨。

而当价格行至 C 处时，K 线多呈现为同价线，并且价格已经突破趋势线，这就说明价格很可能出现一定回落，投资者宜在此时采取多出空进的策略进行做单。

11.2 螺纹钢实例：寻纹而至钢可练就

作为钢材中的主要种类之一，螺纹钢的身影广布于各种建筑中，它对于社会生产生活的作用是不言而喻的。

11.2.1 初识螺纹钢

螺纹钢是对热轧带肋钢筋的俗称，它是以钢坯为原料生产的、表面布有两条纵肋和若干横肋的一种钢筋。

因为螺纹钢扮演的主要角色是钢筋混凝土建筑构件的骨架，因此，其在机械工艺性、机械强度和握紧性能上通常会有一定的要求。

【技巧解析】螺纹钢的分类

螺纹钢的常见分类方式有3种，具体如图11-5所示。

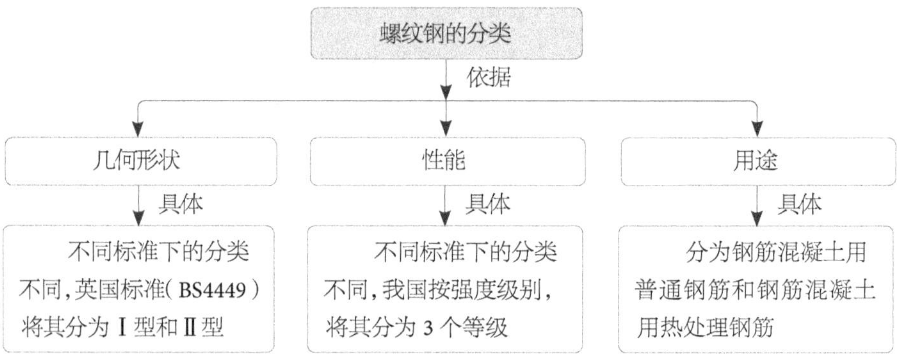

图11-5 螺纹钢的分类

【技巧解析】螺纹钢的作用

螺纹钢主要用于钢筋混凝土建筑构件的骨架，铁路、高速公路、桥梁和水坝等公用设施中都有它的身影。除此之外，房屋建筑的基础、梁、柱和墙等，也都需要用到螺纹钢。可以说，作为一种不可或缺的建筑材料，螺纹钢的用途是非常广泛的。

11.2.2 螺纹钢的供需与价格

作为一种常见的建筑材料，螺纹钢与房地产业产生了紧密的联系，因此投资者在投资螺纹钢现货产品时要综合考察其市场供需情况和价格影响因素。

【技巧解析】螺纹钢国际供需

从全球来看，早期随着房地产行业的迅速发展，螺纹钢的消费量有所增加。但是因为板材、管材和带材等消费比重的逐年增加，螺纹钢的相对消费比重正呈现一定的下降趋势。

再加上螺纹钢运输附加值低、运输半径相对较短等特点，钢材多以本国消费为主，所以，当前螺纹钢市场表现为严重的产能过剩。

【技巧解析】螺纹钢国内供需

国内螺纹钢的生产主要集中在华东和华北地区。这两个地区螺纹钢的产量要占到全国螺纹钢产量的一半，如图 11-6 所示。

而在消费方面，跟随房地产的发展有 2000 年 ~ 2015 年呈现较为明显的上涨趋势，如图 11-7 所示。

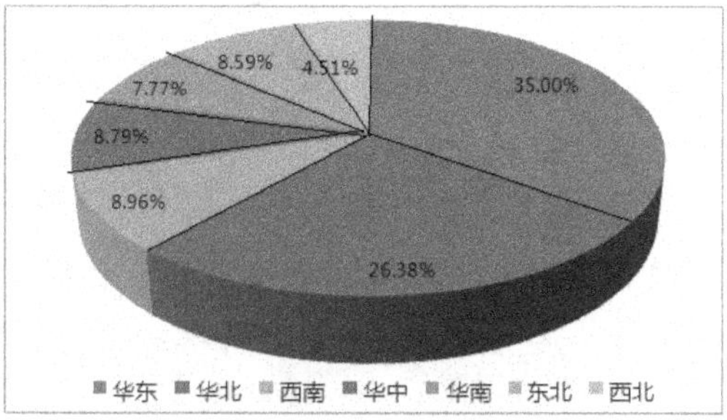

图 11-6 国内螺纹钢产能分布

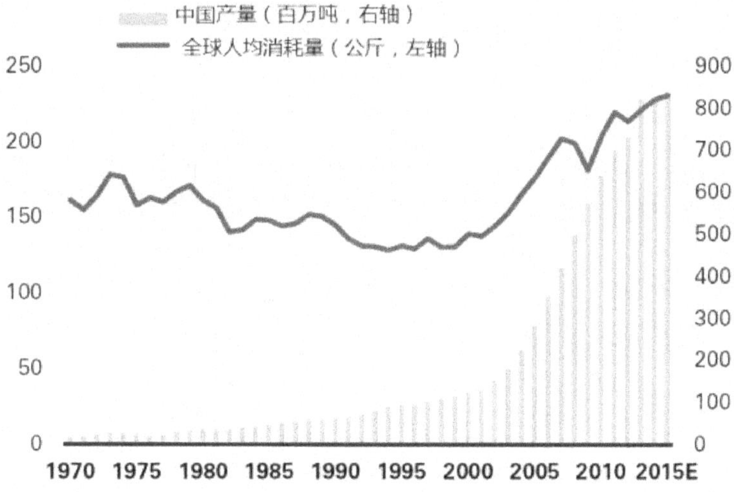

图 11-7 国内螺纹钢需求大增

但是因为螺纹钢产品附加值低、运输半径短等特点，我国钢厂分布非常分散，钢材大多表现为本地产本地销的形式，其生产和消费有着一定的地域差异。

【技巧解析】价格影响因素

螺纹钢的价格主要受两个因素的影响，即供求关系和生产成本。

其中，供求关系对螺纹钢价格的影响是显而易见的，当螺纹钢供过于求时，价格势必会下降；当螺纹钢供不应求时，价格必然会有所上涨。

而螺纹钢的生产需要大量的焦炭和铁矿石，如果这两种产品的价格出现大幅波动，必然会使螺纹钢的生产成本出现一定的变化，进而造成螺纹钢价格的涨跌。

图 11-8 所示的是用博易大师软件商品叠加功能形成的螺纹钢与焦炭和铁矿石的价格走势对比图。从图中可以看到，螺纹钢与焦炭和铁矿石的价格走势几乎一样，足见焦炭和铁矿石价格对螺纹钢价格的影响之深。

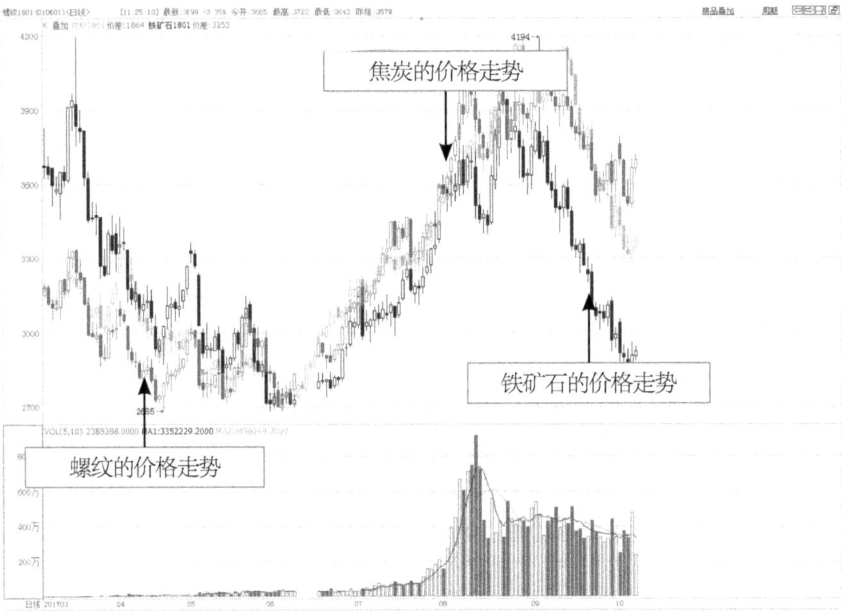

图 11-8 螺纹钢与焦炭和铁矿石的价格走势对比图

11.2.3 螺纹钢实战解析

现已上市的螺纹钢品种有多种，如博易大师版中，就包括螺纹西部、螺纹太原和螺纹重庆等多个螺纹钢品种。下面就以螺纹西部为例，为大家介绍螺纹钢的交易实战内容。

【案例分析】螺纹西部的日 K 线图

如图 11-9 所示就是一幅螺纹西部的日 K 线图。

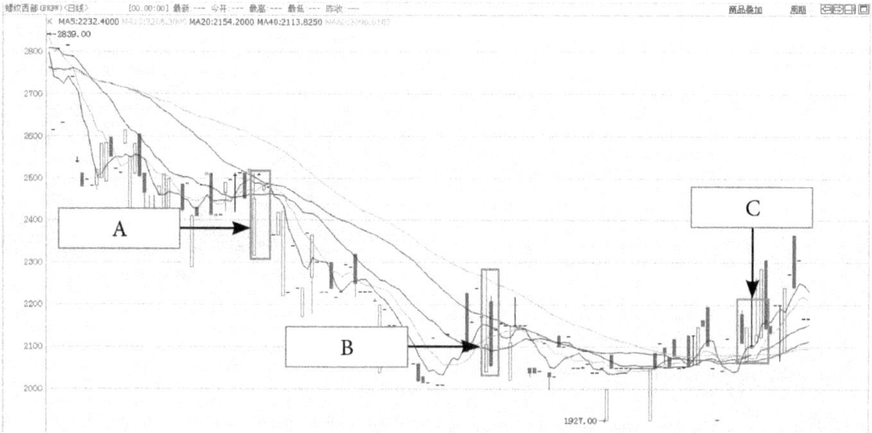

图 11-9 螺纹钢的日 K 线图

从图 11-11 可以看出，A 处价格处于相对高位，并且 K 线呈现为尽头线形态。这就表明螺纹钢的价格可能由此转跌，投资者此时应采取多出空进的策略进行做单。

B 处 K 线呈现为乌云盖顶的形态，并且 K 线与均线形成了断头铡刀形态。这说明价格很可能在短期内出现回落，做多的投资者需及时出场。

而 C 处，价格处于相对低点，并且出现了金山谷的均线形态和蛟龙出海的 K 线形态，是一个明显的上涨信号，投资者可以选择在此时入场，适度进行做多。

11.3 热轧卷板实例：趁热锻炼板自成型

热轧卷板的消费量已经超过螺纹钢，居于钢材消费的首位。它正得到越来越广泛的应用，绝对称得上是一种前景可期的金属。

11.3.1 初识热轧卷板

热轧卷板即以板坯为原料进行加热之后，通过粗轧机组和精轧机组制成的一种带状钢，如图 11-10 所示。因为具有强度高、韧性好、易成型和可焊接等特点，所以随着技术的发展，它被更广泛分应用于社会生活中。

根据厚度和宽度可将热轧卷板分为中厚宽钢带、热轧薄宽钢带和热轧薄板。

具体来说，中厚宽钢带是厚度大于等于3毫米、小于20毫米且宽度大于等于600毫米的一种钢带；热轧薄宽钢带是厚度小于3毫米但宽度大于等于600毫米的钢带；而热轧薄板则是厚度小于3毫米的单张钢板。

图 11-10 热轧卷板

热轧卷板用途广泛，其中最主要的是作为结构用钢，应用于船舶、汽车、桥梁和建筑等领域中。除此之外，在集中箱、特殊车辆、机械零部件和压力容器等的生产和制造中，也都有它的身影。

11.3.2 热轧卷板的供需与价格

随着工业的发展，热轧卷板无论是在钢材生产中的占比，还是自身产量上都呈现出上升的趋势。

在金属类现货投资市场中热轧卷板也越发受到重视。因此，投资者在选择投资热轧卷板现货产品时必须要了解热轧卷板供需与价格的相关知识。

【技巧解析】热轧卷板国内供需

作为全球最大的热轧卷板生产国，我国生产的热轧卷板除满足国内需求之外，还大量出口到韩国、印度和越南等地。以2015年为例，2015年我国热轧卷板总产量为22 920万吨，其中就有11 000万吨用于出口，占到了总产量的48%。

从地区分布来看，我国热轧卷板的生产主要集中在华东、华北和东北，如图11-11所示。

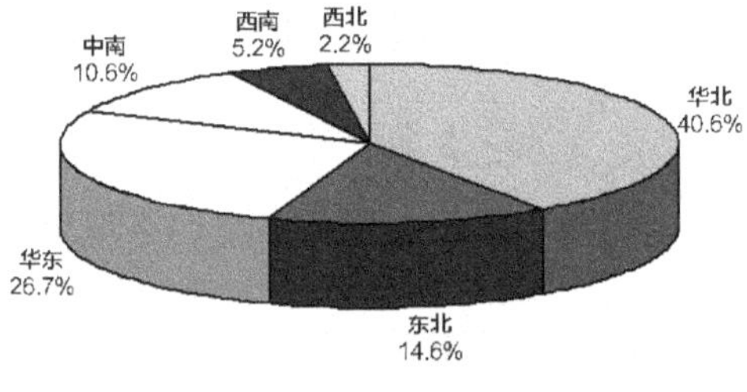

图 11-11 国内热轧卷板产能区域分布

2015年我国热轧板卷总产能为22 920万吨，其中华东、华北和东北地区三地的产量为17 925万吨，三地热轧卷板的产量占到了全国总产量的78%。

【技巧解析】价格影响因素

供求关系是影响热轧卷板价格最直接的因素，当市场上的热轧卷板供过于求时，它的价格会出现一些下跌；而当热轧卷板供不应求时，它的价格又不可避免地会出现一些上涨。

除了供求之外，还有两个因素对热轧卷板价格的影响较大。一个是生产成本，另一个是下游产品的需求，具体解析如图 11-12 所示。

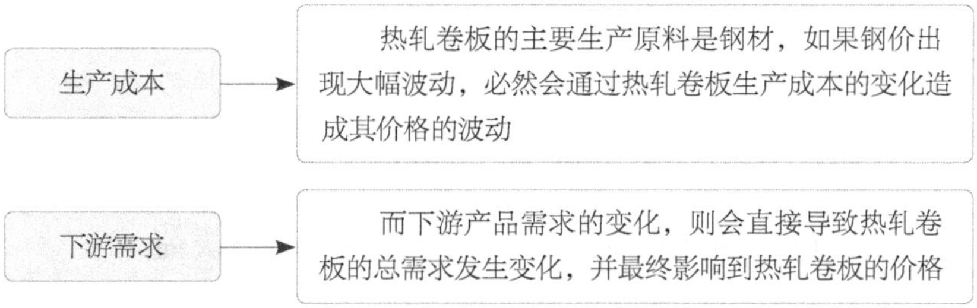

图 11-12 影响热轧卷板价格的两个因素

11. 3. 3 热轧卷板实战解析

现已上市的热轧卷板品种有多种，如博易大师版中，就有热轧卷板、热卷中原和热卷营口 3 个热轧卷板品种。下面就以热轧卷板的 K 线图为例，为大家讲解热轧卷板现货交易实战。

【案例分析】热轧卷板的日 K 线图

图 11-13 所示为一幅热轧卷板的日 K 线图。

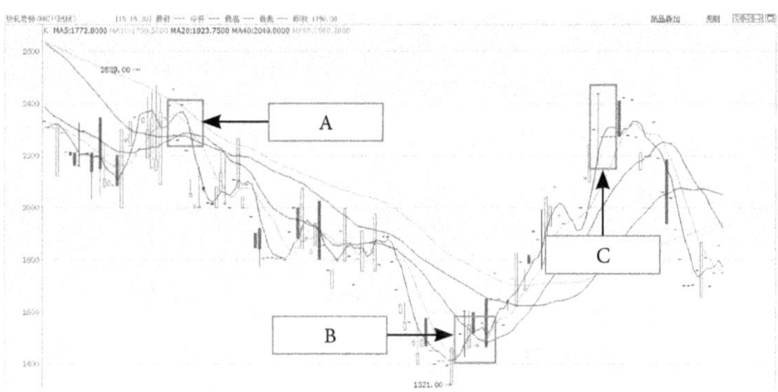

图 11-13 热轧卷板的日 K 线图

从图 11-13 中可以看出，热轧卷板的价格分为两个阶段，即前期的价格下跌阶段和后期的价格上涨阶段，并且在这两个阶段中，价格的波动幅度都是比较大的。在这种情况下，对转势点进行把握，及时进出场就显得尤为重要了。

具体来说，A 处价格处于相对高位，并且均线表现为死亡谷形态。这是一个明显的见顶信号，投资者宜采取多出空进的策略，及时进行操作；B处价格处于明显的低位，并且在均线呈现银山谷的同时，出现了锤头线的K线形态，说明价格将由跌转涨，投资者应逢低买入，适度做多；而C处，价格已处于相对高位，并有下影线狭长的吊颈线伴随，预示着价格在短期内会出现回落。此时，做多的投资者一定要及时出局；而做空的投资者则可以把握机会，顺势入场，适度进行做空。

11.4 电解镍实例：精确分解轻松获益

作为国民经济发展的重要战略物资，镍的地位向来特殊。

11.4.1 初识电解镍

镍是一种带有磁性的银白色金属，而电解镍，就是以电解法制得的镍，如图11–14所示。

镍具有较好的磁性、抗腐蚀性、延展性和可塑性等特点，被广泛应用于生产生活中，其消费量居于全球有色金属的前列。也正是因为这个原因，它常作为一种重要的战略物资而受到各方的重视。

图11–14 电解镍

电解镍最主要的用途是生产不锈钢及各种合金钢，广泛应用于飞机、坦克、舰艇、导弹和民用工业中。除此之外，镍还可在化学工业中，用作催化剂。

值得一提的是，伴随着通信和影音行业的发展，电解镍的用途越来越广泛，而且其消费量也呈现出增长的趋势。

11.4.2 电解镍的供需与价格

用途广泛且需求量大的电解镍在金属类现货投资市场自然备受青睐，所以投资者在选择投资电解镍现货产品时必须要了解电解镍的供需状况与价格走势的相关知识。

【技巧解析】电解镍的市场储量

美国地质调查局 2015 年数据显示，全球镍资源储量 8100 万吨，其中，红土镍矿和硫化镍矿分别为 55% 和 28%。

从国家来看，澳大利亚镍资源储量居于世界首位，镍资源储量达到 1900 万吨，占到了全球镍资源储量的 23%。除了澳大利亚之外，新喀里多尼亚（法）、俄罗斯、巴西和古巴也是主要的镍资源储量国。这 5 个国家和地区的镍资源储量之和约占到全球镍资源储量的 66%，如图 11–15 所示。

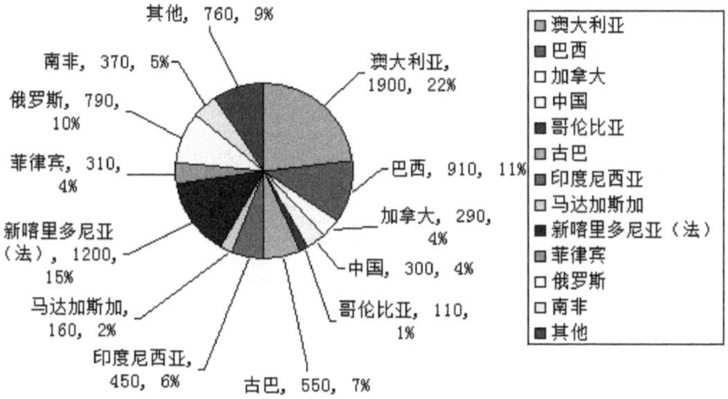

图 11–15 世界镍储量分布

【技巧解析】电解镍的市场供需

2016 年全球镍矿产量为 193.4 万吨，较 2015 年有小幅下滑。镍矿产量前五的国家和地区分别是菲律宾、俄罗斯、加拿大、澳大利亚和新喀里多尼亚（法），它们的镍矿产量约占全球产量的 60%。其中菲律宾镍产量为 53 万吨，约占全球产量的 20%。

而作为镍需求量居于世界首位的中国，2016 年镍矿产量为 9 万吨，仅为全球产量的 4%。如此产量显然难以满足国内需求，因此中国需从国外大量进口镍资源。尤其是近年来我国不锈钢的大量生产，带来镍需求的明显增长，我国镍矿进口量正呈现出一定的上涨趋势。

【技巧解析】价格影响因素

影响电解镍价格最直接的因素是供求关系。如果市场上的电解镍供过于求，那么，它的价格可能会出现一些下跌；而如果电解镍是供不应求的，则它的价格很可能会出现一些上涨。

经济形势也可对电解镍的价格产生一定影响。具体来说，经济形势可通过需求的变化影响电解镍的价格。如果经济景气，镍的需求会一定程度上增加，价格会随之而上涨；相反，如果经济不景气，则会造成镍需求的萎缩和镍价的下跌。

下游产品的需求也是一个影响电解镍价格的重要因素。镍主要用于不锈钢产品的生产，如果不锈钢的市场需求出现大幅变化，必然会直接影响镍的需求，从而造成镍价的波动。投资者需通过查看相关的资讯信息了解电解镍的市场价格，如图 11-16 所示。

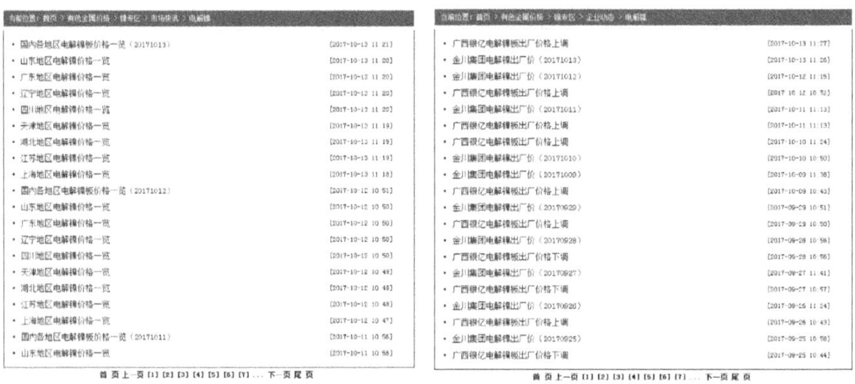

图 11-16 电解镍相关资讯信息

11.4.3 电解镍实战解析

在了解了电解镍的相关基础知识后，接下来就将以电解镍的 K 线图为例，为大家讲解电解镍现货交易实战。

【案例分析】电解镍的日 K 线图

图 11-17 所示为一幅电解镍的日 K 线图。从该图可以看出，这一时段内电解镍的价格呈现为 3 个阶段，即前期上升阶段、中期持续阶段和后期上升阶段，接下来就分阶段进行做单解析。

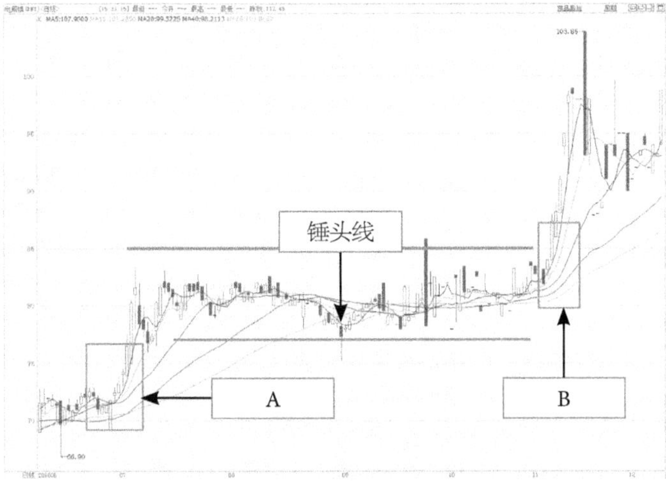

图 11-17 电解镍的日 K 线图

在电解镍的价格的前期上升期，电解镍的价格总体呈现上涨趋势，特别是当价格到达 A 处附近时，均线呈现为多头排列的形态，而 K 线也呈现稳步上涨形态。两线都发出价格上涨的信号。这说明电解镍的价格很有可能在短期内持续上涨，所以，投资者此时宜抓住机会，适时进行做多。

中期持续阶段中，K 线出现矩形持续形态，电解镍的价格在矩形的上下边线之间运行。此时，投资者宜增强自保意识，根据价格与矩形上下边线的关系以及 K 线和均线形态，进行短期做单。具体来说，图 11-17 中的锤头线出现时，价格已突破所有均线，而均线则呈现加速下跌形态。这说明价格或将触底回升，投资者宜采取空出多进的策略，根据自身情况进行做多。

而当电解镍的价格处于后期上升期时，对均线和 K 线的把握也显得尤为重要。例如 B 处 K 线出现红三兵形态，而均线则表现为明显的多头排列形态。所以，投资者应抓住机会逢低进行做多，持筹待涨。除此之外，该阶段价格上涨快速，趋势线表现为明显的快速上升趋势线，它对价格的支撑作用较短，投资者宜多关注价格、K 线和均线形态，如果出现了明确的转势信号，一定要及时出场。

第12章

风险防范入门与实战

学前提示 >>>

“入市有风险，投资需谨慎”这句话，相信很多投资者听得耳朵都起茧了。只要是投资，必然就会有风险。投资人应该做的不是一味地畏惧风险，而是学会规避风险，保障自己的资金安全。

本章就将对面对风险、防范风险、管理风险这些相关问题一一进行解答。

要点展示 >>>

- 具备良好的心态与习惯
- 讲究投资方法与策略
- 风险管理防患于未然

12.1 具备良好的心态与习惯

很多投资者可能会对“心态决定成败”这句话嗤之以鼻，认为很夸张。殊不知，这句话在交易市场中，可以称得上是金玉良言。这一小节我们就来探讨一下成功与心态的关系。

12.1.1 认识心态与正视心态

心态也就是心理状态，是指在事物发展过程中，人在心理上呈现出的不同状态。在现货市场中，即便有些投资者的技术分析能力已经比较成熟，但最后还是以失败收场。这很有可能就是输在了自己的心态上。

例如，价格上涨到整数位附近时，投资者明知价格很可能会因为受到压力而转变趋势，迅速回落，但是又害怕价格还会继续上涨，进而损失了可能获取的更多的利润，所以选择持仓观望，结果价格在快要接触整数位的时候，就快速回落，瞬间给投资者带来不小的损失。

不同的心态往往可能导致不同的结果。同样是在上面的例子中，如果投资者打破幻想，在整数位附近及时出手，那么至少能得到一定的利润，也就不至于因为一时的贪念而懊悔了。

投资者在投资之前，应该就要知道，在现货市场中价格必然是变化的，这也正是现货之所以具有投资价值的原因所在。所以投资者不能让变化过度地影响自己的心态，在市场中良好的心态至关重要。

当然，人非圣贤，很难做到“不以物喜，不以己悲”，但是对于现货价格的波动，投资者应该要更多地保持平常心，以免让自己陷入被动中。

12.1.2 投资应规避的心理误区

因为性格、环境等因素的影响，投资者在投资时难免会或多或少地陷入一些心理的误区。如图 12-1 就是投资者最容易陷入的 8 个心理误区。

图 12-1 投资者容易陷入的心理误区

那么，这些误区又该怎么尽量避免呢？这一小节就来探讨一下这个问题。

1. 贪婪冒进

投资者之所以会贪婪冒进，很可能就是因为之前的某次交易没能坚持，让自己“吃亏”了。所以，在这次交易时为了赚取更多的利益而抱有幻想。

还是关于整数位的例子。投资者可能在之前的投资过程中，知道整数位的压力和支撑作用，所以当价格到了整数位附近时及时平仓。结果价格突破整数位之后，趋势继续保持。

这时投资者就认为，如果能坚持，那么就能赚到更多的利润了，心里甚至为自己的退却感到后悔。现在价格又到整数位了，既然之前在这上面吃了亏，那这次就坚持一下，免得让自己再后悔。谁知道，非但没有突破整数位，反而在整数位附近直接向反方向快速运动，瞬间就造成大量的损失。

那么，怎么才能尽可能地避免贪婪带来的冒进呢？关键还是投资者要多一分风险意识。就像上面的例子，如果投资者把减少风险放在第一位，就一定会毫不犹疑地将唾手可得的利润收入囊中，而不会去“争取”那可能的更大的利润。所以，避免陷入贪婪冒进误区的关键，还是要投资者多一分风险意识，时刻把知足常乐放在心上。

2. 恐惧畏缩

除了贪婪冒进之外，投资者在投资时容易陷入的另一心理误区是恐惧畏缩。在日常生活中，我们根据自己的生活经验往往会对一些事的可能情况做出预测。如果预测结果让人产生恐惧，就很可能会出于自卫地采取一些行动，其中之一就是畏缩退却。

其实不只是现实生活，在现货市场中也同样如此。在现货市场中，一旦出现亏损，有的投资者就生出恐惧之心，因为怕亏损扩大，不惜忍痛平仓。

具体来说，有的投资者在面对价格与做单方向相反时，立马就坐不住了，为了所谓的止损，一念之下就进行平仓。当然，这种维稳的意识是好的，但是很多时候，有的投资者还是太过于谨小慎微了，还不待价格的回旋，就进行平仓的操作。这样一来，很可能就会失去回本的机会，间接造成更大的损失。

投资者要战胜恐惧畏缩的心理误区，最重要的一点就是树立投资信心，而投资信心的树立，在很大程度上又来自于对趋势的准确判断，而要对趋势进行准确判断又有赖于经验的积累和信息的掌握。所以，归根结底，投资者要避免陷入恐惧畏缩的心理误区，而要通过经验的积累和信息的掌握，树立起自己的信心，不让所谓的可能吓到自己。

3. 跟风随流

除了贪婪冒进和恐惧畏缩之外，跟风随流心理在现货市场中也是屡见不鲜的。这表现在有的投资者对身边投资人的投资进行“追涨杀跌”，把周围看成整个市场，随大流地做单。或者看到某些所谓的专家现身说法，觉得“专家”就一定不会错。

这种心理误区的最大问题就是把希望完全都寄托在了别人的身上。很有可能在造成损失的同时，还失去了让自己获得锻炼的机会，基本上可以说是百害而难有一利。

那么，投资者怎么样避免陷入跟风随流的心理误区呢？说起来还是要树立自己的投资信心，相信自己，把希望更多地放在自己的身上。

4. 左右摇摆

在现货市场中左右摇摆的心理，比较容易出现在一些经验还不太足的投资者身上。这些投资者可能在投资时已经做好了计划，但是在听到别人，特别是经验比自己要丰富一些的人的不同意见，就开始怀疑自己将要做出的决定，不知道是该相信自己的判断，还是要听从他人的意见，陷入两难的局面，不知怎么选择好。

不难看出，投资者之所以会出现左右摇摆的心理，很大的一个原因就是对自己不够自信。所以，要避免陷入举棋不定的心理误区，还是上面提到很多次的投资信心的树立。一旦投资者对自己的投资有了足够的信心，就会跟随自己的心声，也就不会在与人意见相左时摇摆不定了。

5. 漠视放任

有的投资者在做单之后，就不闻不问，让它自己去发展。或者是因为事情比较多，久而久之就忘记了自己做的单。这样的做法，导致的结果很可能就是到头来发现自己亏得已是血本无归。

相对于上面的几个心理误区，漠视放任的心理误区是比较容易避免的，关键就在于投资者有没有这个心。只要投资者稍微上点心，把投资当一回事，那么，这个心理误区就可以避免了。

6. 知错不改

这种心理误区往往出现在一部分对自己的分析能力过于自信或者对自己的资金认识不足的投资者身上。这些投资者往往会认为自己的分析一定是对的，虽然现在的趋势和自己的分析结果相左，但是价格最终会如自己所分析的一样。

就这样一直持仓等待，结果很可能就造成更大的损失。又或者是认为自己的家底足够厚，暂时损失这一点没什么，只要等待一段时间，肯定就会转亏为盈的，却不知道自己会因此而越陷越深，等到回过头来才发现自己的家底已经损失了不少。

要避免陷入知错不改的心理误区，有以下两个方法。

其一就是投资者在交易之前完全地掌握趋势，就不会出“错”了。虽然这样自然能止住源头，但是并不容易做到。

其二就是知错就改，及时抽身。既然已经证明自己的方向是错误的，那就要敢于认输，尽可能保住资金，“留得青山在，不怕没柴烧”，大不了从头再来。

7. “赌徒”心理

虽说现货市场存在的价格波动是它能成为一种投资方式的原因，但是这种波动毕竟是有限的，而且也不是那么好把握的。所以投资者在投资时不应抱有一单暴利的想法，更不应该把市场当成“赌场”，亏损了以后就投入更多的资金，妄图以此扭亏为盈，结果越投越大，猛然回头才发现已经陷进去太深。

虽然现货市场也存在一点“赌”的成分在里面，但是投资者在投入资金的把握上还是要有一个度的，不能抱有一单暴利的心理，更不能与市场置气，无限制地将投入资金扩大化。因此，避免陷入“赌徒”心理的心理误区的关键在于，在以平常心看待市场的同时，把握好一个“度”的问题。

8. 怕赢不怕输

怕赢不怕输的心理误区在刚入市或者入市不久的投资者身上相对常见。这部分投资者认为应该知足常乐，不能“让煮熟的鸭子飞了”。所以在赚了一定的利润之后，即便形势大好也不敢持仓观望，而是草草地进行平仓。

当然，因为身处风险四伏的现货市场，知足常乐在很多时候是值得提倡的，但在这里显然是不适用的。它实际上就是把更大的利润拱手让人了。很多投资者就是因为陷入这种心理误区，该赚的没赚到，再加上亏损的时候亏得比较大，长此以往，等待这些投资者的只能是越亏越多。

要战胜怕赢不怕输的心理误区，还是前面提到的办法——树立投资的信心。投资者只要有了足够的投资信心，自然就能更好地把握趋势，把能赢的尽可能多地赢回来。

12.1.3 管理好投资的心态

上面谈了那么多投资的心理误区，那么哪些又是好的投资心态呢？这一小节就来探讨一下这个问题。

【技巧解析】培育进场的耐心

正如德国的一句谚语所说：“耐心是一株很苦的植物，但果实却十分甜美。”在现货市场，耐心的重要性不可谓不突出。很多时候，为保证买进的方向的正确性，就需要投资者静待时机的出现。

这时候投资者切不可因为久久无法看到合适的时机就轻易买进，因为这样做很可能会出现投资方向上的错误，让投资者直接输在起点上。

虽然等待是漫长的，但是保持耐心，静待买进时机的出现，赢在起点上，要好过判断失误可能带来的损失。所以说，在买进时保持耐心是有必要的。

【技巧解析】保持持仓的耐心

除了买进之外，持有同样是需要耐心的。虽然不像买进时一样，直接决定方向，但是持有的耐心却与投资者最终的收益紧密相关。市场就是这么神奇，投资者如果现在进行平仓，必然有所亏损。但是在1小时之后再进行平仓，却可能惊喜地发现竟然扭亏为盈了。

所以投资者在持有时，同样需要耐心，静待时机出现，因为可能只是一小段时间，却足以让你的亏盈发生转变。

【技巧解析】有效地提高耐心

既然耐心这么重要，那么有没有什么方法可以提高耐心呢？

其实要提高交易时的耐心，不外乎以下两个方法：一是在平常做一些相关的练习，在日常生活中先培养耐心。如果日常生活中越来越耐得住性子，那么，到了现货交易中自然就能少一分焦躁；二是在交易时多对交易的现货进行信息的收集和分析。投资者在收集并分析了该现货的相关信息之后，就会形成对该现货的大局观念，这样一来，即便出现短暂的价格反向波动，也不至于害怕造成更大的损失，而按捺不住地进行平仓。

【技巧解析】冷静地进行思考

俗话说得好："凡事三思而后行"。在现货市场，冷静地思考尤其重要。现货价格往往不断地发生着变化，有的投资者可能一时难以准确把握价格的趋势，这是很正常的现象，毕竟即便是巴菲特也不可能百分之百的准确判断股市的行情。

在现货价格出现变化的时候，投资者不应该过多地随着价格的变化时喜时悲，而应该尽可能冷静地思考。因为只有冷静地思考，才能更好地把握趋势发展的大局，明确自己未来的投资方向。

【技巧解析】独立地理性分析

因为现货市场的参与人群较大，其中就难免会出现一些以经验丰富自居的所谓"专家"，又因为现货的价格受诸多因素的影响，投资者需要掌握各方面的现货信息，所以，对投资者来说，独立地分析就显得特别重要了。

投资者不应该过分地相信来自外界的信息，而应该更多地把希望放在自己的身上。虽然经过自己独立地分析得出的结果也不可能百分之百的准确，但是，至少来说，比起把希望寄托于外界，这样做能让自己心里更有底一些，也就不至于到时候局势变化，让自己一时无所适从。

【技巧解析】必要的经验总结

现货投资的最终结果无非两种，要么是成功，要么是失败。那么，怎样避免失败，更多地获取成功呢？关键的一点就是对经验进行总结，不再一次踏入同一条错误的路。基于这一点，投资者至少要有如下思考，具体如图 12-2 所示。

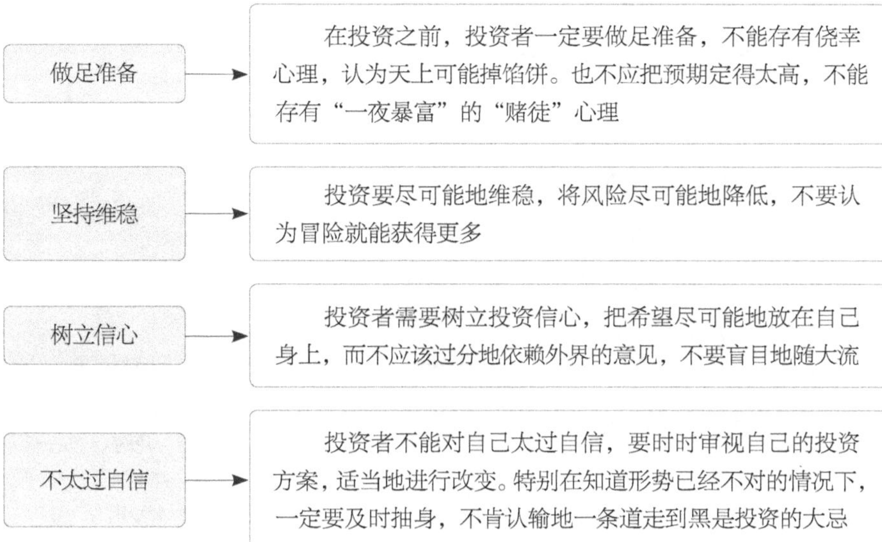

图 12-2 现货投资经验总结

12.1.4 具备敏锐的风险意识

投资者经常会听到这样一句话：“入市有风险，投资需谨慎”。的确，无论是哪种投资方式，都必然会存在一定的风险。那么，在现货市场，投资者应该怎样做才能将风险尽可能地降低呢？这一小节就重点探讨一下这个问题。

【技巧解析】理性看待市场风险

在探讨如何降低风险之前，投资者首先要对现货市场的风险有一个理性的认识。随着现货价格的上下波动，置身其中的投资者们的投入资金必然会有一定的风险，也就是说市场有赢也必然会有输。

因此在进入市场之前，相较于赚钱的幻想，投资者更应该做的是做好赔钱的准备。投资者需要明白，每个涌入市场的人，都是抱着赚钱的想法来的，但是少数人赚多数人赔才是市场的必然结果。在现货市场单个投资者所有赚的钱都来自其他的投资者，而单个投资者赔掉的钱也最终流向其他投资者的口袋。投机本身是不能创造价值的，它所起的作用，只是让所有投入的资金在各投资者的腰包间不停地流转。

投资者在市场中可能收获成功，但更可能的是面临失败。所以，投资者在入市之前就应该要对市场有一个理性的认识，知道市场是机遇和风险并存的，同时要明白风险很可能要大过机遇的。

【技巧解析】增强自身抵御能力

投资者要想抵御来自市场的风险，就必须增强自身的抵御能力。那么，投资者怎么增强自身的风险抵御能力呢？这其中很重要的一点就是培养 4 种抵御市场风险的能力，具体如图 12-3 所示。

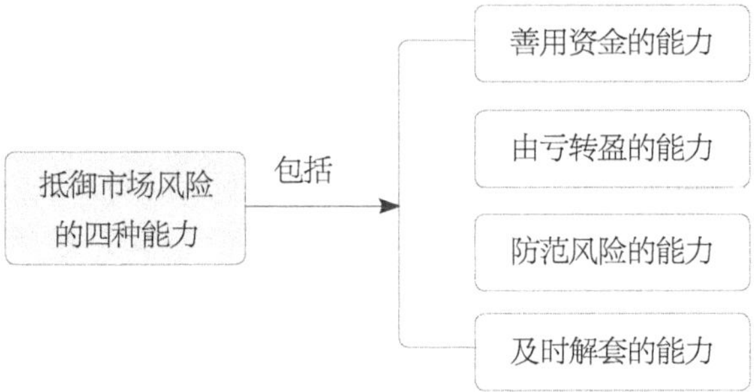

图 12-3 抵御市场风险的四种能力

下面就对善用资金的能力、由亏转盈的能力、防范风险的能力和及时解套的能力这 4 种抵御市场风险的能力进行详细解读。

1. 善用资金的能力

投资者要想在现货市场获得成功，很重要的一点就是对资金的合理运用。具体来说又分为以下两方面。

（1）权衡资金的投入量。市场是有风险的，谁也不能保证就一定能赚，所以投资者最好是将部分资金投入，而不是全部资金。具体来说，一般的投资者应将投入资金控制在自己资产的 30% 以内，以免因此而“伤筋动骨”，造成难以承受的损失。

（2）投入资金的使用。投资者应该选择多种商品进行投资，而不应该把所有的鸡蛋都放在一个篮子里，以免一着不慎，导致满盘皆输；同时又不能一次投资太多种类的商品，以免精力过于分散而疏于对其中的某些投资的管理，进而造成不必要的损失。这就要求投资者要对投资的数量有一个把握。

2. 由亏转盈的能力

有的时候，投资者可能处于相对被动的局面，这时候如何由亏转盈，化被动为主动就特别重要了。例如，在资金被套牢而相反趋势还在持续的时候，就可以运用“T ＋ 0”的交易制度（当天买入即可当天卖出），适量减仓，然后反向做单，以此实现由亏转盈的目的。

这就要求投资者在面对亏损时不能慌乱，而应该冷静下来，仔细思考如何来转变局面，由亏转盈。

3. 防范风险的能力

投资者与其在遭受风险时焦头烂额地思考如何降低损失，不如在投资之前，尽可能地收集和分析相关现货的信息，降低可能的风险；掌握一些防范风险的具体操作，使自己在真正面临风险的时候不至于手足无措。虽然还没有真正遭受风险，但是先预防，早做打算总是不会错的。

4. 及时解套的能力

在市场中，投资者很可能面临资金被套的局面。这时候如何进行解套就显得至关重要了。具体来说解套又有两大策略，其一是通过“T ＋ 0”的交易制度和做空等方式实现解套的主动性解套策略；其二是通过摊平 (低价时增加购买，降低现货平均值)、坐等等被动等待解套的策略。投资者合理运用解套策略，不仅能达到解套的目的，操作得当甚至可能取得扭亏为盈的效果。

【技巧解析】详细制定入市计划

因为现货市场的风险性，所以在入市之前制定一个详细的入市计划是很有必要的。只有这样才能运筹帷幄，知道如何进退。

具体来说，在进入市场之前就要对做单对象、投入资金、交易中可能出现的情况及对应的策略等进行详细的计划。市场如战场，每个投资者都不应该打无准备的仗。入市计划的制定，不仅仅是交易的前期准备，还是在交易过程中的指向标，它能让投资者在实际操作中，减少突发情况给投资操作带来的慌乱。

12.2 讲究投资方法与策略

一个投资者的自我养成，除了正确心态和习惯的培养之外，还有一点是不容忽视的，那就是方法策略的学习和掌握。

在现货市场有哪些值得借鉴的方法策略呢？这一节就来重点解答这个问题。

12.2.1 做好计划未雨绸缪

一个投资者要获得成功，很重要的一点就是对交易的方方面面进行计划，并确保计划的完美执行。

那么，投资者具体要对交易的哪些方面进行计划？又怎么保证计划的实行呢？这一小节就重点探讨一下这两个问题。

【技巧解析】前期分析，增加胜算

在做一件事之前，对这个事一定要有一个全面的了解，这样才能做到胸中有竹、有的放矢。在现货市场也是一样，如果选择对某种现货进行投资，那么，前期的准备和分析是非常有必要的。

投资者首先要通过信息的充分收集，分析出目标现货的状态形式，到底是已经处于明显的趋势状态，还是不太明朗的整盘状态。另外，目标现货的短、中、长期趋势各是什么，短期趋势在中期趋势的何种阶段、中期趋势在长期趋势的何种阶段等，投资者对这些都要有一个较为准确的把握。

投资者之所以要把握趋势所处的阶段，就是为了避免在对趋势不了解的情况下，在中期趋势发展阶段的末期，因为误判趋势，进行错误的操作，而将自己的资金限于危险的境地。在对目标现货的状态和趋势有了一个较为准确的把握之后，投资者还需要做一些较为细致的分析，具体如图 12-4 所示。

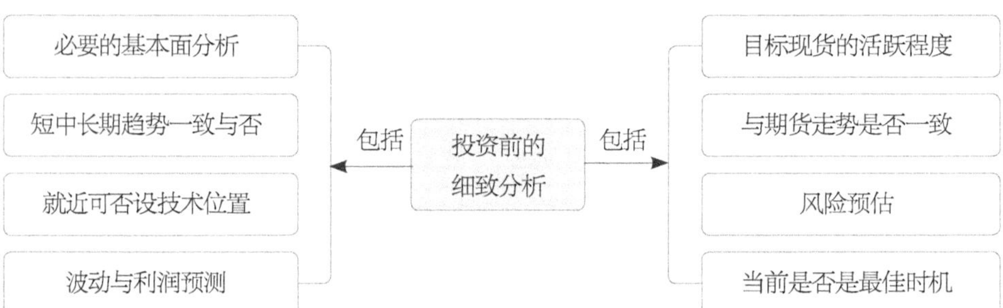

图 12-4 投资前的其他细致分析

【技巧解析】计划入场，找准方向

在前期已经对目标现货的基本信息收集并分析之后，就要寻找时机准备入场了。投资者对入场也需要进行一些计划，不能在情况尚不明朗的情况下，就贸然地入场。而应该要在入场前对入场的相关事项进行计划，具体如图 12–5 所示。

图 12–5 入场前需要计划的事项

【技巧解析】选择出场，降低风险

入场需要计划，同样的，出场也应该做好准备。投资者在交易之前，就应该要对出场做出计划，明确自己在什么时候必须出场。不能因为损失较大就手足无措，更不能被胜利冲昏头脑，丧失了理智。具体来说，在如下几种情况下，投资者应该做好随时出场的准备，具体如图 12–6 所示。

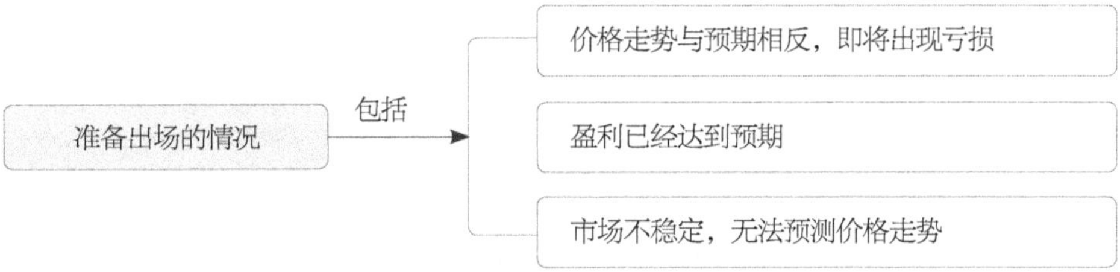

图 12–6 准备出场的情况

【技巧解析】预测可能，找出对策

虽然市场存在着诸多的不确定性因素，但是投资者可以根据趋势的变化，对未来的短期趋势做出尽可能全面的预测，并为这些可能性制定具体的对策。这样可以让投资者对未来看得更清晰的同时，也尽量避免因准备不足造成的手足无措。具体来说，投资者至少要有如下思考，具体如图 12–7 所示。

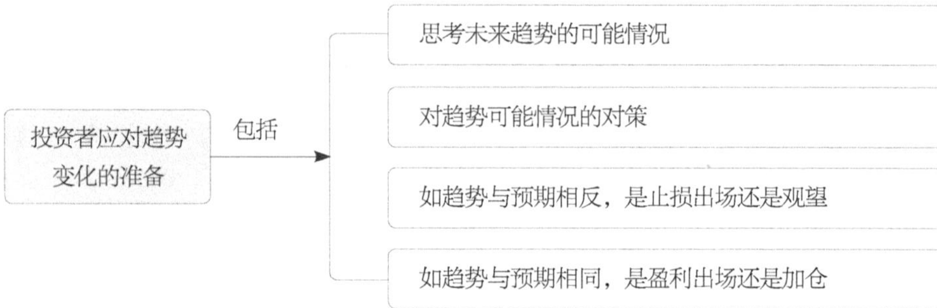

图 12-7 投资者应对趋势变化的准备

【技巧解析】适度完善，坚决实行

因为市场的行情是不断变化的，所以在得到确定的信号之后，投资者可以对计划适度进行一些修改。但是在绝大多数情况下，计划一旦制定了就应该坚决执行，具体如图 12-8 所示。

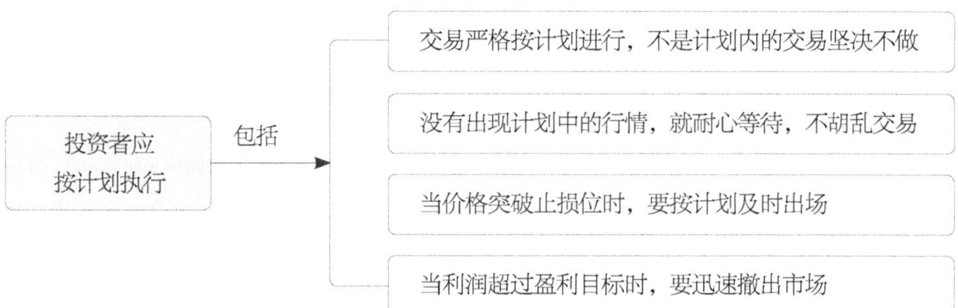

图 12-8 投资者应按计划执行

12.2.2 学会高抛低吸

高抛低吸原是股市的核心操作技巧，即在高价位时及时卖出股票，而在低价位时积极买入股票。其实高抛低吸的操作技巧在现货市场同样适用。

在如图 12-9 所示的框选区域中，铜的价格刚刚见顶，接着出现下跌的时候，就应该采取高抛低吸策略，在 A 点积极地进行做多（预期价格上涨，先行买入等待获利），因为价格很可能再一次实现猛涨。

当然高抛低吸有一个关键点，那就是要掌握好时机。如果时机把握得不好，投资者不仅不能赚钱，相反还可能使资金大幅缩水。这就要求投资者要知足，不能让贪婪之心蒙蔽了自己的理智。

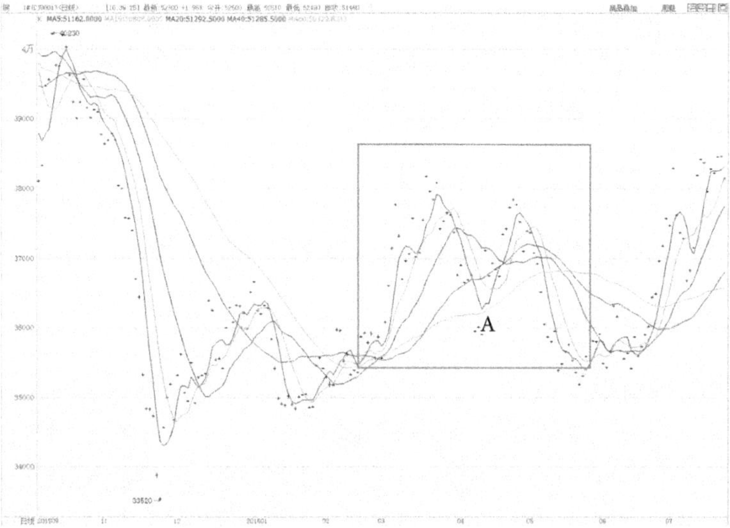

图 12-9 “铜”的日线图

12.2.3 懂得持仓待涨

持仓待涨，顾名思义，就是持仓观望，等待价格上涨之后再出手。如果价格已经呈现明显的上升趋势，此时就应该使用持仓待涨的策略，等待价格的进一步上涨，如图 12-10 所示。

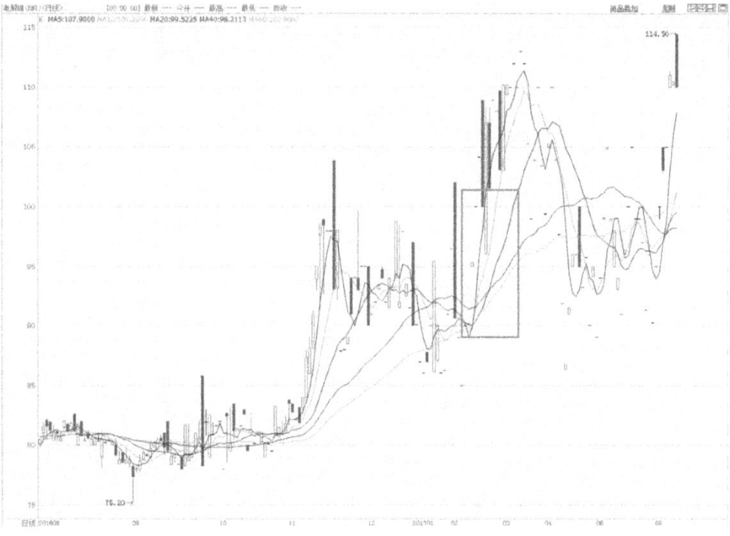

图 12-10 电解镍的日线图

如果投资者在图 12-10 中这种明显的涨势下，不是持仓待涨，而是频繁地高抛低吸，那么就很有可能过早地减仓或是平仓。这不仅是损失了大量可能的利润，更关键的是，如果看清形势之后再想买入，就很可能是高买高卖，利润空间也就非常有限了。

所以顺势而为，无论是高抛低吸，还是持仓观望，投资者都应该对当前形势有一个较为准确的把握，不然就可能因为时机把握不好而丧失了可能的利润，让自己后悔。

12.2.4 抓住机遇见好就收

投资者最终能否在现货市场获得利润，很重要的一点就在于对形势的把握能力。只有对形势把握准确了，才能抓住机遇，决定接下来的策略。那么，投资者怎么通过形势制定具体的对策呢？这一小节就来探讨一下这个问题。

1. 抓住机遇

在变化不断的现货市场，机遇往往是一闪即逝的。投资者要想在市场获得利润，就必须要抓住机遇。如图 12-11 所示，铝的价格在前期总体呈现缓速上涨，继而趋于平稳。这很有可能就是市场在酝酿着一轮暴涨。

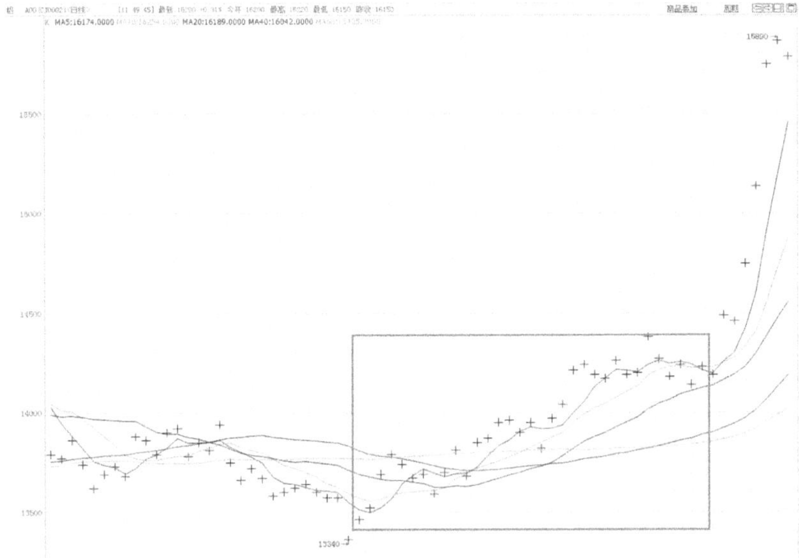

图 12-11 铝的日线图

因此当投资者在看到价格趋于平稳之后出现暴涨，就要考虑要不要在此时做多了，因为这往往可能是一次赢多输少的机会，是投资者一直在等待的机遇。在这种情况下，一旦操作得当就很有可能获得相当可观的利润。

2. 见好就收

市场的变化是无常的，机遇之后往往紧随着陷阱。前一刻价格可能见顶，后一刻价格也可能直接跌到见底。因此投资者在市场中应该知足常乐，见好就收，而不能因为一时的贪念，丧失了理智。

如图 12－12 所示，镍的价格在见底之后快速上涨，价格的变化非常之快。这就要求做空的投资者在价格见底之时，抓住机会，果断出手，而不能在获得了一定的利润之后，继续持仓观望，等待幻想中的更大的利润；否则，就很有可能让既得利润缩水，甚至于由盈转亏。

图 12－12 镍的日线图

所以，投资者在市场中一定要懂得见好就收、知足常乐的道理，而不能有过多的幻想。因为在预期加大的同时，风险也会随之增加。

12.3 风险管理防患于未然

现货市场风险的存在主要是因为两方面的原因。一方面，天上不可能无故掉馅饼，但凡是投资方式就必然或多或少地会存在一些风险，现货作为投资方式中的一种自然不可能例外。

另一方面，现货交易有其特殊性，它独特的“杠杆效应”和双向交易特性，在吸引更多投资者涌入市场的同时，也让现货市场的风险进一步加大。

正是这两方面的原因，使现货投资的风险成为一种客观必然，甚至相较于某些投资方式，它的风险还要更大一些。

也因此，在现货投资中，风险管理是十分重要的一环，本节就将为大家就现货投资的风险管理的相关知识和技巧进行一一讲解。

12.3.1 常见风险类别

在现货市场中存在不少风险，其中投资者常遇到的主要有 8 个类型，如图 12-13 所示。

图 12-13 现货市场常见的风险类型

从图 12-13 中不难看出，投资者之所以会面临风险，往往不是由市场造成的，而是因为自身在操作上出了问题。这一节就是希望通过对投资过程中的常见失误操作进行分析，让投资者看到自己的不足，并进行自我完善。

【技巧解析】认知不足带来的风险

有的投资者把时刻专注行情作为日常，却对交易所的相关交易规则、交易制度以及风险的管理办法认知不足，最终造成不必要的损失。

在图 12-14 所示的框选区域中，脂松香的价格暴跌并快速见底。见到这种情况，大多数投资者都意识到要通过减仓，乃至于平仓，来减少可能的损失。但是因为对交易规则、交易制度以及风险管理办法的认知程度不同，不同的投资者做出了不同的操作，最终得到了各不相同的效果。

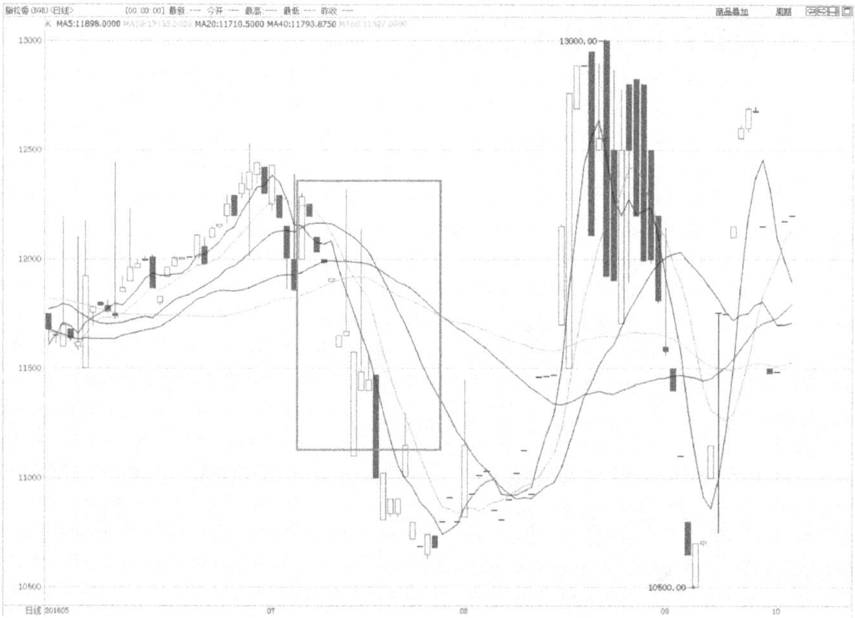

图 12-14 “脂松香”的日线图

部分投资者因为对强制减仓制度认知不足，即便知道要减仓，却没有进行平仓申报，结果因为错失平仓机会而造成较大的损失；更多的投资者则通过强制减仓，成功控制住了损失。

因此，在进入市场之前，投资者应该对交易所的相关交易规则、交易制度以及风险管理办法进行学习，切不可因为认知的不足给自己带来更大的风险。

【技巧解析】重仓操作引发的风险

持重仓操作的投资者可以分为两类。一类是刚进入市场，对市场了解不足的新手。部分新手对市场过于乐观，认为持重仓容易获大利，于是尽可能多地把自己投入的资金用来做单。另一类是在股票市场有了一定的经验之后，转战现货市场的投资者。这类投资者把股票投资的经验带入现货市场，所以操作上往往会更有冒险意识。

但是这些投资者可能很快就会发现重仓操作的弊端。因为有时候投资者虽然判断对了行情，却最终因为账户余额不足以追加保证金，而被强制平仓。

所以，投资者一定要保证自己的账户里有足够的余额，而不能一味地持重仓；否则，很可能因为资金使用比例过高，最终被动地面临强制平仓。

【技巧解析】操作失误酿成的风险

在常见的8种风险中，操作失误酿成的风险无疑是最令人惋惜的。操作失误最容易出现在刚进入市场的新手的身上。因为对操作还不是很熟悉，再加上一时没有适应价格变化的快节奏，新手很可能因为匆忙而出现了错误，等到反应过来了，操作却早已完成，具体表现如下。

（1）误选投资种类。有的投资者原本是想对“聚乙烯”进行投资，并在前期做了大量的工作，在操作时却错误地投资成了“聚丙烯”。这不仅是让投资者大量的前期准备工作成了无用功，更关键的是，已选种类的行情自己知之甚少，无形之中让自己的投资有了很大的不确定性。

（2）误选操作。有的投资者因为没看仔细，原本是要“平仓”，却将“开仓”误当“平仓”，结果不但没平成，反而多了一单。只是因为没看清一个字，就给自己造成了很大的损失。

（3）输入错误。有的投资者在交易时原本只是想先下1手看一下情况的，却输入成了20手，直接就让自己置身重仓操作的危险之中，后果可想而知。

操作失误往往是因为投资者一时疏忽造成的，其实是完全可以避免的。因此，投资者在操作之前应该仔细看清自己要进行的操作，不能因为慌乱失了方寸，更不能把以为当事实，按自己认为的情况进行操作。

【技巧解析】止损太迟造成的风险

部分投资者在投资时缺乏对未来的规划，没有设置止损点，又对市场过于乐观，结果等反应过来，却发现已经造成了比较大的损失。还有一部分投资者虽然在投资时设置了止损位，但突破了止损位之后，对市场仍抱有幻想，最终也因为出场太晚，让自己投入的资金大幅缩水。

所以投资者在投资时一定要根据自己的情况设置止损位，等止损位突破以后，一定要理智地操作，及时退出市场。

【技巧解析】盲目乐观带来的风险

在市场上风险无处不在，然而部分投资者却对行情估计得太过乐观，结果给自己带来不必要的损失。

例如，有的投资者做多某现货，刚入场时该现货保持了一段时间的缓速上涨，之后就出现了大幅下跌，甚至这种下跌趋势还比较强劲。然而，这些投资者不但没有及时减仓，反而因为乐观地认为价格马上就见底了，很快就会大幅上涨，而持仓观望。结果价格一跌再跌，甚至于等到投资者想忍痛平仓，撤出市场的时候，才发现手头的现货已经难以卖出了。

投资者必须正确看待市场的风险，不能畏惧风险，更不能过于盲目地把行情估计得太过乐观，因为市场虽说不上凶险，但也绝不会对谁格外友善。

【技巧解析】选择错误引发的风险

在现货市场中，投资对象的选择也是一门学问。投资者应该在投资之前对要投资的对象进行了解和分析，切不可随意操作。

投资者在选择投资对象时，应该要把流通性放在首位。有的投资者在选投资对象时过于随意，轻易进入一些流通性极差的合约。进入之后才知道进来容易，出去难，根本就没有人与自己交易，这些投进去的钱就这样被套牢了。

所以投资者在投资时，一定要慎重地选择投资的对象，宁可暂时不进入市场，也不能让自己因为错误地进入流通性极差的合约，而陷入被动。

【技巧解析】太过自信造成的风险

投资者过于自信往往表现在不但对自己的行情分析深信不疑，甚至也将自己的风险承受能力估计过高。他们经常因为太过自负，在错误的道路上越走越远，直到风险已经达到甚至超过自己的承受能力才反应过来。

过于自信，往往得意忘形。投资者只有正确地看待自己的投资水平，才能在交易过程中增加胜算；否则，很可能不停地在为自己挖坑。

【技巧解析】单向思维酿成的风险

现货市场是双向交易的，涨跌都可能赚钱。这在给了投资者更多选择的同时，也让部分投资者迷失了方向。

有的投资者因为在做多或做空的某个方向上，曾经获得过较为可观的利润，从此便钟情于在该方向做单，陷入单向交易的情节之中。

本来，选择在什么方向做单，是投资者的自由。但是这些陷入单向交易情节中的投资者却把自己束缚起来。他们只在同一个方向做单，甚至知道在另一个方向做单风险明显要小得多，也让理性服从习惯，不及时对方向进行改变。

这无形之中是将该赚的给舍弃掉，还硬要将自己置身险境。试想，投资者这样进行投资，又怎么可能获得最终的胜利呢？

12.3.2 保证资金安全

无论在何种投资方式中，资金的安全永远都是第一位的。投资者只有保证了资金的相对安全，才称得上是有效地从源头上控制了风险。

要保证资金的相对安全，投资者就必须要增强资金的保护意识。例如，在投资时，投资者不能因为有保证金制度的存在就重仓操作，不给自己留退路。而应该适度投资，保证自己有足够的余额支撑正在进行着的交易。又例如，在资金比例的分配上，投资者不能因为看好某个现货就把鸡蛋都放在这个篮子里，而应该计划好各个投资品种所能使用的资金比例，严格按计划的比例实行。投资者应该要知道，在现货市场中资金就是根本，没有了资金就没有了筹码，暂时的亏损并不可怕，可怕的是因为没有保证自己的资金安全，造成过大的损失，而让自己没有了再战的机会。

因此，投资者正确的策略应该是，即便有了一定的损失，只要突破了止损位，哪怕是再不甘，也要认栽，无论如何也要给自己东山再起的机会。

12.3.3 学会成功交易

与其焦头烂额地去处理面临的风险，不如在风险来之前对它进行防范。投资者之所以会面临风险，往往是因为自身的交易方法有一定的问题。这个时候如果投资者只是一味地将焦点放在对外因的探寻上，那么等下一次风险来的时候，很可能又会在同一个地方跌到。

所以，投资者在投资过程中一定要总结并学习一些成功的交易方法。针对这一点，投资者可以对自己的交易方法进行记录，对效果好的重点分析，并争取在合适的时机可以再次用上，也可以通过向一些经验比较丰富的投资者请教成功经验，学习其中适用的部分，取长补短，让自己的交易方法日趋成熟。

12.3.4 熟悉投资制度

投资风险在所难免，在面临风险时投资者除了通过自己的操作降低损失之外，还要懂得借助外力。在现货交易市场，有不少的制度，可以为投资者提供制度的保证，具体如图 12-15 所示。投资者需要熟悉并运用这些制度降低风险，保障自身的利益。

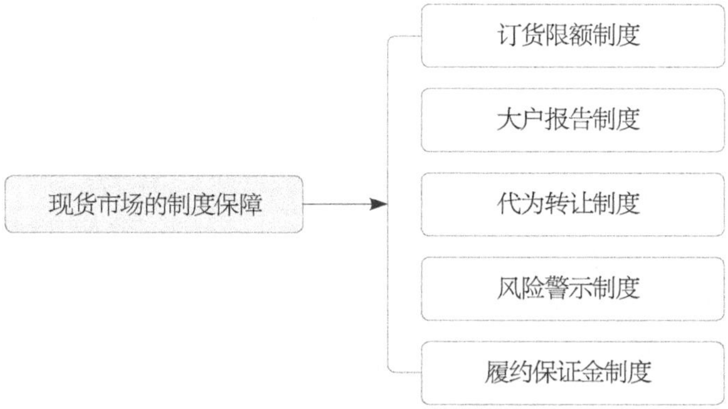

图 12-15 现货市场的制度保障

接下来就对这些制度进行一一解读。

【技巧解析】掌握订货限额制度

订货限额制度即交易所规定单个的投资者在买入或卖出的单方向上，能够持有的某一现货种类订货量的最大数额，超过该限额的订货，交易所可以在下一交易日强制执行代为转让。

订货限额具体有两种情况：第一种情况是在单边总订货量小于等于 100 万手时，订货限额为 20 万手；第二种情况是当单边总订货量大于 100 万手时，订货限额为单边总订货量的 20%。

虽然绝大多数情况下，普通投资者的实际订货量距离订货限额还有较远的距离，但是订货限额可以给投资主力画出一条警戒线，从而降低主力对市场的影响，保证市场的健康有序发展。

【技巧解析】认识大户报告制度

大户报告制度是指投资者在达到大户报告的要求后，必须及时提供相关材料在交易所进行大户的申报。如果投资者没有及时进行申报，则将可能因此而承担违反大户报告制度的风险。

在现货市场上，投资者如果对单个现货的持有量达到订货限额 80% 以上的，应该提供以下材料进行大户申报。

（1）资金来源、开户情况等内容的说明。

（2）对《交易者（大户）报告表》进行完整填写并提交。

大户报告制度可以说是对订货限额制度的进一步补充，通过大户报告制度，交易所可以了解大户的具体情况，进而防止大户对市场的主导，保证市场的相对稳定性。

【技巧解析】了解代为转让制度

代为转让制度是指在特定情况下，交易所可以对交易者持有的部分甚至是全部电子交易合同进行强制转让。

在现货市场中，投资者出现如图 12-16 所示的情形时，将面临交易所的强制转让。

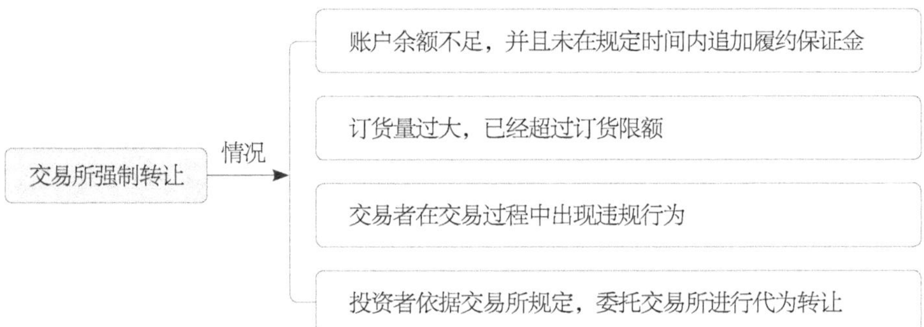

图 12-16 交易所强制转让的情况

投资者了解代为转让制度的意义就在于，可以通过参照该制度，及时对自己不恰当的交易行为进行调整，防止因为自身原因，面临交易所的强制转让，而造成不必要的损失。

【技巧解析】懂得风险警示制度

风险警示制度是对可能存在的风险，交易所认为有必要通过要求报告情况、谈话提醒、书面警示等措施，对投资者进行警示以便及时化解风险。

在现货市场中，如果出现如图 12-17 所示的情形时，交易所可以要求投资者报告情况、谈话提醒投资者或是对投资者做出书面警示。

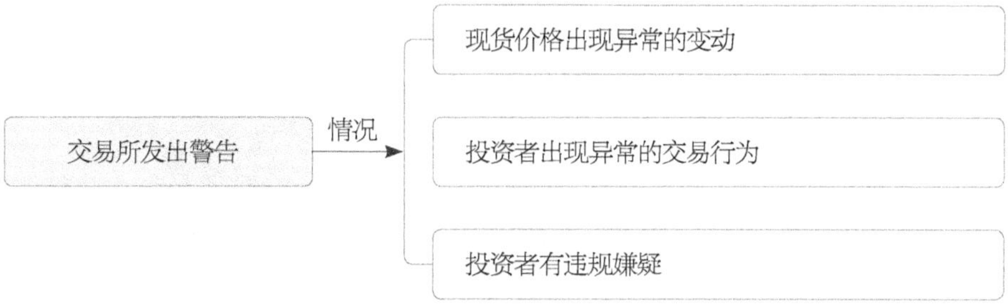

图 12-17 交易所发出警告的情况

而在出现如图 12-18 所示的情形时，交易所可以给所有投资者发出风险提示函。

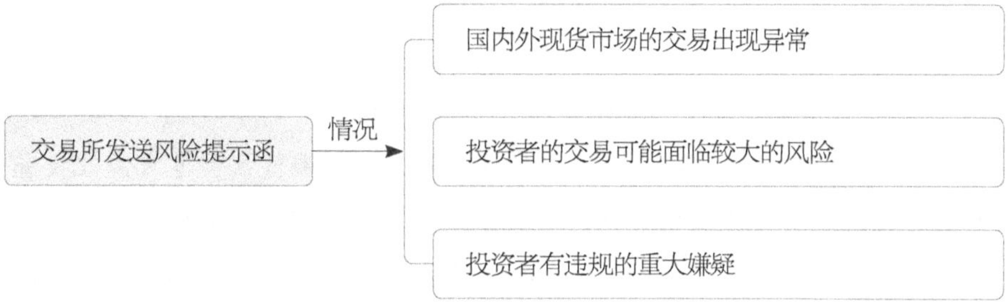

图 12-18 交易所发送风险提示函的情况

投资者通过风险警示制度可以在自己还未察觉的情况下，得到来自交易所的提醒，从而减少可能的风险。同时，风险警示制度也对投资者的交易行为起到了一定的引导作用，投资者应该根据交易所的提醒，对自己不恰当的交易行为及时进行调整，避免因为不恰当的交易行为给自身的资金安全带来风险。

【技巧解析】善用履约保证金制度

履约保证金制度是指在市场中，所有投资者都必须按照其买卖的合约价值的一定比例缴纳部分资金，作为投资者履行合约的财力担保，交易所将视该现货的价格变化情况确定是否要进一步追加。

在现货市场中，履约保证金制度具体如图 12-19 所示。

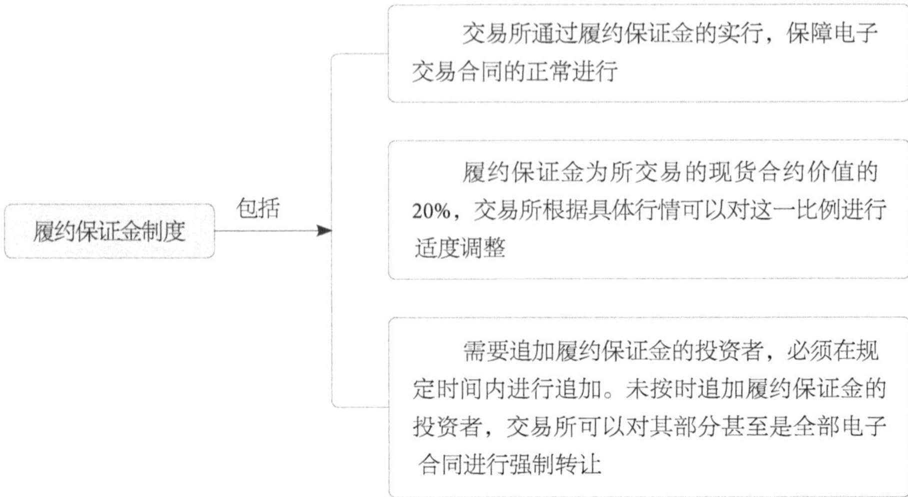

图 12-19 履约保证金制度

履约保证金制度既可以让投资者的资金利用率大幅提高，也可以让投资者因为违反该制度而面临强制转让。因此，投资者要懂得善用履约保证金制度，在利用它提高资金利用率的同时，也要对资金有一个规划，切不可让自身陷入因为账户余额不足而面临强制转让的被动局面。

www.ingramcontent.com/pod-product-compliance
Lightning Source LLC
LaVergne TN
LVHW082222051026
849532LV00012B/3853